APPRENDRE L'ESPAGNOL

OBJECTIF LANGUES

APPRENDRE L'ESPAGNOL
Niveau débutants
A2

Juan Córdoba

LA COLLECTION
OBJECTIF LANGUES

À PROPOS DU CADRE EUROPÉEN COMMUN DE RÉFÉRENCE POUR LES LANGUES

À partir de quel moment peut-on considérer que l'on "parle" une langue étrangère ? Et quand peut-on dire qu'on la parle "correctement", couramment ? Voire qu'on la "maîtrise" ? Cette question agite les spécialistes de la linguistique et de l'enseignement depuis toujours. Elle pourrait être de peu d'intérêt si les locuteurs d'aujourd'hui n'avaient pas à justifier leurs compétences dans ce domaine, notamment pour accéder à l'emploi.

C'est en partie pour répondre à cette question que le Cadre européen commun de référence pour les langues (CECRL), appelé plus communément "Cadre européen des langues", a été créé par le Conseil de l'Europe en 2001. Sa vocation première est de proposer un modèle d'évaluation de la maîtrise des langues neutre et adapté à toutes les langues afin de faciliter leur apprentissage sur le territoire européen. À l'origine, il entendait favoriser les échanges et la mobilité, mais aussi mettre un peu d'ordre dans les tests d'évaluation privés qui fleurissaient à la fin du XXe siècle et qui étaient, la plupart du temps, propres à une langue.

Plus de 15 ans après son lancement, son succès est tel qu'il a dépassé les simples limites de l'Europe et qu'il est utilisé dans le monde entier ; pour preuve, son cahier des charges est disponible en 39 langues. Les enseignants, les recruteurs et les entreprises y ont largement recours et les praticiens "trouvent un avantage à travailler avec des mesures et des normes stables et reconnues[1]."

LES 6 NIVEAUX DU CADRE EUROPÉEN DES LANGUES

Le cadre européen se divise en 3 niveaux généraux et en 6 niveaux communs de compétence :

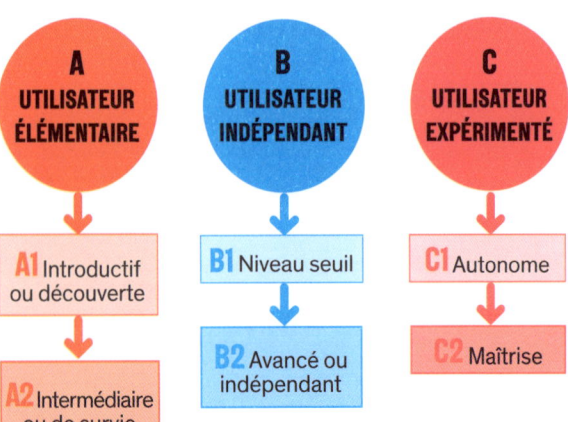

Chacun des niveaux communs de compétence est détaillé selon des activités de communication langagières :
- la production orale (parler) et écrite (écrire) ;
- la réception (compréhension de l'oral et de l'écrit) ;
- l'interaction (orale et écrite) ;
- la médiation (orale et écrite) ;
- la communication non verbale.

Dans le cadre de notre méthode d'apprentissage et de son utilisation, les activités de communication se limitent bien sûr à la réception (principalement) et à la production (un peu). L'interaction, la médiation et la communication non verbale s'exercent sous forme d'échanges en rencontrant des locuteurs et/ou en échangeant avec eux (avec ou sans présence réelle pour dire les choses autrement).

LES COMPÉTENCES DU NIVEAU A2

Avec le niveau A2, je peux :
- **comprendre** des expressions et des messages simples et très fréquents ;
- **lire** des textes courts et trouver une information dans des documents courants ;
- **comprendre** des courriers personnels courts et simples ;
- **communiquer** lors de tâches simples et habituelles ;
- **décrire** en termes simples ma famille, d'autres gens, mes conditions de vie, ma formation et mon activité professionnelle ;
- **écrire** des notes et des messages courts et simples.

La plupart des méthodes d'auto-apprentissage de langues actuelles utilisent la mention d'un des niveaux du cadre de référence (la plupart du temps B2), mais cette catégorisation a souvent été faite *a posteriori* et ne correspond pas forcément à leur cahier des charges.
En suivant les leçons à la lettre, en écoutant les dialogues et en faisant les exercices proposés, vous parviendrez au niveau A2. Mais n'oubliez pas qu'il ne s'agit que d'un début. Le plus important commence ensuite : échanger avec des locuteurs natifs, entretenir sa langue et ne pas la laisser rouiller et, ainsi, améliorer sans cesse la compréhension et l'expression.

1. *Cadre européen commun de référence pour les langues,* Éditions Didier (2005).

APPRENDRE L'ESPAGNOL

NOTIONS

- **L'ACCENT TONIQUE**
- **LA PRONONCIATION DES VOYELLES**
- **LA PRONONCIATION DES CONSONNES**

PRONONCIATION DE L'ESPAGNOL : AVERTISSEMENT

L'espagnol est aujourd'hui la langue usuelle d'environ 470 millions de personnes. On compte parmi elles, outre les ressortissants des pays hispanophones, plus de 40 millions d'hommes et femmes d'origine hispanique résidant aux États-Unis, dont l'espagnol est la langue maternelle. Ajoutons à cet ensemble ceux qui l'utilisent comme seconde langue, avec une compétence plus limitée : 25 millions d'indigènes amérindiens et plus de 10 millions d'Hispaniques nord-américains de 2e et 3e générations. Au total, plus de 500 millions de locuteurs actifs.

Malgré cette énorme dissémination, géographique et culturelle, l'espagnol que vous allez apprendre vous servira partout. Des mots et expressions du vocabulaire quotidien peuvent certes changer, si vous traversez l'Atlantique, mais, mis à part quelques petits usages, la grammaire est identique. Il n'en va pas de même pour les accents, divers à l'échelle du continent américain, et même à l'intérieur de la péninsule.

L'Espagne, avec 47 millions d'habitants, n'est que le 3e pays hispanophone, derrière le Mexique (plus de 120 millions) et la Colombie (48 millions). Mais, puisqu'il faut prendre une référence, sachez que l'espagnol que vous entendrez dans les leçons est l'espagnol d'Espagne, le castillan standard. Nous vous indiquerons toutefois régulièrement quelques-unes des variations de prononciation que vous entendrez sans doute au cours de vos échanges et voyages dans le monde hispanique.

◆ L'ACCENT TONIQUE

Vous allez remarquer d'emblée que tous les mots de l'espagnol portent un accent tonique dont la place est variable. Il faut donc perdre sans tarder la tendance du français à faire systématiquement porter la voix sur la dernière syllabe du mot.
Picasso ? Non ! **Picasso**.

ENTRAÎNEMENT

Écoutez et répétez les mots suivants en marquant bien l'accent tonique.

- **a.** paella
- **b.** corrida
- **c.** sangría
- **d.** fiesta
- **e.** gazpacho
- **f.** churros
- **g.** flamenco
- **h.** patio

Les mots que vous venez de prononcer portent tous l'accent tonique sur l'avant-dernière syllabe ; mais cet accent peut aussi bien se trouver sur la dernière, l'avant-avant-dernière, voire plus haut dans le mot. Entraînez-vous encore.

Écoutez et répétez les mots suivants en marquant bien l'accent tonique.

- **a.** Málaga
- **b.** Córdoba
- **c.** Madrid
- **d.** Perú
- **e.** Mediterráneo
- **f.** República Dominicana
- **g.** Océano Atlántico
- **h.** Los Ángeles

COMMENT DÉTERMINER LA PLACE DE L'ACCENT ?

Lorsque vous lisez un mot, où placer l'accent tonique ? Sachez que :
- les mots terminés par une voyelle, un **n** ou un **s** se prononcent en marquant l'avant-dernière syllabe (**corrida**, **churros**, **Carmen**).
- les mots terminés par une consonne autre que **n** ou **s** se prononcent en marquant la dernière syllabe (**Madrid**, **amor**, **voleibol**).
- les exceptions à ces règles et les mots ayant un accent tonique précédant l'avant-dernière syllabe portent un accent écrit, toujours aigu, qui vous signale la place de la syllabe tonique (**Perú**, **París**, **Córdoba**).

Écoutez et répétez les mots suivants. Soulignez la syllabe que vous repérez comme tonique et, en fonction des règles données, ajoutez ou non un accent écrit.

- **a.** Canada
- **b.** Ecuador
- **c.** futbol
- **d.** cafe
- **e.** Cadiz
- **f.** Barcelona
- **g.** jamon
- **h.** Mexico
- **i.** Ibiza

Corrigé p. 276.

◆ LA PRONONCIATION DES VOYELLES

LES CINQ VOYELLES DE BASE

A, I et O se prononcent comme en français. U se prononce toujours [ou].
E se prononce toujours [é].

Écoutez et répétez les noms des jours.

- **a.** Lunes
- **b.** Martes
- **c.** Miércoles
- **d.** Jueves
- **e.** Viernes
- **f.** Sábado
- **g.** Domingo

LES GROUPES DE VOYELLES

Contrairement au français, les voyelles gardent leur prononciation propre même quand elles sont combinées avec d'autres voyelles : le groupe **-au** se prononce [aou], le groupe **-ai** se prononce [aï], etc.

Les groupes formés par **a, e, o + y** suivent la même règle : les voyelles ne se fusionnent pas avec le **y**, qui se prononce détaché, comme un **i**.

Écoutez et répétez les prénoms suivants.

- **a.** Paula
- **b.** Aurelio
- **c.** Ainoha
- **d.** Moisés
- **e.** Neus
- **f.** Eusebio
- **g.** Leire
- **h.** Eloy

LES VOYELLES DEVANT UN -M OU UN -N

Elles ne sont pas nasalisées comme en français : on les sépare du **-m** et du **-n**. Par exemple : **-an** ne se prononce jamais comme dans *chanter*, toujours comme dans *panne* ; **-on**, jamais comme dans *son*, toujours comme dans *sonne*.

Écoutez et répétez les noms de pays suivants.

- **a.** Inglaterra
- **b.** Andorra
- **c.** Colombia
- **d.** Gambia
- **e.** Honduras
- **f.** Mozambique

◆ LA PRONONCIATION DES CONSONNES

L'alphabet espagnol compte 27 lettres, une de plus qu'en français : la **eñe**, notée **ñ**, qui correspond à notre son **-gn** : **España**, *l'Espagne*.

Il y a trois sons inconnus en français.

LA JOTA

Le son raclé si typique de l'espagnol correspond en fait à deux lettres : la **jota** elle-même (notre lettre **j**), et les groupes **-ge** et **-gi**.
Note : en Andalousie et en Extrémadoure, vous entendrez souvent une prononciation particulière de la **jota**, presque comme un **h** aspiré anglais.

Écoutez et répétez les prénoms suivants.

a. Jaime
b. José
c. Gerardo
d. Eugenia
e. Gilberto
f. Julia

LE -R ET LE DOUBLE -RR

Le **-r** est toujours roulé. Faiblement roulé en milieu et en fin de mot ; fortement roulé lorsqu'il est à l'initiale et quand il est noté **-rr** à l'intérieur du mot.

Écoutez et répétez ces noms de couleurs.

a. amarillo
b. rojo
c. verde
d. naranja
e. marrón
f. rosa
g. negro

LA ZETA

Ce son correspond au "th" anglais de "think", prononcé avec le bout de la langue entre les dents. Il correspond aux groupes suivants : **za**, **ce**, **ci**, **zo**, **zu** (les orthographes **zi** et **ze** sont pratiquement inexistantes en espagnol).
Note : cette prononciation de la **zeta** est un des traits distinctifs majeurs de l'espagnol péninsulaire par rapport à l'espagnol d'Amérique. Outre-Atlantique, en effet, le son de la **zeta** se prononce comme un simple [s].

Écoutez et répétez ces noms de villes.

a. Zaragoza
b. Cádiz
c. Cáceres
d. Valencia
e. Zumárraga
f. Tzintzuntzan

◆ QUELQUES PRONONCIATIONS PARTICULIÈRES

LE GROUPE -CH

Il est toujours prononcé comme s'il était précédé d'un **t** : [tch].

🔊 **Écoutez et répétez ces noms d'animaux.**
- **a.** chimpancé
- **b.** chinchilla
- **c.** cucaracha
- **d.** anchoa
- **e.** chacal

LE GROUPE -GN

Il n'est jamais prononcé comme en français : on détache toujours le **-g** du **-n**.

🔊 **Écoutez et répétez ces verbes.**
- **a.** ignorar
- **b.** significar
- **c.** indignar
- **d.** repugnar
- **e.** resignar

LA LETTRE -X

Elle n'a qu'une prononciation, celle du français *taxi* : [ks]. Jamais celle de *examen* [gz].

🔊 **Écoutez et répétez ces noms de professions.**
- **a.** taxista
- **b.** sexólogo
- **c.** boxeador
- **d.** auxiliar de farmacia
- **e.** examinador

LA LETTRE -S

Elle n'a qu'une prononciation, celle du double [ss] français de *crisser*, jamais le **s** doux de *crise*.

🔊 Elle n'est jamais muette, ni en milieu ni en fin de mot : on prononcera **Londres** [lo'ndress], ou **París** [pariss].
Note : dans le sud de l'Espagne ou à Cuba, le **s** tend parfois à devenir une simple aspiration : [lo'ndreh], [parih].

🔊 **Écoutez et répétez ces noms de fleurs.**
- **a.** crisantemo
- **b.** iris
- **c.** narciso
- **d.** girasol
- **e.** mimosa

LE DOUBLE L : -LL

Il a un son mouillé, comme le groupe **-lli** du français million.

Écoutez et répétez ces noms de fruits et de légumes.

- **a.** cebolla
- **b.** grosella
- **c.** avellana
- **d.** repollo
- **e.** membrillo

LA LETTRE -V

Pour simplifier, nous dirons qu'elle se prononce comme la lettre **-b** (en fait, le **-v** s'adoucit un peu quand il est intervocalique, mais nous n'entrerons pas dans ces détails dans cet ouvrage). En tout cas, le **-v** espagnol ne se prononce jamais comme un **-v** français.

Écoutez et répétez ces noms d'oiseaux et de volatiles.

- **a.** cuervo
- **b.** gaviota
- **c.** pavo
- **d.** avestruz
- **e.** gavilán

◆ UNE ERREUR FRÉQUENTE

Nous avons vu que le **-g** se prononçait comme une **jota** dans les groupes **-ge** et **-gi**. Dans les groupes **-ga** et **-go**, le **-g** par contre, la valeur phonétique qu'il a en français (*gare*, *gorille*).

Le groupe **-gu** se prononce [gou], mais attention : on n'entend plus le [ou] dans les groupes **-gue** et **-gui** (on les prononce comme dans le français *guerre* ou *guitare*). Pour qu'on entende le [ou], il faut ici qu'il soit surmonté d'un tréma : **güe** se prononce [goué], **güi** se prononce [goui].

Écoutez et répétez les mots suivants. Ajoutez, s'il le faut, un tréma sur le -u.

- **a.** verguenza
- **b.** antiguo
- **c.** cigueña
- **d.** aguero
- **e.** pinguino
- **f.** guerra
- **g.** antiguedad
- **h.** guitarra
- **i.** Miguel

Corrigé p. 276.

I. SALUTATIONS ET PREMIERS CONTACTS

1. BONJOUR — 21
2. QUI SUIS-JE ? — 29
3. COMMENT ÇA VA ? — 37
4. S'IL VOUS PLAÎT… — 45
5. ALLÔ ? — 53

II. LA VIE QUOTIDIENNE

6. QUELLE HEURE EST-IL ? — 65
7. ON MANGE ? — 73
8. VOUS AIMEZ L'APPARTEMENT ? — 81
9. JOYEUX ANNIVERSAIRE ! — 89
10. QUELLES ÉTUDES VAS-TU CHOISIR ? — 97
11. JE CHERCHE UN PETIT BOULOT — 105
12. JE SUIS STAGIAIRE — 113
13. JE VIENS POUR L'ANNONCE — 121
14. ON MONTE UNE AFFAIRE ? — 129

III. EN VILLE

15. S'IL VOUS PLAÎT, OÙ SE TROUVE... ? — 141

16. J'AI RATÉ LE PERMIS — 149

17. JE VEUX FAIRE UN RETRAIT — 157

18. MON PORTABLE EST TOMBÉ EN PANNE — 165

19. JE VEUX PORTER PLAINTE — 173

20. DOCTEUR, J'AI MAL PARTOUT — 181

21. QUI EST LE DERNIER ? — 189

22. JE VAIS AU SUPERMARCHÉ — 197

IV. LES LOISIRS

23. BONNE ANNÉE ! — 209

24. BON APPÉTIT ! — 217

25. ÇA NE ME VA PAS DU TOUT — 225

26. ÇA SERT À QUOI ? — 233

27. JE VOUDRAIS UN BILLET POUR... — 241

28. JE VOUDRAIS RÉSERVER UNE CHAMBRE — 249

29. ON PASSE QUOI, COMME FILMS ? — 257

30. VIVE LES VACANCES ! — 265

I
SALUTATIONS
ET
PREMIERS
CONTACTS

1. BONJOUR
BUENOS DÍAS

OBJECTIFS

- SALUER À DIFFÉRENTS MOMENTS DE LA JOURNÉE
- DEMANDER À QUELQU'UN SON PRÉNOM ET SON ORIGINE
- DIRE SON PRÉNOM ET SON ORIGINE
- DONNER SA PROFESSION ET LES LANGUES PARLÉES
- DIRE OUI, NON, EXPRIMER L'ACCORD ET LE DÉSACCORD

NOTIONS

- LA PONCTUATION DES PHRASES INTERROGATIVE ET EXCLAMATIVE
- LA PHRASE NÉGATIVE
- TROIS PREMIÈRES PERSONNES DU VERBE *SER*
- TROIS PREMIÈRES PERSONNES DES VERBES DU 1ER GROUPE, ACTIFS (*HABLAR, ESTUDIAR, TRABAJAR*) ET PRONOMINAUX (*LLAMARSE*)
- MASCULIN ET FÉMININ DES NOMS ET DES ADJECTIFS

COMMENT T'APPELLES-TU ?

– Salut, la belle.

– Bonjour [bons jours].

– Moi c'est [je suis] Paco. Et toi, comment t'appelles-tu ?

– Je m'appelle Laura.

– Laura, quel joli prénom... Et d'où es-tu, Laura ?

– Je suis française.

– Française ? Mais... tu parles très bien espagnol !

– Oui, je parle français et aussi espagnol.

– Que c'est joli de parler des langues...

– Je suis née à Paris mais ma mère est espagnole.

– Ah, Paris, quelle jolie ville... Dis-moi, Laura, tu fais des études ou tu travailles ?

– Je travaille. Je suis professeure. Quelle jolie profession, n'est-ce pas [vrai] ?

03 ¿CÓMO TE LLAMAS?

– Hola, guapa.

– Buenos días.

– Yo soy Paco. Y tú, ¿cómo te llamas?

– Me llamo Laura.

– Laura, qué bonito nombre… ¿Y de dónde eres, Laura?

– Soy francesa.

– ¿Francesa? Pero… ¡hablas muy bien español!

– Sí, hablo francés y también español.

– Qué bonito es hablar idiomas…

– Nací en París pero mi madre es española.

– Ah, París, qué bonita ciudad… Dime, Laura, ¿estudias o trabajas?

– Trabajo. Soy profesora. Qué bonita profesión, ¿verdad?

COMPRENDRE LE DIALOGUE
LES SALUTATIONS

→ **Hola** est la salutation passe-partout. On la rend par *salut*, mais l'espagnol est moins formaliste que le français et **hola** n'implique donc pas forcément une familiarité appuyée.

→ **Buenos días** correspond à notre *bonjour* matinal.

→ **Buenas tardes** sert du début de l'après-midi à la tombée du jour.

→ **Buenas noches** permet de souhaiter une *bonne nuit* mais c'est aussi ainsi que l'on salue des amis en arrivant à une soirée.

Ces salutations de base peuvent être combinées et personnalisées :

Standard	Appuyées	Raccourcies
¡Hola!		
¡Hola, buenos días!	¡Muy buenos días!	
¡Hola, buenas tardes!	¡Muy buenas tardes!	¡Buenas! ou ¡Muy buenas! (sous-entendu **tardes** ou **noches**)
¡Hola, buenas noches!	¡Muy buenas noches!	

LA PONCTUATION

Observez la double ponctuation des phrases interrogatives ¿...? et exclamatives ¡...! Ces signes peuvent aussi se trouver dans une phrase, si l'interrogation ou l'exclamation porte sur une partie de phrase : **Dime, Laura, ¿estudias o trabajas?**

OUI ET NON

Les termes de base son **sí**, *oui*, et **no**, *non*. **no + verbe** signifie *ne pas* : **No soy español**, *Je ne suis pas espagnol*.
Retenez aussi quelques formules simples pour exprimer l'accord et le désaccord : **es verdad**, *c'est vrai* ; **es mentira**, *c'est faux* ; **bueno, de acuerdo**, *bon, d'accord*.

NOTE CULTURELLE

Si la personne est nettement plus âgée que vous, le vouvoiement est préférable au début, mais dès qu'on se connaît un peu, le tutoiement est spontané ; tout comme la bise aux filles et entre filles (deux en Espagne). Les hommes se serrent un peu moins systématiquement la main qu'en France : plus chaleureuse, il y a la **palmada** (*tape sur l'épaule*) et **el abrazo** (*l'accolade*), à utiliser sans modération entre amis. Et puis les mots, bien sûr, qui sont autant de caresses… L'espagnol truffe la conversation de petites interpellations amicales ou louangeuses : **guapo(a)**, mais aussi **hermoso(a)** ou **precioso(a)**, sans oublier **cariño**, *chéri(e)*, si les sentiments s'en mêlent. À Séville, qui cultive la sympathie comme une marque d'identité, on vous dira même (hommes ou femmes) **mi alma**, *mon âme* : **¡Buenos días, mi alma!** Accueillez ces débordements avec sérénité.

Les prénoms ont souvent une forme dite hypocoristique (affectueuse) : **Francisco** devient **Paco** (ou **Pancho** au Mexique), **José** se dit souvent **Pepe**, **Lola** remplace **Dolores** et **Nacho** est quand même plus sympathique que **Ignacio**, non ?

◆ GRAMMAIRE
L'ARTICLE INDÉFINI

L'article indéfini pluriel *des* n'est pas exprimé en espagnol : **Es bonito hablar idiomas**, *C'est joli de parler des langues*.

LES NOMS ET LES ADJECTIFS : GENRE ET NOMBRE

• La marque du pluriel est **-s** pour les mots terminés par une voyelle : **día / días** ; **idioma / idiomas**.
• Pour les noms, **-o** est généralement la marque du masculin et **-a** celle du féminin, mais gare aux exceptions ! Dans le dialogue, par exemple, **día**, *jour*, ou **idioma**, *langue*, sont masculins.
• Les noms de professions en **-or** portent la marque du genre : **profesor / profesora**.
• Les adjectifs en **-o** font leur féminin en **-a** : **bonito / bonita**.

LES NOMS ET ADJECTIFS DE NATIONALITÉ

• L'adjectif de nationalité en **-o** a un féminin en **-a** : **chino / china**, *chinois(e)* ; **italiano, italiana**, *italien(ne)*.
• Se terminant par une autre voyelle que **-o**, il est invariable : **belga** (inv.), *belge* ; **estadounidense** (inv.), *américain(e)*, litt. *des États-Unis*.
• Se terminant par une consonne, on ajoute un **-a** au féminin : **español/española**.
• Certains adjectifs de nationalité perdent l'accent écrit au féminin: **alemán, alemana**, *allemand(e)* ; **francés, francesa**, *français(e)* ; **inglés, inglesa**, *anglais(e)*.
• Le substantif de nationalité ne prend pas de majuscule : **un español**, *un Espagnol*.

▲ CONJUGAISON
LE PRONOM PERSONNEL

Les pronoms des trois premières personnes sont : **yo, tú, él / ella**. Le pronom personnel n'est pas obligatoire devant le verbe conjugué : **Soy francesa**, *Je suis française*. On l'utilise pour insister : **Yo soy francesa y tú eres español**, *Moi je suis française et toi tu es espagnol*. Remarquez la traduction de **tú y yo**, *toi et moi*, littéralement "tu et je".

QUELQUES VERBES USUELS

Vous avez rencontré les verbes **ser**, *être* ; **hablar**, *parler* ; **estudiar**, *étudier* ; **trabajar**, *travailler* et **llamarse**, *s'appeler*. Retenez pour l'instant les trois premières personnes du présent de ces verbes.

Hablar, *parler*	**Llamarse**, *s'appeler*	**Ser**, *être*
hablo, *je parle* **hablas**, *tu parles* **habla**, *il / elle parle*	**me llamo**, *je m'appelle* **te llamas**, *tu t'appelles* **se llama**, *il / elle s'appelle*	**soy**, *je suis* **eres**, *tu es* **es**, *il / elle est*

Remarquez aussi **nací**, *je naquis*, au passé simple (Pour ce temps, voir module n° 19).

● EXERCICES

Pour les exercices enregistrés, signalés par le pictogramme ●, vous devrez dans certains cas faire d'abord votre exercice et vérifier ensuite vos réponses à l'aide de l'audio, dans d'autres cas vous devrez d'abord écouter l'audio pour pouvoir répondre correctement aux questions. Toutes les réponses sont données dans la partie "Corrigés" en fin d'ouvrage.

● 1. ÉCOUTEZ LES PHRASES : QUE SIGNIFIENT-ELLES ? COCHEZ LA BONNE RÉPONSE.

a. ☐ Est-elle espagnole ? – ☐ Es-tu espagnole ?

b. ☐ Tu es allemande – ☐ Il est allemand.

c. ☐ Je suis française. – ☐ Je suis français.

d. ☐ Je ne parle pas anglais. – ☐ Tu ne parles pas anglais.

e. ☐ Je parle italien – ☐ Il parle italien.

● VOCABULAIRE

guapo/a *beau, belle*
¡qué…! *que, quel, quelle…!*
bonito/a *joli(e)*
nombre *prénom*
y *et*
¿de dónde…? *d'où…?*
francés, francesa *français(e)*
hablar *parler*
muy *très*
bien *bien*
español/a *espagnol(e)*
también *aussi*
idioma *langue*
pero *mais*
madre *mère*
ciudad *ville*
dime *dis-moi*
estudiar *étudier*
trabajar *travailler*
profesor(a) *professeur(e)*
¿verdad? *n'est-ce pas ?*

2. VRAI OU FAUX ? ÉCOUTEZ L'ENREGISTREMENT ET COCHEZ *VERDAD* OU *MENTIRA*.

03 Les textes écrits correspondant à l'audio des dialogues d'exercices se trouvent dans la partie "Corrigés" en fin d'ouvrage.

		verdad (= V)	mentira (= M)
f.	Ella se llama Lola.		
g.	Es inglesa.		
h.	Es francesa.		
i.	Él se llama Pedro.		
j.	Es inglés.		
k.	Es de Nueva York.		
l.	Es español.		
m.	Es profesor de español.		
n.	Habla chino.		

3. METTEZ AU FÉMININ.

a. El profesor es guapo. →

b. Es alemán. →

c. No soy estadounidense. →

d. ¿Eres chino o belga? →

4. POSEZ LA QUESTION CORRESPONDANTE.

a. Soy de Madrid. →

b. Me llamo Pepe. →

c. Sí, hablo español. →

d. No, no trabajo en España. →

5. TRADUISEZ CES PHRASES.

a. Bonjour, je m'appelle Pedro et je suis professeur d'espagnol. →

b. Bonne nuit, la belle. →

c. Je suis née à Paris, mais je suis espagnole. →

d. Je parle très bien le français et aussi l'allemand. →

e. Moi c'est Lola, et toi ? →

2. QUI SUIS-JE ?

¿QUIÉN SOY?

OBJECTIFS

- POSER DES QUESTIONS SIMPLES CONCERNANT : L'IDENTITÉ, LE LIEU DE RÉSIDENCE, LA SITUATION MATRIMONIALE ET FAMILIALE, LA PROFESSION, L'ÂGE
- RÉPONDRE À CES QUESTIONS
- DIRE SON PRÉNOM ET SON NOM À L'ESPAGNOLE
- COMPTER JUSQU'À 100

NOTIONS

- LA PHRASE INTERROGATIVE
- L'ACCENT TONIQUE
- *SER* ET *ESTAR* (PREMIÈRE APPROCHE)
- LES TROIS PREMIÈRES PERSONNES DES VERBES DU 3ᴱ GROUPE : MODÈLE *VIVIR*
- LES TROIS PREMIÈRES PERSONNES DE QUELQUES VERBES IRRÉGULIERS : *TENER, ESTAR, HACER, VER*
- L'ARTICLE DÉFINI ET L'ARTICLE INDÉFINI AU SINGULIER

DEVINETTE

– Devine qui je suis ! Tu as droit à six questions.

– Est-ce que tu es une femme ?

– Oui, mon personnage est une femme, espagnole comme moi.

– Où vis-tu ?

– Je vis à Madrid, mais j'ai plusieurs maisons en Espagne.

– Félicitations ! Tu es mariée ?

– Oui, je suis mariée.

– Dis-moi, quel âge as-tu ?

– J'ai quarante-quatre ans.

– Voyons… [à voir…] Combien d'enfants as-tu ?

– J'ai deux filles, de onze et neuf ans.

– Et que fais-tu dans la vie [à quoi te consacres-tu] ?

– Je suis journaliste mais cela fait plusieurs années que… je n'ai pas de travail.

– Quel dommage… Le chômage, non ?

– Non, pas exactement.

– Bien sûr ! Ton mari a un bon emploi et tu es femme au foyer c'est ça ?

– En vérité, ce n'est pas ça, mais tu as seulement droit à six questions !

– J'abandonne…

– Je suis… Letizia Ortiz Rocasolano, reine d'Espagne !

04 ADIVINANZA

– ¡Adivina quién soy! Tienes derecho a seis preguntas.

– ¿Eres una mujer?

– Sí, mi personaje es una mujer, española como yo.

– ¿Dónde vives?

– Vivo en Madrid, pero tengo varias casas en España.

– ¡Enhorabuena! ¿Estás casada?

– Sí, estoy casada.

– Dime, ¿qué edad tienes?

– Tengo cuarenta y cuatro años.

– A ver... ¿Cuántos hijos tienes?

– Tengo dos hijas, de once y nueve años.

– ¿Y a qué te dedicas?

– Soy periodista, pero hace varios años que... no tengo trabajo.

– Qué lástima... El desempleo, ¿no?

– No, no exactamente.

– Claro! Tu marido tiene un buen empleo y tú eres ama de casa, ¿es eso?

– En verdad, no es eso, pero ¡solo tienes derecho a seis preguntas!

– Abandono...

– Soy... ¡Letizia Ortiz Rocasolano, la reina de España!

COMPRENDRE LE DIALOGUE
LA PROFESSION

→ **¿A qué te dedicas?** littéralement *À quoi te consacres-tu ?* est la formulation habituelle pour interroger quelqu'un sur sa profession. Il y a aussi **¿En qué trabajas?** *Dans quoi travailles-tu ?*

→ Vous pourrez répondre : **Soy...**, *Je suis...* **agricultor/tora**, *agriculteur/trice* ; **funcionario/a**, *fonctionnaire* ; **empleado/a**, *employé(e)*, etc. Vous pourrez également dire : **Trabajo en...**, *Je travaille dans...* **la enseñanza**, *l'enseignement* ; **el comercio**, *le commerce*, etc.

→ Sachez que les noms des professions terminés en **-ista** sont invariables en genre : **un/una periodista**, *un(e) journaliste*. Et puis retenez un terme qui concerne hélas bon nombre d'Espagnols, **el desempleo**, *le chômage* : **Estoy desempleado/a**, *Je suis chômeur/euse*.

L'ÂGE

Dans le dialogue, vous avez vu **¿Qué edad tienes?** mais vous entendrez aussi **¿Cuántos años tienes?**, littéralement *Combien d'années as-tu ?* Pour répondre, par écrit, sachez que : de 0 à 29, les chiffres s'écrivent en un seul mot ; à partir de 30, le groupe "dizaine + unité" s'écrit en trois mots, avec un **y**, *et*, intercalé.

0 **cero**	10 **diez**	20 **veinte**	30 **treinta**
1 **uno**	11 **once**	21 **veintiuno**	31 **treinta y uno**
2 **dos**	12 **doce**	22 **veintidós**	32 **treinta y dos ...**
3 **tres**	13 **trece**	23 **veintitrés**	40 **cuarenta**
4 **cuatro**	14 **catorce**	24 **veinticuatro**	50 **cincuenta**
5 **cinco**	15 **quince**	25 **veinticinco**	60 **sesenta**
6 **seis**	16 **dieciséis**	26 **veintiséis**	70 **setenta**
7 **siete**	17 **diecisiete**	27 **veintisiete**	80 **ochenta**
8 **ocho**	18 **dieciocho**	28 **veintiocho**	90 **noventa**
9 **nueve**	19 **diecinueve**	29 **veintinueve**	100 **cien**

NOTE CULTURELLE

Vous connaissez peut-être cette fameuse blague espagnole : on frappe à la porte : "Qui c'est ? /Antonio de Todos los Santos Fernandez Gutierrez. /C'est bon, entrez, mais que le dernier ferme la porte !". Pourquoi les Espagnols ont-ils donc un patronyme à rallonge ? Eh bien parce que **el apellido**, *le nom de famille*, est officiellement double. Il est composé du nom du père suivi du nom de la mère : Ortiz Rocasolano. Souvent, au quotidien, seul un des deux est utilisé, celui du père en général, mais pas toujours ! Il suffit que vous préfériez le second, s'il est moins courant par exemple : voyez Picasso, Ruiz Picasso pour l'état civil. S'il s'était fait appeler Pablo Ruiz, la face de la peinture n'en eût-elle pas été changée ?

◆ GRAMMAIRE
POSER DES QUESTIONS

Puisque le pronom personnel n'apparaît pas nécessairement avec la forme verbale, il suffit de mettre des points d'interrogation pour construire une phrase interrogative : **¿Eres una mujer?** *Es-tu une femme ? /Est-ce que tu es une femme ? /Tu es une femme ?*

Il y a aussi toute la série des mots interrogatifs : **¿Dónde vives?** *Où vis-tu ?* ; **¿De dónde eres?** *D'où es-tu ?* ; **¿Quién eres?** *Qui es-tu ?* ; **¿Qué edad tienes?** *Quel âge as-tu?* ; **¿A qué te dedicas?** *À quoi te consacres-tu ?* ; **¿Cuántos hijos tienes?** *Combien d'enfants as-tu ?* ; **¿Cuántas hijas tienes?** *Combien de filles as-tu ?*

ACCENT TONIQUE ET ACCENT ÉCRIT

Dans la leçon enregistrée de l'introduction, vous avez prononcé des mots et phrases. Vous savez donc qu'en espagnol, il faut mettre en valeur la syllabe tonique, à savoir :
– la dernière syllabe pour les mots terminés par une consonne (sauf **n** et **s**) : <u>ha</u>blar, es<u>pa</u>ñol, ciu<u>dad</u>.
– l'avant-dernière syllabe pour les mots terminés par une voyelle, un **n** ou ou **s** : <u>rei</u>na, i<u>dio</u>mas, <u>Car</u>men.
L'accent n'est écrit que lorsque cette règle ne s'applique pas : **París, francés, alemán, Ángela.**
L'accent s'écrit également dans deux autres cas que vous venez de rencontrer :
– sur tous les mots interrogatifs : **¿Quién…? ¿Dónde…? ¿Qué…?**
– pour distinguer des homonymes : **<u>tu</u> marido**, *ton mari* ; **<u>tú</u> eres ama de casa**, *toi, tu es femme au foyer.*

L'ARTICLE DÉFINI ET INDÉFINI AU SINGULIER

Retenez les 4 formes de l'article au singulier :
un empleo, *un emploi*   **el desempleo**, *le chômage*
una mujer, *une femme*   **la reina**, *la reine*

DEUX VERBES "ÊTRE" ?

Il existe deux verbes se traduisant par *être* : **ser** et **estar**. Nous aborderons au fil de cet ouvrage les nuances de sens de ces verbes ; repérez-en déjà les emplois les plus simples.

• Devant un nom, on utilise toujours **ser** : **Soy Paco**, *Je suis Paco* ; **Es una mujer**, *C'est une femme* ; **Es ama de casa**, *Elle est femme au foyer*.

• **Ser** placé devant un adjectif exprime l'identité de la personne, par exemple sa nationalité : **Soy español**, *Je suis espagnol*.

• **Ser de** indique ainsi l'origine : **Eres de Sevilla**, *Tu es de Séville*.

• Devant un adjectif, **estar** exprime l'état d'une personne, ce qui "lui arrive" à un moment donné : **Estoy desempleado**, *Je suis chômeur* ; **Estoy casado**, *Je suis marié*, si l'on considère le mariage comme un "état matrimonial".

▲ CONJUGAISON
LES VERBES DU 3ᵉ GROUPE

Ils ont une terminaison en **-ir** à l'infinitif (modèle **vivir**). Retenez pour commencer les 3 premières personnes du présent :

vivir, *vivre, habiter*
vivo, *je vis, j'habite*   **vives**, *tu vis, tu habites*   **vive**, *il/elle vit, habite*

VERBES IRRÉGULIERS USUELS

Commencez à vous familiariser avec les conjugaisons irrégulières : elles sont nombreuses et concernent des verbes très usuels.

estar, *être*	**tener**, *avoir*	**hacer**, *faire*	**ver**, *voir*
estoy, *je suis* **estás**, *tu es* **está**, *il / elle est*	**tengo**, *j'ai* **tienes**, *tu as* **tiene**, *il / elle a*	**hago**, *je fais* **haces**, *tu fais* **hace**, *il / elle fait*	**veo**, *je vois* **ves**, *tu vois* **ve**, *il voit*

VOCABULAIRE

adivinanza devinette
adivinar deviner
quién qui
derecho droit
pregunta question
personaje personnage
mujer femme
como comme
vivir vivre, habiter
tener avoir
varios, varias plusieurs
casa maison
¡Enhorabuena! Félicitations !
estar être
casado/a marié(e)
¿qué? que, quoi, quel, quelle ?
edad (la) âge
año (el) année
a ver… voyons…
ver voir
cuánto/a/os/as combien de
hijo enfant, garçon
hija fille
dedicarse a se consacrer à
periodista (el/la) journaliste
hacer faire
trabajo travail
lástima (la) dommage
desempleo chômage
exactamente exactement
claro (adv.) bien sûr
marido mari
empleo emploi
ama de casa femme au foyer
eso ça
solo seulement
abandonar abandonner
reina reine

EXERCICES

1. ÉCOUTEZ L'ENREGISTREMENT ET COCHEZ LE CHIFFRE QUE VOUS ENTENDEZ.

04
a. ☐ 33 – ☐ 36
b. ☐ 6 – ☐ 10
c. ☐ 61 – ☐ 71
d. ☐ 2 – ☐ 12
e. ☐ 18 – ☐ 80

2. ÉCOUTEZ L'ENREGISTREMENT ET COCHEZ LA BONNE RÉPONSE.

04
a. La mujer que habla se llama Carmen y el hombre se llama…
☐ Paco
☐ Luis
☐ Antonio

b. El apellido del hombre es…
☐ Fernández Ruiz
☐ Ruiz Ortiz
☐ Fernández Ortiz

c. Carmen tiene…
☐ dos hijos
☐ tres hijos
☐ cuatro hijos

d. El marido de Carmen…
☐ es profesor de español
☐ es profesor de inglés
☐ está desempleado

3. ÉCOUTEZ À NOUVEAU L'ENREGISTREMENT ET RÉPONDEZ AUX QUESTIONS.

a. ¿Cómo se llama la hija del hombre? →

b. ¿Qué edad tiene? →

c. ¿A qué se dedica? →

d. ¿Dónde vive? →

4. LES MOTS SUIVANTS ONT UNE ACCENTUATION RÉGULIÈRE : SOULIGNEZ LA SYLLABE TONIQUE.

a. Brasil

b. Ecuador

c. Cuba

d. Buenos Aires

e. voleibol

f. Beatriz

5. LES MOTS SUIVANTS ONT UNE ACCENTUATION IRRÉGULIÈRE : AJOUTEZ L'ACCENT SUR LA VOYELLE CONCERNÉE.

a. cafe

b. futbol

c. menu

d. dolar

e. balon

f. Peru

6. COMPLÉTEZ AVEC *SER* OU *ESTAR* CONJUGUÉS.

a. Madrid .... una ciudad muy bonita.

b. Felipe VI .... casado con Letizia Ortiz.

c. No tengo trabajo: .... desempleado.

d. No .... funcionario: trabajo en el comercio.

e. Dime, Laura, ¿ .... de Sevilla?

7. TRADUISEZ CES PHRASES.

a. Que fais ta femme dans la vie ? →

b. Quel âge a la reine d'Espagne ? →

c. Elle vit à Madrid mais elle a plusieurs maisons. →

d. Voyons... À combien de questions ai-je droit ? →

e. Devine qui est mon mari. →

3.
COMMENT ÇA VA ?
¿QUÉ TAL?

OBJECTIFS

- **DIRE ET DEMANDER COMMENT ON VA**
- **SE SERVIR DE DIFFÉRENTES FORMULES DE COURTOISIE**
- **S'ADRESSER À QUELQU'UN EN TUTOYANT ET EN VOUVOYANT**

NOTIONS

- **LES OUTILS GRAMMATICAUX DU VOUVOIEMENT**
- **L'ARTICLE, LE NOM ET L'ADJECTIF, AU SINGULIER ET AU PLURIEL**
- **LE PRONOM PERSONNEL SUJET ET L'ADJECTIF POSSESSIF**
- **CONJUGAISON AU PRÉSENT DE L'INDICATIF : VERBES EN -*AR*, *SER*, *ESTAR*, *TENER***

LE NOUVEAU PROF…

– Bonjour, je suis madame del Pino, votre nouvelle professeure de mathématiques. Comment ça va ?

– Nous allons très très bien, merci !

– Je m'en réjouis.

– Bonjour, je suis Pedro, le délégué des élèves.

– Enchantée.

– Au nom de toute la classe, bienvenue dans notre lycée.

– Merci à tous. Bon, et maintenant silence ! Je vais moyennement bien et je ne suis pas de bonne humeur.

– Tu ne te sens pas bien ? Nous appelons l'infirmière ?

– Non, merci. Ah, une chose, vouvoie-moi, d'accord ? Et les autres aussi, vouvoyez-moi.

– Mais vous, vous nous tutoyez…

– Je vous tutoie parce que moi, je suis la professeure et vous, vous êtes les élèves, compris ?

– Bon, d'accord…

– Autre chose : les chewing-gum et les portables sont interdits.

– Et à quoi avons-nous droit alors ?

– Vous avez le droit d'étudier. Oui, je suis une professeure à l'ancienne, je suis désolée.

05 EL NUEVO PROFE...

– Buenas, soy la señora del Pino, vuestra nueva profesora de matemáticas. ¿Qué tal?

– ¡Estamos divinamente, gracias!

– Me alegro.

– Hola, soy Pedro, el delegado de los alumnos.

– Mucho gusto.

– En nombre de todos, bienvenida a nuestro instituto.

– Gracias a todos. Bueno, ¡y ahora silencio! Estoy regular y no estoy de buen humor.

– ¿No estás bien? ¿Llamamos a la enfermera?

– No, gracias. Ah, una cosa, trátame de usted, ¿vale? Y los demás también, tratadme de usted.

– Pero usted nos trata de tú...

– Os trato de tú porque yo soy la profesora y vosotros sois los alumnos, ¿entendido?

– Bueno, vale...

– Otra cosa: están prohibidos los chicles y los móviles.

– ¿Y a qué tenemos derecho entonces?

– Tenéis derecho a estudiar. Sí, soy una profesora a la antigua, lo siento.

◼ COMPRENDRE LE DIALOGUE

→ Utilisez quelques formules de courtoisie lors d'une présentation, comme **mucho gusto**, ou son synonyme **tanto gusto**. Plus proche du français, il y a **encantado**, ou **encantada**. Tous ces termes correspondent à *enchanté(e)*.

→ Le verbe **alegrarse**, *se réjouir*, est fréquemment utilisé : **¿Qué tal? / Muy bien. / Me alegro**, *Comment ça va ? / Très bien. / Je m'en réjouis*. On l'utilise aussi pour exprimer sa joie : **Hola, Paco, me alegro de verte**, *Salut, Paco, content de te voir*.

→ N'oublions pas les mots pour remercier : **gracias**, *merci* ; et même **muchas gracias**, *merci beaucoup*.

→ **¿Qué tal?** *Comment ça va ?* est la question passe-partout. De même, vous pouvez répondre de façon brève : **muy mal**, *très mal* ; **mal**, *mal* ; **regular**, *moyen* ; **bien**, *bien* ; **muy bien**, *très bien*. Retenez aussi des tournures plus colorées : **fatal**, *très mal* ; **tirando**, *on fait aller* ; **ni fu ni fa**, *couci couça* ; **estupendamente, divinamente, fenomenal**, *très très bien*. Si vous introduisez un verbe dans la question ou la réponse, ce sera **estar** ("l'état actuel" d'une personne) : **¿Cómo estás?** *Comment vas-tu ?* / **Estoy fatal**, *Je vais très mal* ; **¿Qué tal está tu marido?** *Comment va ton mari ?* / **Está estupendamente**, *Il va très très bien*.

NOTE CULTURELLE

Tu ou vous ? Le tutoiement est fréquent en Espagne : entre professeurs et élèves, au travail ou dans la rue. Ce manque de formalisme fait que l'on emploie moins mécaniquement qu'en France **señor**, *monsieur*, et **señora**, *madame* en fin de phrase. Pour marquer une déférence, par exemple pour s'adresser à une personne plus âgée, on utilisera plutôt **don** et **doña**, avec le prénom : **Buenos días, don Miguel**, *Bonjour, monsieur Miguel* ; **Buenas tardes, doña Elena**, *Bonsoir, madame Elena*. Tout cela est affaire de jugement, de situations et de personnes. La décontraction est appréciée, mais être un **maleducado**, *malpoli*, est bien la dernière des choses à faire !

◆ GRAMMAIRE
LE SINGULIER ET LE PLURIEL

L'article masculin singulier, employé avec les prépositions **de** et **a**, devient **del** et **al** : **El profesor del instituto**, *Le professeur du lycée* ; **Llamamos al enfermero**, *Nous appelons l'infirmier*. Notez d'ailleurs que, lorsque le complément d'objet direct représente une personne, il est précédé de la préposition **a**.

- **los** et **las** sont les articles pluriels : **los alumnos y las alumnas**, *les élèves* (au masculin et au féminin).
- Un nom ou un adjectif terminés par une voyelle font leur pluriel en **-s** : **una casa bonita**, *une jolie maison* ; **dos casas bonitas**, *deux jolies maisons*. S'ils se terminent par une consonne, on ajoute **-es** : **el móvil, los móviles**.

LE VOUVOIEMENT *(TRATAMIENTO DE USTED)*

Pour vouvoyer en espagnol, on utilise la 3e personne, comme si on parlait au roi en français : "Votre majesté veut-elle que je lui serve son café ?".

Usted, *vous* (contraction de **vuestra merced**, *votre grâce*), est le pronom sujet de vouvoiement : **¿Habla usted francés?** *Parlez-vous français ?* Il est aussi utilisé après une préposition : **Gracias a usted**, *Merci à vous*. Attention donc à ne pas confondre les deux "vous" : **¿Cómo estáis, amigos?** *Comment allez-vous, les amis ?* et **¿Cómo está usted, señora ?** *Comment allez-vous, madame ?*

PRONOMS PERSONNELS ET ADJECTIFS POSSESSIFS

Le pronom personnel sujet	L'adjectif possessif
yo, *je (moi)*	**mi / mis**, *mon, ma / mes*
tú, *tu (toi)*	**tu / tus**, *ton, ta / tes*
él, ella, *il (lui), elle*	**su**, *son, sa, leur*
nosotros, nosotras, *nous*	**nuestro (a) / nuestros (as)**, *notre / nos*
vosotros, vosotras, *vous*	**vuestro (a) / vuestros (as)**, *votre / vos*
ellos, ellas / ustedes, *ils (eux), elles / vous*	**sus**, *ses, leurs*

▲ CONJUGAISON
LES VERBES DU 1er GROUPE

Pour mémoriser le fonctionnement des pronoms, prenons un exemple actif (**llamar**, *appeler*) et un exemple pronominal (**alegrarse**, *se réjouir*).

llamar, *appeler*	**alegrarse**, *se réjouir*
llamo, *j'appelle*	**me alegro**, *je me réjouis*
llamas, *tu appelles*	**te alegras**, *tu te réjouis*
llama, *il / elle appelle*	**se alegra**, *il / elle se réjouit*
llamamos, *nous appelons*	**nos alegramos**, *nous nous réjouissons*
llamáis, *vous appelez*	**os alegráis**, *vous vous réjouissez*
llaman, *ils / elles appellent*	**se alegran**, *ils / elles se réjouissent*

SER ET ESTAR

Ces deux verbes présentent de nombreuses irrégularités. **Estar**, par exemple, prend un accent tonique aux 2ᵉ et 3ᵉ personnes du singulier et à la 3ᵉ personne du pluriel.

ser, *être*	estar, *être*
soy, *je suis*	**estoy**, *je suis*
eres, *tu es*	**estás**, *tu es*
es, *il / elle est*	**está**, *il / elle est*
somos, *nous sommes*	**estamos**, *nous sommes*
sois, *vous êtes*	**estáis**, *vous êtes*
son, *ils / elles sont*	**están**, *ils / elles sont*

UN VERBE IRRÉGULIER : *TENER*

Tener présente de nombreuses irrégularités dont nous verrons bientôt les modèles. Voici sa conjugaison complète.

tener, *avoir*
tengo, *j'ai*
tienes, *tu as*
tiene, *il / elle a*
tenemos, *nous avons*
tenéis, *vous avez*
tienen, *ils / elles ont*

L'IMPÉRATIF

Voici le modèle pour former l'impératif des verbes en **-ar** : **habla**, *parle* et **hablad**, *parlez*. Le français relie le pronom personnel à l'impératif avec un tiret : *dis-moi*, *appelle-le* ; tandis que l'espagnol le soude à la forme verbale : **trátame de tú, tratadme de usted**.

VOCABULAIRE

nuevo/a nouveau, nouvelle
señor/a monsieur, madame
vuestro/a votre
matemáticas mathématiques
¿qué tal? comment ça va ?
divinamente très très bien
gracias merci
alegrarse se réjouir
delegado/a délégué(e)
alumno/a élève
mucho gusto enchanté(e)
en nombre de au nom de
todo/a tout(e)
bienvenido/a bienvenu(e)
nuestro/a notre
instituto lycée
bueno/a bon, bonne
bueno (interj.) bon
ahora maintenant
silencio silence
regular moyen
humor (el) humeur
enfermero/a infirmier, infirmière
cosa chose
usted vous (vouvoiement)
tratar de usted vouvoyer
vale d'accord
los demás les autres
tratar de tú tutoyer
porque parce que
vosotros vous (tutoiement collectif)
¿entendido? compris ?
otro/a autre
prohibido interdit
chicle chewing-gum
móvil portable
entonces alors
antiguo/a ancien, ancienne
lo siento je suis désolé(e)

EXERCICES

1. ÉCOUTEZ L'ENREGISTREMENT ET COCHEZ LE *TRATAMIENTO* DE CES PHRASES.

05 a. ☐ de tú – ☐ de usted   c. ☐ de tú – ☐ de usted

b. ☐ de tú – ☐ de usted   d. ☐ de tú – ☐ de usted

2. ÉCOUTEZ L'ENREGISTREMENT ET COCHEZ LA BONNE RÉPONSE.

05 a. Los personajes son…
☐ dos alumnos
☐ dos enfermeros
☐ dos profesores

b. En el instituto, tratan de usted a…
☐ los alumnos
☐ los profesores
☐ la enfermera

c. En el instituto están prohibidos…
☐ solo los chicles
☐ solo los móviles
☐ los chicles y los móviles

3. ÉCOUTEZ À NOUVEAU L'ENREGISTREMENT ET COCHEZ *VERDAD* OU *MENTIRA*.

	verdad	mentira
a. Ángela es alemana.		
b. Es profesora de alemán.		
c. Está fatal.		
d. Pedro es nuevo en el instituto.		
e. Pedro trata a Ángela de usted.		
f. Los alumnos españoles son maleducados.		

4. RÉPONDEZ AVEC *SER* OU *ESTAR* CONJUGUÉS.
  a. ¿Qué tal estáis? / .... muy bien, gracias.
  b. ¿Está usted de mal humor? / Sí, ... de muy mal humor.
  c. ¿Eres la profesora? / No, ... la enfermera.
  d. ¿Quiénes sois? / .... los alumnos de la señora del Pino.

5. METTEZ AU SINGULIER LES PHRASES AU PLURIEL ET INVERSEMENT.
  a. Los delegados no están de buen humor. →
  b. La ciudad es bonita. →
  c. La mujer no es solo ama de casa. →
  d. Son las casas de los nuevos profesores. →

6. TRANSPOSEZ AU VOUVOIEMENT.
  a. ¿Cómo te llamas? →
  b. ¿Dónde vives? →
  c. ¿A qué te dedicas? →
  d. ¿De dónde eres? →

7. TRADUISEZ CES PHRASES.
  a. Est-ce que vous êtes la nouvelle infirmière du lycée ? →
  b. Vouvoie-moi, et les autres aussi, compris ? →
  c. Qui est votre délégué ? →
  d. Je suis désolé, c'est interdit →.

3. Comment ça va ?

4.
S'IL VOUS PLAÎT…
POR FAVOR…

OBJECTIFS

- FAIRE UNE DEMANDE ET UNE RÉPONSE POLIES
- RÉPONDRE PAR L'AFFIRMATIVE À UNE DEMANDE
- REMERCIER ET RÉPONDRE À UN REMERCIEMENT
- DEMANDER PARDON

NOTIONS

- LE PRONOM PERSONNEL COMPLÉMENT
- LES RÈGLES DU VOUVOIEMENT
- QUELQUES PARTICULARITÉS DE L'ARTICLE ESPAGNOL
- LA PLACE DU PRONOM PERSONNEL, À L'INFINITIF ET À L'IMPÉRATIF
- LES VERBES À DIPHTONGUE (PREMIÈRE APPROCHE)
- LA CONJUGAISON DE *IR*, "ALLER"

LE VOISIN PÉNIBLE

– Bonjour, je me présente : je suis votre nouveau voisin.

– Bonjour, enchantée, en quoi puis-je vous aider ?

– Une petite chose [C'est peu de chose]... Pouvez-vous me prêter un peu de café, s'il vous plaît ?

– Oui, bien sûr, voici le café.

– Merci, vous êtes très aimable, et pardon [pardonnez].

– Il n'y a pas de quoi !

(Cinq minutes après.)

– Pardon, je suis désolé, c'est encore moi [moi une autre fois].

– Je peux vous aider pour autre chose ?

– Vous allez penser que je suis très pénible, mais je n'ai pas de lait à la maison, pouvez-vous... ?

– Bien entendu, voici le lait.

– Merci beaucoup, et excusez-moi [excusez].

– De rien, à votre service [pour vous servir].

(Deux minutes après.)

– Tiens, le voisin !

– Hum... je peux vous déranger à nouveau ?

– Bon, nous allons nous tutoyer, d'accord ?

– Oui, c'est la troisième fois que nous parlons en cinq minutes, pardon [pardonne] !

– Que veux-tu maintenant ? Voyons, je vais le deviner... Tu n'as pas de sucre, c'est ça ?

– Félicitations, voisine...

– Allez, entre [passe] : c'est moi qui t'invite à prendre un café.

06 — EL VECINO PESADO

– Buenas, me presento: soy su nuevo vecino.

– Hola, encantada, ¿en qué puedo ayudarle?

– Es poca cosa... ¿Puede usted prestarme un poco de café, por favor?

– Sí, claro, aquí tiene el café.

– Es usted muy amable, gracias y disculpe.

– ¡No hay de qué!

(Cinco minutos después.)

– Perdón, lo siento, soy yo otra vez...

– ¿Le puedo ayudar en otra cosa?

– Va a pensar que soy muy pesado, pero no tengo leche en casa, ¿puede usted...?

– Por supuesto, aquí tiene la leche.

– Muchas gracias, y perdone.

– De nada, para servirle.

(Dos minutos después.)

– Hombre, ¡el vecino!

– Ejem... ¿La puedo molestar de nuevo?

– Bueno, vamos a tutearnos, ¿vale?

– Sí, ¡es la tercera vez que hablamos en cinco minutos, perdona!

– ¿Qué quieres ahora? A ver, lo voy a adivinar... No tienes azúcar, ¿es eso?

– Enhorabuena, vecina...

– Anda, pasa, te invito yo a tomar un café.

COMPRENDRE LE DIALOGUE
FORMULES DE COURTOISIE

→ **Perdón**, *pardon* présente l'avantage de ne pas préciser si vous tutoyez ou vouvoyez une personne. Les verbes **perdonar**, *pardonner* ou **disculpar**, *excuser*, nécessitent de choisir le tutoiement ou le vouvoiement et il y a deux possibilités : **perdona** ou **disculpa** (tutoiement), littéralement *pardonne* et *excuse* ; **perdone** ou **disculpe** (vouvoiement), littéralement *pardonnez* et *excusez*.

→ Les Espagnols disent **con permiso**, littéralement *avec permission* par exemple pour demander poliment à quelqu'un de les laisser passer.

→ Vous connaissez **gracias** et **muchas gracias**, mais dans tout remerciement il y a quatre étapes : la demande, la réponse, le remerciement et la réponse à ce remerciement. La demande peut s'exprimer avec le tutoiement (**¿Puedes…?** *Peux-tu… ?*) ou avec le vouvoiement (**¿Puede usted…?**, *Pouvez-vous… ?*). En réponse, pour renforcer le **sí**, vous pouvez dire : **sí, claro**, *oui, bien sûr*, ou encore **por supuesto**, *bien entendu*. La réponse au remerciement sera : **de nada**, *de rien* ; **no hay de qué**, *il n'y a pas de quoi*. **Por favor** signifie *s'il vous plaît*, mais vous allez parfois l'entendre au sens de "je vous en prie" : **Muchas gracias**, *Merci beaucoup* – **Por favor**, *Je vous en prie*.

QUELQUES USAGES

• Le genre des mots est parfois différent en français et en espagnol : **el minuto**, *la minute* ; **la leche**, *le lait*. Gare aux usages : il n'y a pas d'article défini dans l'expression **en casa**, *à la maison* ; pas d'article indéfini devant **otro** : **otra cosa**, *une autre chose*. Il n'y a pas non plus d'article lorsqu'il a une valeur partitive : **no tengo leche**, *je n'ai pas de lait* ; **quiero azúcar**, *je veux du sucre*.

• "Voici" se rend par **aquí tiene** littéralement *vous avez ici* ou **aquí tienes**, si vous tutoyez : **Aquí tienes tu café**, *Voici ton café*.

• Pour présenter une personne, on utilisera **ser** avec le pronom personnel : **Él es Antonio y ella es Carmen**, *Voici Antonio et voici Carmen*.

NOTE CULTURELLE

Les Ibères d'Astérix ponctuent leurs phrases de sonores "Homme!". C'est la traduction littérale et comique de **¡Hombre!**, qui est une exclamation multi-usages. Selon le ton, elle exprimera l'indignation, la surprise, ou tout autre sentiment porté par le contexte de la phrase : **¡Hombre, el vecino!** *Tiens donc, le voisin !*

◆ GRAMMAIRE
LE PRONOM PERSONNEL COMPLÉMENT

Le pronom complément d'objet indirect et le COD sont identiques sauf à la 3ᵉ personne : **Le presto café**, *Je lui prête du café* (COI) ; **Lo adivino**, *Je le devine* (COD).

Le pronom complément direct	Le pronom complément indirect
me, *me*	**me**, *me*
te, *te*	**te**, *te*
lo / la, *le, la*	**le**, *lui*
nos, *nous*	**nos**, *nous*
os, *vous*	**os**, *vous*
los / las, *les*	**les**, *leur*

Lorsque le pronom complément direct désigne une personne, il est fréquent que **le** (forme indirecte) remplace **lo**. Dans le dialogue, par exemple : **¿Le puedo ayudar?** *Je peux vous aider ?* En règle générale, ce phénomène n'est toléré qu'au masculin. Les trois formes correctes du COD sont donc : **¿Le puedo ayudar?** et **¿Lo puedo ayudar?** (pour un homme) ; **¿La puedo ayudar?** (pour une femme).

LE VOUVOIEMENT DE POLITESSE : PRONOM PERSONNEL ET ADJECTIF POSSESSIF

Le vouvoiement passe en espagnol par la 3ᵉ personne : celle du verbe, celle du pronom personnel et celle du possessif.

Le tutoiement (2ᵉ personne)	Le vouvoiement (3ᵉ personne)
¿Cómo estás?	Cómo está usted?
¿Te ayudo ?	¿Le ayudo? ou ¿Lo ayudo? (m.)/ ¿La ayudo? (f.)
¿Te presto café?	¿Le presto café?
¿Os ayudo?	¿Les ayudo? ou ¿Los ayudo? (m.)/ ¿Las ayudo? (f.)
¿Os presto café?	¿Les presto café?
Soy tu vecino.	Soy su vecino.
Soy vuestro vecino.	Soy su vecino.

L'ENCLISE À L'INFINITIF

À l'impératif, le pronom personnel s'accroche à la forme verbale : **dime**, *dis-moi*. On appelle ce phénomène l'enclise et il concerne également l'infinitif espagnol : **llamarse**, *s'appeler*. Dans une phrase, le pronom personnel ne peut donc jamais précéder directement un infinitif : soit il s'accroche à l'infinitif, soit il précède le verbe conjugué. Voyez, dans le dialogue : **¿En qué puedo ayudarle?** et **¿Le puedo ayudar en otra cosa?**

▲ CONJUGAISON
LES VERBES À DIPHTONGUE

La voyelle du radical de certains verbes se dédouble parfois : le **-e** devient **-ie** et le **-o** devient **-ue**. Rien d'étonnant cependant, puisque c'est le même cas en français : **tenir**, *je tiens* ; **venir**, *je viens*, etc. Voyons les deux exemples rencontrés dans le dialogue : **poder** et **querer**, aux trois premières personnes du présent.

querer, *vouloir*	**poder**, *pouvoir*
quiero, *je veux*	**puedo**, *je peux*
quieres, *tu veux*	**puedes**, *tu peux*
quiere, *il / elle veut*	**puede**, *il / elle peut*

UN VERBE IRRÉGULIER : *IR*, aller

Ir, *aller*, a de nombreuses irrégularités de conjugaison. Attention également à sa construction : puisqu'il s'agit d'un verbe de mouvement, il est suivi de la préposition **a** en espagnol. Comme en français : **Voy a París**, *Je vais à Paris*, sauf que ce **a** est obligatoire également devant un infinitif : **Voy a trabajar**, *Je vais travailler*.

ir, *aller*
voy, *je vais*
vas, *tu vas*
va, *il / elle va*
vamos, *nous allons*
vais, *vous allez*
van, *ils / elles vont*

VOCABULAIRE

vecino/a voisin(e)
pesado/a pénible
presentarse se présenter
poder pouvoir
ayudar aider
poco/a peu, peu de
prestar prêter
café café
por favor s'il vous/te plaît
aquí ici
amable aimable
disculpar excuser
hay il y a
minuto (el) minute
después après
perdón pardon
vez fois
ir aller
pensar penser
leche (la) lait
por supuesto bien entendu
perdonar pardonner
nada rien
para pour
servir servir
hombre homme
molestar déranger
de nuevo à nouveau
tutear tutoyer
tercero/a troisième
azúcar sucre
anda allez
pasar passer, entrer
invitar inviter
tomar prendre

EXERCICES

1. QUEL EST LE *TRATAMIENTO* DANS CES PHRASES ENREGISTRÉES ?

06　a. de tú – de usted　　　　c. de tú – de usted

　　b. de tú – de usted　　　　d. de tú – de usted

2. ÉCOUTEZ L'ENREGISTREMENT ET COCHEZ LA BONNE RÉPONSE.

06　a. El vecino de la mujer se llama…
　　☐ Pepe
　　☐ Antonio
　　☐ Mario

　　b. Antonio trata a su vecino…
　　☐ de tú
　　☐ de usted
　　☐ primero de usted y después de tú

　　c. La mujer no tiene…
　　☐ café
　　☐ leche
　　☐ azúcar

　　d. El vecino…
　　☐ quiere mucho azúcar
　　☐ quiere un poco de azúcar
　　☐ no quiere azúcar

3. RÉÉCOUTEZ L'ENREGISTREMENT ET COMPLÉTEZ LES 3 DERNIÈRES RÉPLIQUES DU DIALOGUE.

a. – ¿Y ...., Antonio?

b. – Soy ...., es un trabajo .... pero ....

c. – ¡Exactamente .... ! Somos ....

4. RÉÉCRIVEZ CES PHRASES EN UTILISANT L'AUTRE *TRATAMIENTO*.

a. ¿Vas a casa del vecino? →

b. ¿Antonio es tu marido? →

c. Le presento a mi mujer. →

d. Perdone, ¿me presta su móvil? →

e. Disculpa, ¿puedes presentarte? →

f. Lo siento, no puedo invitarlo. →

5. REFORMULEZ CES PHRASES EN DÉPLAÇANT LE PRONOM.

a. No quiero prestarte café. →

b. No le puedo servir. →

c. ¿Puedo tutearlo? →

d. No te voy a perdonar. →

6. TRADUISEZ CES PHRASES.

a. Je ne veux pas de lait, je veux autre chose.

→

b. Excusez-moi, madame, c'est la troisième fois que je vous dérange.

→

c. Tu vas penser que je suis une voisine pénible.

→

d. Vous êtes très aimables, toi et ton mari.

→

5. ALLÔ ?

¿DIGA?

OBJECTIFS

- APPELER ET RÉPONDRE AU TÉLÉPHONE, PASSER UNE PERSONNE, FAIRE RÉPÉTER
- TUTOIEMENT ET VOUVOIEMENT DANS UNE CONVERSATION TÉLÉPHONIQUE
- SALUER POUR PRENDRE CONGÉ
- DONNER UNE ADRESSE

NOTIONS

- LES EMPLOIS DE *ESTAR* : SITUER DANS L'ESPACE
- LE GÉRONDIF ET LA FORME PROGRESSIVE
- LES PRÉPOSITIONS *POR* ET *PARA*
- LES VERBES EN -*GO* : *DECIR*, *PONER*

PARLER [EN PARLANT] AU TÉLÉPHONE

– Allô ?

– Bonjour, je voudrais parler à [avec] monsieur Rafael Palacios.

– Oui, c'est moi.

– Enchantée, monsieur, je suis Laura, de Latacel. Je vous appelle pour…

– Un moment, vous me dites votre nom, pour savoir à qui je parle ?

– Laura López…

– Merci. Vous pouvez répéter le nom de votre société ?

– Latacel. Nous sommes en train de réaliser une…

– D'où m'appelez-vous ?

– De Madrid et…

– Vous me dites votre adresse exacte ?

– Latacel se trouve au 16, rue d'Atocha, mais…

– Ne raccrochez pas, je vais le vérifier. Je vous mets un peu de musique.

– Monsieur Palacios ? Monsieur Palacios ??

– Merci pour votre patience. Je vous écoute, mademoiselle Clara.

– Laura, je vous dis que mon prénom est Laura…

– Ah oui, Laura, excusez-moi.

– De rien, à votre service. Nous sommes en train de faire une promotion pour les nouveaux clients : cent minutes d'appels gratuits et…

– Ah, ça, c'est mon épouse qui s'en occupe.

– Pouvez-vous me la passer ?

– Je suis désolé, elle n'est pas là. Si vous voulez appeler plus tard…

– Bon, d'accord, au revoir…

– Au revoir, mademoiselle.

🔊 07   HABLANDO POR TELÉFONO

– ¿Dígame?

– Buenos días, quisiera hablar con don Rafael Palacios.

– Sí, soy yo.

– Encantada, don Rafael, soy Laura, de Latacel. Le llamo para…

– Un momento, ¿me dice su apellido, para saber con quién estoy hablando?

– Laura López…

– Gracias. ¿Puede repetir el nombre de su compañía?

– Latacel. Estamos realizando una…

– ¿De dónde me llama usted?

– De Madrid y…

– ¿Me dice su dirección exacta?

– Latacel está en Atocha 16, pero…

– No cuelgue, voy a comprobarlo. Le pongo un poco de música.

– ¿Don Rafael? ¿¿Don Rafael??

– Gracias por su paciencia. La escucho, señorita Clara.

– Laura, le digo que mi nombre es Laura…

– Ah sí, Laura, disculpe.

– De nada, para servirle. Estamos haciendo una oferta para nuevos clientes: cien minutos de llamadas gratis y…

– Ah, de eso se ocupa mi esposa.

– ¿Me puede poner con ella?

– Lo siento, no está. Si quiere llamar más tarde…

– Bueno, vale, hasta luego…

– Adiós, señorita.

■ COMPRENDRE LE DIALOGUE

→ Les Espagnols ont une façon bien à eux de dire et écrire les adresses : ils mettent le numéro de la voie après le nom de celle-ci. S'il s'agit d'une rue, **una calle**, il est même courant d'omettre le mot ; *J'habite au 16 rue d'Atocha* donnera : **Vivo en Atocha 16**. En montant dans un taxi, par exemple, vous pourrez dire au chauffeur : **Vamos a Atocha 16**. Sur une enveloppe, **calle** est parfois abrégé en **C/**, **plaza**, *place* en **Pza.**, et **avenida**, *avenue* en **Avda.** : **C/Embajadores, 94 ; Pza. de España, 50 ; Avda. de Madrid, 31.**

→ Vous avez vu deux formules pour prendre congé : **hasta luego** et **adiós**. Elles sont très proches dans la pratique et nous les avons de fait traduites toutes deux par *au revoir*, **adiós** n'ayant pas en espagnol le côté tragique et définitif du *adieu* français.

→ **Hasta luego** insiste peut-être un peu sur l'idée que l'on a l'intention de se revoir vite, mais cela reste une affaire de nuances. Plus explicite, il y aurait **hasta pronto**, *à bientôt*. Ou alors **hasta la vista**, *à la revoyure*, immortalisée par Arnold Schwarzenegger dans Terminator 2 ("Hasta la vista, baby"). Mais dans sa bouche, ça évoque tout sauf un rendez-vous futur...

NOTE CULTURELLE

Longtemps, il n'y a eu qu'une façon de dire *allô* : **diga** (ou **dígame**), littéralement *dites* (ou *dites-moi*). C'était à l'époque où on ne pouvait pas savoir qui appelait : on vouvoyait donc par principe la personne qui appelait. La reconnaissance d'appel étant devenue la norme, on tutoie les personnes que l'on connaît et on dira dans ce cas **dime**, *dis-moi*. Retenez quelques autres formules : **quisiera**, *je voudrais* ; **le llamo para**, *je vous appelle pour* ; **¿puede repetir?** *pouvez-vous répéter ?* ; **no cuelgue**, *ne raccrochez pas*. Ce qui donne avec le tutoiement : **te llamo para** ; **¿puedes repetir?** ; **no cuelgues**. **Poner con**, littéralement *mettre avec*, sert à dire que l'on "passe quelqu'un" : **Le pongo con...**, *Je vous passe...* ; **¿Me puede poner con...?** *Pouvez-vous me passer... ?*

◆ GRAMMAIRE
SER ET *ESTAR* (SUITE)

Nous avons abordé l'opposition essentielle entre **ser** et **estar** : comme disent les philosophes, **ser** incarne l'être et **estar** le devenir. On retrouve cette double valeur dans les autres emplois de ces deux verbes. Retenez par exemple la formule **soy yo**, *c'est moi*, qui sert au téléphone et dans bien des circonstances pour donner son identité. On peut bien sûr l'exprimer à toutes les personnes : **¿Eres tú?** *C'est toi ?* ; **¡Somos nosotros!** *C'est nous !* **Estar** servira à tout ce qui concerne la localisation, qui est naturellement changeante : **¿Dónde estás?** *Où es-tu ? /* **Estoy aquí**, *Je suis ici*. Au téléphone, **estar** tout seul signifie *être là* : **¿Está Antonio?** *Est-ce qu'Antonio est là ? /* **No, no está**, *Non, il n'est pas là*. **Estar** est enfin l'auxiliaire qui permet de construire la forme progressive, "être en train de" (voir dans Conjugaison).

POR ET *PARA*

Ces deux prépositions espagnoles sont trompeuses, car elles ne correspondent pas l'une à *pour* et l'autre à *par*. De fait, retenez que la traduction de **para** ne sera jamais *par* et que celle de **por** sera tantôt *pour* et tantôt *par*.
• **Para** exprime le but : **Le llamo para**, *Je vous appelle pour... ;* **para saber**, *pour savoir*.
• **Por** exprime une cause, une explication : **gracias por su paciencia**, *merci pour votre patience*. Il indique aussi le moyen : **hablar por teléfono**, *téléphoner, parler au (= au moyen du) téléphone*. On l'emploie aussi pour indiquer l'endroit par où l'on passe : **Pasa por aquí**, *Passe par ici*.

▲ CONJUGAISON
À PROPOS DE QUELQUES FORMES VERBALES

Nous rencontrons dans les dialogues des formes verbales très courantes, mais morphologiquement complexes. Vous découvrirez au fur et à mesure les conjugaisons auxquelles elles renvoient : **dígame** et **no cuelgue** sont par exemple des subjonctifs présents ; et **quisiera** un subjonctif imparfait. Retenez-les pour le moment telles quelles, comme des formules de la conversation.

LÉ GÉRONDIF ET LA FORME PROGRESSIVE

Équivalant à notre "être en train de", la forme progressive espagnole s'utilise très fréquemment. Elle vient naturellement dès qu'il s'agit d'exprimer une action qui occupe le présent : **Estoy trabajando en una compañía de teléfonos**, *Je travaille dans une société de téléphonie*. Elle se construit avec **estar** conjugué suivi du gérondif invariable du verbe. Il y a deux terminaisons pour le gérondif (le radical est celui de l'infinitif) : **-ando** pour les verbes en **-ar** ; **-iendo** pour les verbes en **-er** et en **-ir** : **Estoy hablando con mi marido**, *Je parle à mon mari*. **¿Qué estás haciendo?** *Qu'est-ce que tu fais ?* **Está viviendo un momento difícil**, *Il vit un moment difficile*.

LES VERBES EN -*GO*

Un certain nombre de verbes usuels ont une première personne du présent en **-go**. Vous avez rencontré **tengo**, *j'ai*, et **hago**, *je fais* (des verbes **tener** et **hacer**). Découvrons maintenant **decir** et **poner** aux trois premières personnes.

decir, *dire*	**poner**, *mettre*
digo, *je dis* **dices**, *tu dis* **dice**, *il / elle dit*	**pongo**, *je mets* **pones**, *tu mets* **pone**, *il / elle met*

Remarquez l'irrégularité de **decir**, qui change son radical en **dic-**. Nous verrons tout ceci dans les modules à venir.

⬢ EXERCICES

1. ÉCOUTEZ, PUIS NOTEZ LES NUMÉROS DE TÉLÉPHONE.

07 a. .... c. ....

b. .... d. ....

2. ÉCOUTEZ L'ENREGISTREMENT ET COCHEZ LA BONNE RÉPONSE.

07 a. Carmen y Laura se tratan…
☐ de tú
☐ de usted
☐ primero de tú y después de usted
☐ primero de usted y después de tú

b. La oferta es…
☐ 50 minutos de llamadas gratis y un móvil
☐ 100 minutos de llamadas gratis y dos móviles
☐ 100 minutos de llamadas gratis y un móvil

c. Carmen piensa que 100 minutos gratis…
☐ es poco
☐ es mucho

d. Quién dice qué?

	adiós	hasta pronto	hasta luego	hasta la vista
Carmen dice…				
Laura dice…				

58 5. Allô ?

●VOCABULAIRE

teléfono *téléphone*
¿Dígame? *Allô ?*
quisiera *je voudrais*
con *avec*
momento *moment*
decir *dire*
apellido *nom de famille*
saber *savoir*
repetir *répéter*
compañía *société*
realizar *réaliser*
dirección *adresse*
exacto/a *exact(e)*
avenida *avenue*
colgar *raccrocher*
comprobar *vérifier*
poner *mettre*
música *musique*
paciencia *patience*
escuchar *écouter*
señorita *mademoiselle*
oferta *promotion*
cliente *client*
gratis *gratuit*
ocuparse de *s'occuper de*
esposo/a *époux, épouse*
poner con *passer quelqu'un (au téléphone)*
más *plus*
tarde *tard*
hasta *jusqu'à*
luego *ensuite*
hasta luego *au revoir*
adiós *adieu, au revoir*

3. RÉÉCOUTEZ LE DÉBUT DU DIALOGUE ET COMPLÉTEZ CES PHRASES.

a. ¿Sí, ... ?

b. Buenas tardes, ¿ .... de don Rafael?

c. Sí, ..., ¿con quién ....?

d. .... Laura, de Latacel.

e. ...., Laura, me llamo Carmen, ¿en qué ....?

4. COMPLÉTEZ AVEC *POR* OU *PARA*.
a. Estoy hablando .... teléfono.

b. Llámalo .... saber cómo está.

c. Gracias .... la oferta.

d. De nada, ... favor, ... servirle.

5. METTEZ À LA FORME PROGRESSIVE.
a. ¿Me escuchas? →

b. Vivo en París. →

c. No hacemos nada. →

d. Estudia español. →

6. TRADUISEZ CES PHRASES.
a. Allô, chéri, où es-tu ?

→

b. Ne raccroche pas, Rafael n'est pas là mais je te passe son épouse.

→

c. Je voudrais vérifier votre adresse : pouvez-vous la répéter ?

→

d. Je vous dis mon prénom, mais je ne peux pas vous dire mon nom.

→

II
LA
VIE
QUOTIDIENNE

6.
QUELLE HEURE EST-IL ?
¿QUÉ HORA ES?

OBJECTIFS	NOTIONS
- **DEMANDER ET DIRE L'HEURE** - **SE SITUER DANS LA JOURNÉE ET DANS LA SEMAINE** - **PARLER DES ROUTINES QUOTIDIENNES (LEVER, COUCHER, TRAVAIL)** - **ÉVOQUER L'ÉTAT PHYSIQUE (FATIGUE, SOMMEIL)**	- **USAGE DES PRÉPOSITIONS** *A* **ET** *EN* - **LES DÉMONSTRATIFS** *ESTE/ESTA* **ET** *ESE/ESA* - **L'EXPRESSION DE L'HABITUDE :** *SOLER* - **ADVERBES ET PRÉPOSITIONS DE TEMPS :** *ANTES (DE) / DESPUÉS (DE)* - **VERBES DES 2ᴱ ET 3ᴱ GROUPES AU PRÉSENT** - **VERBES À DIPHTONGUE** *-O/-UE* **DES TROIS GROUPES** - **IRRÉGULIERS DES 2ᵉ ET 3ᵉ GROUPES (VERBES EN** *-GO*, *SABER***)**

QUAND LES ESPAGNOLS DORMENT-ILS ?

– Docteur, je suis très fatiguée.

– Que vous arrive-t-il ?

– Le jour j'ai sommeil, alors je prends beaucoup de café et la nuit je dors mal.

– Combien d'heures dormez-vous par jour ?

– J'ai l'habitude de me coucher à une heure et demie, et je me lève tôt, avant sept heures.

– Mais pourquoi vous couchez-vous si tard ?

– Lundi parce que je regarde une série, mardi parce que je parle avec un ami qui vit au Mexique, mercredi…

– Mercredi à cause de ceci et jeudi à cause de cela.

– Oui… Et vendredi et samedi c'est pire. Je sors prendre un verre
et je rentre chez moi à quatre heures du matin.

– Je vois…

– C'est que les nouveaux bars du centre sont formidables !

– Vous menez une vie très folle, vous savez ?

– Oui, je sais…

– Vous allez prendre ces cachets pour le sommeil pendant une semaine.

– Oui, docteur.

– Et ce week-end vous restez à la maison, compris ?

– Oui, docteur, merci.

– Au revoir. Ah, et une petite question… Où dites-vous que se trouvent ces nouveaux bars ?

08 ¿CUÁNDO DUERMEN LOS ESPAÑOLES?

– Doctor, estoy muy cansada.

– ¿Qué le pasa?

– De día tengo sueño, entonces tomo mucho café y por la noche duermo mal.

– ¿Cuántas horas duerme al día?

– Suelo acostarme a la una y media, y me levanto temprano, antes de las siete.

– ¿Pero por qué se acuesta tan tarde?

– Los lunes porque veo una serie, los martes porque hablo con un amigo que vive en México, los miércoles…

– Miércoles por esto y jueves por aquello.

– Sí… Y viernes y sábado es peor. Salgo de copas y vuelvo a casa a las cuatro de la madrugada.

– Ya veo…

– ¡Es que los nuevos bares del centro son estupendos!

– Lleva usted una vida muy loca, ¿sabe?

– Sí, lo sé…

– Va a tomar estas pastillas para el sueño durante siete días.

– Sí, doctor.

– Y este fin de semana se queda en casa, ¿entendido?

– Sí, doctor, gracias.

– Adiós. Ah, y una preguntita… ¿Dónde dice que están esos nuevos bares?

COMPRENDRE LE DIALOGUE

→ À la question **¿Qué hora es?** *Quelle heure est-il ?*, vous répondrez : **Son las…**, *Il est…(Ce sont les…)*. L'article **las** représente **las horas**, *les heures*. S'il s'agit de 1 heure, ce sera **Es la una**, *Il est une heure*.

9 h : **Son las nueve.**
6 h 05 : **Son las seis y cinco.**
9 h 40 : **Son las diez menos veinte.**
2 h 15 : **Son las dos y cuarto.**
7 h 45 : **Son las ocho menos cuarto.**
1 h 30 : **Es la una y media.**

→ Dans la pratique, on utilise pour l'heure les chiffres de 1 à 12. Il faut donc parfois préciser le moment de la journée :

03:50 : **Son las cuatro menos diez de la madrugada.**
11:30 : **Son las once y media de la mañana.**
14:20 : **Son las dos y veinte de la tarde.**
21:45 : **Son las diez menos cuarto de la noche.**

→ Vous avez rencontré le nom des jours, à l'exception de **domingo**, *dimanche*. Sachez que l'anglicisme "week-end" n'est pas utilisé en espagnol : on dit **el fin de semana**. Pour vous situer dans la journée, retenez : **por la mañana**, *le matin* ; **a mediodía**, *à mi-journée* ; **por la tarde**, *l'après-midi* ; **por la noche**, *la nuit* ; et aussi un terme utile aux couche-tard : **de madrugada**, *au petit matin*.

→ Attention, les prépositions, ça trompe énormément ! Remarquez la différence entre **quedarse en casa**, *rester à la maison* (sans mouvement) et **volver a casa**, *rentrer à la maison* (avec mouvement). De même, "au Mexique" se traduira par **en** (**Vivo en México.** *Je vis au Mexique.*) ou par **a** (**Voy a México.** *Je vais au Mexique.*).

NOTE CULTURELLE

Les Espagnols se couchent tard et dorment peu, 7,12 heures par jour, presque une heure de moins que le reste des Européens. Cet art de vivre, ancré dans les mœurs, chiffonne quelques experts en bonheur des autres : une Commission pour la rationalisation des horaires travaille ainsi doctement à une grande réforme, qui mettrait tout le monde au lit à 23 heures. Ce serait, paraît-il, un grand progrès pour l'économie, la santé publique et… la paix des ménages !

◆ GRAMMAIRE
LES DÉMONSTRATIFS

Vous avez rencontré deux démonstratifs : **este** et **ese**. **Este fin de semana**, *Ce week-end (proche, associé à moi)* ; **¿Dónde están esos bares?** *Où sont ces bars ?* (plus lointain, associé à toi). Les démonstratifs ont un masculin, un féminin et un neutre.

este hombre, *cet homme*	**ese hombre**, *cet homme-là*
estos hombres, *ces hommes*	**esos hombres**, *ces hommes-là*
esta mujer, *cette femme*	**esa mujer**, *cette femme-là*
estas mujeres, *ces femmes*	**esas mujeres**, *ces femmes-là*
esto, *ceci*	**eso**, *cela*

L'EXPRESSION DU TEMPS

• L'habitude : le verbe à diphtongue **soler** exprime une habitude (pensez au français "insolite" = inhabituel). Il est suivi d'un infinitif : **Suelo levantarme temprano**, *J'ai l'habitude de me lever tôt* ; **Los españoles suelen tutearse**, *Habituellement, les Espagnols se tutoient.*

• Adverbes et prépositions de temps : "avant" et "après" se rendent par **antes** et **después** lorsqu'ils sont adverbes. **Tomo café y después no duermo**, *Je prends du café et après je ne dors pas.* **Me acuesto temprano, pero antes veo una serie**, *Je me couche tôt, mais avant je regarde une série.* Lorsqu'ils sont prépositions, on ajoute **de** : **Vuelvo a casa después de las diez**, *Je rentre à la maison après dix heures.* **Antes de las once no tengo sueño**, *Avant onze heures je n'ai pas sommeil.*

▲ CONJUGAISON
LES VERBES DES 2ᵉ ET 3ᵉ GROUPES

Ils correspondent aux infinitifs en **-er** (2ᵉ groupe) et **-ir** (3ᵉ groupe).

comer, *manger*	**vivir**, *vivre*
como, *je mange* **comes**, *tu manges* **come**, *il / elle mange* **comemos**, *nous mangeons* **coméis**, *vous mangez* **comen**, *ils / elles mangent*	**vivo**, *je vis* **vives**, *tu vis* **vive**, *il / elle vit* **vivimos**, *nous vivons* **vivís**, *vous vivez* **viven**, *ils / elles vivent*

QUELQUES VERBES IRRÉGULIERS

Vous avez rencontré **salir**, qui fait **salgo**, *je sors*. Comparez avec **poner**, un autre verbe en **-go**, mais du 2e groupe. Retenez aussi la conjugaison de **saber**, verbe irrégulier à la 1re personne du singulier.

poner, *mettre*	**salir**, *sortir*	**saber**, *savoir*
pongo, *je mets*	**salgo**, *je sors*	**sé**, *je sais*
pones, *tu mets*	**sales**, *tu sors*	**sabes**, *tu sais*
pone, *il / elle met*	**sale**, *il / elle sort*	**sabe**, *il / elle sait*
ponemos, *nous mettons*	**salimos**, *nous sortons*	**sabemos**, *nous savons*
ponéis, *vous mettez*	**salís**, *vous sortez*	**sabéis**, *vous savez*
ponen, *ils / elles mettent*	**salen**, *ils / elles sortent*	**saben**, *ils / elles savent*

LES VERBES À DIPHTONGUE

Au présent, un verbe à diphtongue modifie son radical à toutes les personnes, sauf aux deux premières du pluriel (pensez à : je viens, tu viens, il vient, nous venons, vous venez, ils viennent). Examinons d'abord les verbes à diphtongue **-o / -ue**.

acostarse, *se coucher*	**volver**, *revenir*	**dormir**, *dormir*
me acuesto, *je me couche*	**vuelvo**, *je reviens*	**duermo**, *je dors*
te acuestas, *tu te couches*	**vuelves**, *tu reviens*	**duermes**, *tu dors*
se acuesta, *il / elle se couche*	**vuelve**, *il / elle revient*	**duerme**, *il / elle dort*
nos acostamos, *nous nous couchons*	**volvemos**, *nous revenons*	**dormimos**, *nous dormons*
os acostáis, *vous vous couchez*	**volvéis**, *vous revenez*	**dormís**, *vous dormez*
se acuestan, *ils / elles se couchent*	**vuelven**, *ils / elles reviennent*	**duermen**, *ils / elles dorment*

● EXERCICES

1. ÉCOUTEZ L'ENREGISTREMENT ET COCHEZ L'HEURE QUE VOUS ENTENDEZ.

a. ☐ 11 : 56 – ☐ 13 : 45   c. ☐ 15 : 20 – ☐ 13 : 20

b. ☐ 01 : 10 – ☐ 18 :10   d. ☐ 00 : 20 – ☐ 12 : 20

2. ÉCOUTEZ L'ENREGISTREMENT POUR RÉPONDRE À CES QUESTIONS.

a. ¿A qué hora se acuesta el hombre? →

b. ¿Cuántas horas duerme al día? →

c. ¿Durante cuánto tiempo va a tomar pastillas? →

d. ¿Para qué son las pastillas? →

VOCABULAIRE

¿cuándo? *quand ?*
dormir *dormir*
doctor *docteur*
cansado/a *fatigué(e)*
pasar *se passer, arriver*
de día *le jour*
sueño *sommeil*
tomar *prendre*
de noche *la nuit*
hora *heure*
al día *par jour*
soler *avoir l'habitude de*
acostarse *se coucher*
levantarse *se lever*
temprano *tôt*
antes (de) *avant*
¿por qué? *pourquoi ?*
tan *si, autant*
tarde *tard*
lunes *lundi*
martes *mardi*
miércoles *mercredi*
jueves *jeudi*
viernes *vendredi*
serie *série*
sábado *samedi*
amigo/a *ami(e)*
México *le Mexique*
peor *pire*
salir *sortir*
copa *coupe, verre*
salir de copas *sortir prendre un verre*
volver *revenir, rentrer*
madrugada (la) *petit matin*
bar *bar*
centro *centre*
estupendo/a *formidable*
llevar *mener*
vida *vie*
loco/a *fou, folle*
este/a *ce, cet, cette*
pastilla (la) *cachet*
durante *pendant*
fin (el) *la fin*
semana *semaine*
quedarse *rester*
entender *comprendre*
preguntita *petite question*

3. ÉCOUTEZ À NOUVEAU L'ENREGISTREMENT ET COCHEZ *VERDAD* OU *MENTIRA*.

08

	verdad	mentira
a. El hombre está estupendamente.		
b. Lleva una vida muy loca.		
c. Suele ver series los fines de semana.		
d. El sábado se queda en casa.		
e. El hombre tiene un hijo de dos años.		
f. Se levanta a las siete de la mañana.		
g. La doctora sabe dónde hay buenos bares.		

4. COMPLÉTEZ AVEC LA BONNE PRÉPOSITION : *A, AL, EN, DE* OU *DEL*.

a. ¿Dónde estás: .... casa?

b. ¿Cuándo sales .... trabajo?

c. ¿Vas .... casa?

d. ¿Vamos a salir .... copas, cariño?

e. Me levanto temprano para ir .... trabajo.

5. TRANSPOSEZ AU PLURIEL (JE → NOUS / TU → VOUS / IL → ILS).

a. No suelo salir durante la semana.

→

b. ¿Cuándo vuelves a casa?

→

c. Se acuesta muy temprano.

→

d. Salgo de copas todas las noches.

→

e. ¿Por qué te acuestas tan tarde?

→

6. TRADUISEZ CES PHRASES.

a. Le dimanche, je n'ai pas l'habitude de me lever avant midi et demi.

→

b. Qu'est-ce qui t'arrive ? Tu es fatigué ?

→

c. Il est quatre heures du matin. Tu n'as pas sommeil ?

→

d. Pourquoi ne restons-nous pas à la maison ce samedi ?

→

e. Je ne prends pas de café après 14 heures parce qu'après je ne peux pas dormir.

→

6. Quelle heure est-il ?

7.
ON MANGE ?

¿COMEMOS?

OBJECTIFS

- **NOMMER LES REPAS**
- **NOMMER LES MEMBRES DE LA FAMILLE**
- **PARLER DES ROUTINES DOMESTIQUES (REPAS, PARTAGE DES TÂCHES)**
- **DEMANDER UN SERVICE, POLIMENT ET AVEC INSISTANCE**
- **EXPRIMER UN REFUS**

NOTIONS

- **LES DIMINUTIFS EN -*ITO***
- **LES PRONOMS PERSONNELS APRÈS UNE PRÉPOSITION**
- **TRADUCTION DE "ON"**
- **LA PHRASE NÉGATIVE : *NADA, NADIE, NUNCA, TAMPOCO***
- **LES VERBES À DIPHTONGUE -*E/-IE***

METS LA TABLE !

– Juan, il va être dix heures. Mets la table, s'il te plaît.

– Je ne peux pas, maman, je suis en train d'écrire un courrier très important.

– Je sais parfaitement que tu es en train de jouer à un de ces jeux stupides.

– D'accord, tu as raison. Vous pouvez dîner sans moi, je n'ai pas faim maintenant.

– Ou bien tu dînes avec ton père, avec ta sœur et avec moi, ou bien tu ne dînes pas.

– Mais pourquoi voulez-vous toujours dîner ensemble et assis ?

– Dans cette famille on mange comme ça.

– Mes amis ne mettent jamais la table et mes cousins non plus.

– Ce qui se fait chez tes oncles ne m'importe pas.

– Et à quoi bon tant d'assiettes, de couteaux, de verres, de fourchettes et de cuillères ?

– Tu sais très bien que c'est ta sœur qui les lave. Tu mets la table, oui ou non ?

– Non.

– Bien. Tant pis pour toi, parce que nous n'allons rien te laisser.

– Qu'est-ce qu'il y a comme dîner ?...

– Du salmorejo en entrée et de l'omelette en plat.

– Bon, où sont les couverts ?

– Ah non : pour toi, un hamburger surgelé. Tout seul et debout dans la cuisine !

¡PON LA MESA!

– Juan, van a ser las diez. Pon la mesa, por favor.

– No puedo, mamá, estoy escribiendo un correo muy importante.

– Sé perfectamente que estás jugando a uno de esos juegos estúpidos.

– Vale, tienes razón. Podéis cenar sin mí, no tengo hambre ahora.

– O cenas con tu padre, con tu hermana y conmigo, o no cenas.

– ¿Pero por qué queréis siempre cenar juntos y sentados?

– En esta familia se come así.

– Mis amigos nunca ponen la mesa y mis primos tampoco.

– Lo que se hace en casa de tus tíos no me importa.

– ¿Y para qué tantos platos, cuchillos, vasos, tenedores y cucharas?

– Sabes muy bien que los lava tu hermana. ¿Pones la mesa, sí o no?

– No.

– Bien. Peor para ti, porque no te vamos a dejar nada.

– ¿Qué hay de cena?...

– Salmorejo de primero y tortilla de patatas de segundo.

– Bueno, ¿dónde están los cubiertos?

– Ah no: para ti, una hamburguesa congelada. ¡Solito y de pie en la cocina!

■ COMPRENDRE LE DIALOGUE

→ Les deux repas principaux sont **la comida**, *le déjeuner*, et **la cena**, *le dîner*. Ils sont tardifs : après 14 heures pour le premier ; rarement avant 22 heures pour le second. Pour compenser, les Espagnols font des collations intermédiaires. **El desayuno**, *le petit déjeuner*, est souvent double : symbolique avant de partir travailler, puis l'objet d'une pause à mi-matinée, un moment de grande affluence pour les cafétérias. **La merienda**, *le goûter*, n'est pas exclusivement réservé aux enfants : les terrasses des **chocolaterías** vers 19 heures en sont le bouillant témoignage.

→ Dans un menu standard, on parle de **el primero** et **el segundo**, *l'entrée* et *le plat principal*. Ajoutons **el postre**, *le dessert*. Tout foyer espagnol a sa **tortilla española** (omelette aux pommes de terres et aux oignons) héritée d'un savoir-faire familial. Plus simple, tentez le **salmorejo**, version cordouane du gazpacho : 1,5 kg de tomates mûres épluchées, malaxées avec du pain rassis (environ une baguette) ; une pointe de poivron et une gousse d'ail ; huile d'olive, sel ; mixez longuement et servez avec des cubes de jambon cru et de l'œuf dur.

→ Vous avez rencontré (Module n° 6) le mot **preguntita**, *petite question*, diminutif de **pregunta**. Le suffixe **-ito/-ita**, mis à la place de la voyelle finale, en est la forme la plus courante. Le diminutif espagnol est fréquent. Il s'applique au nom et à l'adjectif et peut prendre une valeur littérale (**mesita**, *petite table*) ou expressive. Il peut dans ce cas exprimer toutes sortes d'intentions : l'affection (**abuelita**, *petite grand-mère*) ou, comme dans le dialogue, l'ironie : **solito** (diminutif de **solo**), *tout seul* (on sous-entend ici que c'est bien fait pour lui).

NOTE CULTURELLE

L'attachement à la famille reste fort en Espagne, et il n'est pas rare de voir cohabiter sous un même toit plusieurs générations. Cette solidarité a, de toute évidence, partiellement amorti les effets de la crise économique. On distingue **la familia**, *la famille directe*, et **la familia política**, *la belle-famille*. Dans la première on compte : **el padre** et **la madre**, *le père* et *la mère* ; **el hermano** et **la hermana**, *le frère* et *la sœur* ; **el abuelo** et **la abuela**, *le grand-père* et *la grand-mère* ; **el nieto** et **la nieta**, *le petit-fils* et *la petite-fille* ; **el tío** et **la tía**, *l'oncle* et *la tante* ; **el primo** et **la prima**, *le cousin* et *la cousine* ; **el sobrino** et **la sobrina**, *le neveu* et *la nièce*. Retenons aussi **mamá**, *maman*, et **papá**, *papa*, et signalons que le masculin pluriel a une valeur collective : **los padres**, *les parents* ; **los abuelos**, *les grands-parents*.

◆ GRAMMAIRE
LES PRONOMS PERSONNELS (SUITE)

Le pronom personnel peut être sujet (**yo soy**, *je suis*), complément d'objet direct (**te veo**, *je te vois*) et indirect (**le hablo**, *je lui parle*). Nous avons vu les formes qu'il prend dans ces cas. Il peut aussi suivre une préposition (**a, de, en,** etc.). Dans le dialogue par exemple : **sin mí**, *sans moi* ; **para ti**, *pour toi*.

a mí, *à moi*
de ti, *de toi*
para él / ella/ usted, *pour lui, elle, vous*
con nosotros, *avec nous*
por vosotros, *pour / par vous*
sin ellos / ellas / ustedes, *sans eux, elles, vous*
Attention à la préposition **con**, *avec* ; à la 1re et 2e personne du singulier, elle se fond avec le pronom pour donner les formes **conmigo**, *avec moi*, et **contigo**, *avec toi*.

TRADUCTION DE "ON"

L'équivalent le plus courant de *on* est : **se** + 3^e personne du verbe. Dans le dialogue, voyez **lo que se hace**, *ce que l'on fait*. Pensez aussi au célèbre **¿Cuándo se come aquí?** *Quand est-ce qu'on mange ici ?* par lequel Averell Dalton interpelle le tenancier mexicain dans l'album de Lucky Luke *Tortillas pour les Dalton*. Le verbe peut être au pluriel si son sujet l'est : **se dicen muchas cosas**, *on dit beaucoup de choses*.

LA PHRASE NÉGATIVE

• Outre l'adverbe **no**, plusieurs mots portent la négation : **nunca**, *jamais* ; **nada**, *rien* ; **nadie**, *personne* ; **tampoco**, *non plus*.
No como nunca de pie, *Je ne mange jamais debout*.
No te vamos a dejar nada, *Nous n'allons rien te laisser*.
No me escribe nadie, *Personne ne m'écrit*.
Mis primos no ponen la mesa tampoco, *Mes cousins ne mettent pas la table non plus*.
• Une deuxième construction est possible, avec le mot négatif devant le verbe (du coup on supprime le **no**). Le sens reste le même :
Nunca como de pie.
Nadie me escribe.
Mis primos tampoco ponen la mesa.

▲ CONJUGAISON
LES VERBES À DIPHTONGUE (SUITE)

Voici le 2ᵉ modèle des verbes à diphtongue : ceux dont le radical en **-e** devient **-ie** au présent, à toutes les personnes, sauf aux deux premières du pluriel. Ils peuvent appartenir aux trois groupes.

sentarse, s'asseoir	**querer**, vouloir	**sentir**, sentir, regretter
me siento, je m'assieds **te sientas**, tu t'assieds **se sienta**, il / elle s'assied **nos sentamos**, nous nous asseyons **os sentáis**, vous vous asseyez **se sientan**, ils / elles s'asseyent	**quiero**, je veux **quieres**, tu veux **quiere**, il / elle veut **queremos**, nous voulons **queréis**, vous voulez **quieren**, ils / elles veulent	**siento**, je sens **sientes**, tu sens **siente**, il / elle sent **sentimos**, nous sentons **sentís**, vous sentez **sienten**, ils / elles sentent

◆ EXERCICES

🔊 **1. ÉCOUTEZ L'ENREGISTREMENT, PUIS ÉCRIVEZ LES MOTS MANQUANTS.**
09 **INDIQUEZ ENSUITE LE LIEN DE PARENTÉ DÉFINI PAR CHAQUE PHRASE.**

a. Es .... de mi .... Es mi ....

b. Son .... de mi .... Son mis ....

c. Es .... de mi .... Es mi ....

d. Es .... de mi .... Es mi ....

e. Es .... de mi .... Es mi ....

🔊 **2. ÉCOUTEZ LA SUITE DU DIALOGUE ENTRE MÈRE ET FILS**
09 **ET COCHEZ LA BONNE RÉPONSE.**

a. El hijo…
☐ no va a cenar porque no tiene hambre
☐ va a poner la mesa para poder comer tortilla
☐ va a salir y cenar una hamburguesa con sus amigos

b. La madre dice que…
☐ el hijo nunca habla con sus padres
☐ el hijo siempre está hablando de sus cosas
☐ los padres nunca escuchan a su hijo

c. El hijo va a poner…
☐ cucharas, cuchillos y tenedores
☐ cuchillos y tenedores
☐ solo cucharas

d. El hijo va a lavar los platos durante…
☐ una semana
☐ dos semanas
☐ tres semanas

7. On mange ?

VOCABULAIRE

comer *manger*
mesa *table*
mamá *maman*
escribir *écrire*
correo *courrier*
importante *important*
perfectamente *parfaitement*
jugar *jouer*
juego *jeu*
estúpido *stupide*
razón *raison*
cenar *dîner*
sin *sans*
hambre *faim*
ahora *maintenant*
o *ou*
padre *père*
hermano/a *frère, sœur*
conmigo *avec moi*
siempre *toujours*
juntos *ensemble*
sentado/a *assis(e)*
familia *famille*
así *ainsi, comme ça*
amigo/a *ami(e)*
nunca *jamais*
primo/a *cousin(e)*
tampoco *non plus*
lo que *ce que*
tío/a *oncle, tante*
importar *importer*
tantos/as *tant de*
plato (el) *assiette*
cuchillo *couteau*
vaso *verre*
tenedor (el) *fourchette*
cuchara *cuillère*
lavar *laver*
dejar *laisser*
nada *rien*
cena (la) *dîner*
primero *premier / entrée*
tortilla *omelette*
patata *pomme de terre*
segundo *second / plat principal*
cubierto *couvert*
hamburguesa (la) *hamburger*
congelado/a *surgelé(e)*
solo/a *seul(e)*
solito/a *tout(e) seul(e)*
pie *pied*
de pie *debout*
cocina *cuisine*
peor para ti *tant pis pour toi*

3. ÉCOUTEZ À NOUVEAU L'ENREGISTREMENT ET COMPLÉTEZ LA DERNIÈRE PHRASE.

09 Sí, ... hacerla tu solito. Pero silencio. Es la receta de ....

.... y .... en la familia, ¿de acuerdo?

4. DITES LE CONTRAIRE (TOUJOURS → JAMAIS / AUSSI → NON PLUS) AVEC LES DEUX CONSTRUCTIONS POSSIBLES.

a. Siempre ceno solo.

→

→

b. Yo también tengo hambre.

→

→

5. VOICI 5 VERBES À DIPHTONGUE : *TENER, QUERER, ENTENDER, SENTIR, SENTARSE*. PLACEZ-LES DANS LA PHRASE ET À LA PERSONNE QUI CONVIENT :

a. Lo ...., no podemos ayudaros.

b. Pasad, pasad. ¿ .... tomar un café?

c. Mis padres siempre .... para comer.

d. ¿Cómo? Perdona, pero no .... lo que dices.

e. Si... hambre, te puedo invitar a comer.

6. TRADUISEZ CES PHRASES.

a. Mets les couverts et les assiettes.

→

b. Veux-tu sortir avec moi, oui ou non ?

→

c. Il n'y a rien pour toi.

→

d. Comment est-ce que nous dînons ce soir : debout ou assis ?

→

e. Maintenant ou jamais !

→

8. VOUS AIMEZ L'APPARTEMENT ?

¿LE GUSTA EL PISO?

OBJECTIFS

- **NOMMER LES PIÈCES DE LA MAISON**
- **NOMMER LES PRINCIPAUX MEUBLES ET ÉLECTROMÉNAGERS**
- **EXPRIMER SENTIMENTS, GOÛTS ET PRÉFÉRENCES**
- **EXPRIMER DES JUGEMENTS DE VALEUR (QUALITÉS, DÉFAUTS)**
- **COMPTER JUSQU'À 1000 ET PLUS**

NOTIONS

- **LES VERBES À CONSTRUCTION INDIRECTE (*GUSTAR*, *ENCANTAR*, ETC.)**
- **LES ADVERBES DE LIEU (*AQUÍ*, *AHÍ*)**
- **LE SUPERLATIF, ABSOLU ET RELATIF**
- **LA PHRASE EXCLAMATIVE**
- **L'IMPÉRATIF AU VOUVOIEMENT**

LA VISITE D'UN APPARTEMENT

– Bonjour, je viens visiter l'appartement.

– Bonjour, entrez, entrez. Je suis sûr qu'il va vous plaire.

– L'annonce est attirante : trois pièces, meublé avec goût
et un loyer bon marché.

– Exactement, très bon marché : à peine 400 euros ! Nous commençons la visite ?

– D'abord, est-ce que les animaux sont acceptés [on accepte des animaux] ?

– Oui, bien sûr, j'adore les animaux.

– C'est que nous avons un chien.

– Moi je préfère les chats, mais il n'y a aucun problème.

– Parfait !

– Alors voici la cuisine, avec tous les (appareils) électroménagers : machine à laver, réfrigérateur...

– Le four est un peu sale, non ?

– Ça se nettoie rapidement, allons. Ici, à côté, se trouve la chambre à coucher.

– Elle est très petite... Le lit tient à peine !

– Idéal pour des jeunes.

– J'aime beaucoup mon compagnon, mais...

– Ici le salon salle à manger, l'endroit le plus agréable, avec de grandes fenêtres et des fauteuils pour regarder la télévision.

– Que les chaises sont laides, mon dieu, et quelle énorme table... Elle ressemble à un cercueil.

– Et enfin la salle de bains, très propre, avec douche et wc.

– Un cafard ! Là ! J'ai horreur des cafards !

– Je l'écrase. Ça y est, ce n'est rien ! Alors, vous aimez l'appartement ?

VISITANDO UN PISO

– Hola, vengo a visitar el piso.

– Buenas, pase, pase. Estoy seguro de que le va a gustar.

– El anuncio es atractivo: tres habitaciones, amueblado con gusto y un alquiler barato.

– Exactamente, baratísimo: ¡apenas cuatrocientos euros! ¿Empezamos la visita?

– Primero, ¿se aceptan animales?

– Sí, por supuesto, me encantan los animales.

– Es que tenemos un perro.

– Yo prefiero los gatos, pero no hay ningún problema.

– ¡Perfecto!

– Entonces aquí tiene la cocina, con todos los electrodomésticos: lavadora, frigorífico...

– El horno está un poco sucio, ¿no?

– Eso se limpia rápido, mujer. Aquí al lado está el dormitorio.

– Es pequeñísimo... ¡Apenas cabe la cama!

– Ideal para jóvenes.

– Quiero mucho a mi pareja, pero...

– Aquí el salón comedor, el lugar más agradable, con grandes ventanas y sillones para ver la tele.

– Qué feas son las sillas, Dios mío. Y qué mesa más enorme... Parece un ataúd.

– Y para terminar, el cuarto de baño, limpísimo, con ducha y váter.

– ¡Una cucaracha! ¡Ahí! ¡Me horrorizan las cucarachas!

– Yo la aplasto. ¡Ya está, no es nada! Entonces, ¿le gusta el piso?

COMPRENDRE LE DIALOGUE
COMPTER, JUSQU'A 1000 ET PLUS

→ **Cien,** *cent,* devient **ciento** entre 101 et 199 : **ciento uno,** 101 ; **ciento dos,** 102 ; **ciento noventa y nueve,** 199. Il reste **cien** quand il multiplie un nombre : **cien mil,** 100 000 ; **cien millones,** 100 000 000. À partir de 200, les centaines ont un genre, masculin ou féminin.

100, **cien, ciento**	1 000, **mil**
200, **doscientos/as**	2 000, **dos mil**
300, **trescientos/as**	3 000, **tres mil**
400, **cuatrocientos/as**	4 000, **cuatro mil**
500, **quinientos/as**	5 000, **cinco mil**
600, **seiscientos/as**	6 000, **seis mil**
700, **setecientos/as**	7 000, **siete mil**
800, **ochocientos/as**	8 000, **ocho mil**
900, **novecientos/as**	9 000, **nueve mil**

AMOUR, GOÛTS ET PRÉFÉRENCES

→ Savez-vous dire "je t'aime" en espagnol ?... **Te quiero,** bien sûr ! Mais, quand il ne s'agit pas d'amour mais de goûts (j'aime manger), on utilise en espagnol **gustar,** *plaire,* avec un pronom indirect : **me gusta comer,** littéralement *manger me plaît.* Éventuellement, vous dédoublerez le pronom : **a mí me gusta comer,** *moi, j'aime manger.* Et si le sujet est un pluriel, **gustar** s'accorde : **a ti te gustan los gatos,** *toi, tu aimes les chats.*

(a mí) me gusta el café	(moi,) j'aime le café
(a ti) te gustan los idiomas	(toi,) tu aimes les langues
(a él, a ella, a usted) le gusta dormir	(lui, elle,) il/elle aime dormir (vous,) vous aimez dormir
(a nosotros/as) nos gustan los animales	(nous,) nous aimons les animaux
(a vosotros/as) os gusta este piso	(vous,) vous aimez cet appartement
(a ellos, a ellas, a ustedes) les gustan los perros	(eux, elles,) ils/elles aiment les chiens (vous,) vous aimez les chiens

→ Sur ce modèle, retenez : **encantar** (**me encanta España,** *j'adore l'Espagne*), **horrorizar** (**le horrorizan las cucarachas,** *elle a horreur des cafards*).

NOTE CULTURELLE

Comment nomme-t-on le beau-père ou la belle-mère issus d'un remariage ? Les mots du dictionnaire sont **padrastro** et **madrastra**, mais on préfère aujourd'hui des euphémismes plus sympathiques à l'oreille : **el marido de mi madre**, **la mujer de mi padre** ou le prénom de la personne.

Novio, **novia**, *fiancé(e)*, s'utilise toujours, mais des termes moins vieillots s'imposent peu à peu : **mi compañero/a,** *mon compagnon, ma compagne* et aussi **mi pareja** littéralement *mon couple*, qui désigne indifféremment un homme ou une femme) : **Te presento a mi pareja**, *Je te présente mon compagnon (ou ma compagne)*.

◆ GRAMMAIRE
LE SUPERLATIF

Le superlatif absolu (très + adjectif) se forme soit avec **muy** soit avec la terminaison **-ísimo/a** : **es muy pequeño** ou **es pequeñísimo**, *il est très petit*. Le superlatif relatif attribut (c'est le plus + adjectif) se forme comme en français : **es el más agradable**, *c'est le plus agréable*. Lorsque l'adjectif est associé à un nom, l'espagnol ne répète pas l'article : **es el lugar más agradable**, *c'est l'endroit le plus agréable*.

L'EXCLAMATION

Devant un nom isolé, **qué** exprime l'exclamation standard : **¡Qué silla!**, *Quelle chaise !* Celle-ci peut aussi porter sur un adjectif isolé (le verbe n'est pas indispensable) : **¡Qué fea!** ou **¡Qué fea es!** *Qu'elle est laide !* Attention à l'ordre des mots : **¡Qué feas son las sillas!** *Que les chaises sont laides !* Si l'exclamation porte sur un groupe nom + adjectif, la formule est : **¡Qué** + nom + **más** + adjectif**! ¡Qué mesa más enorme!** *Quelle énorme table !*

▲ CONJUGAISON
VERBES À DIPHTONGUE (*EMPEZAR, PREFERIR*) ET EN *-GO* (*VENIR*)

empezar, *commencer*	**preferir**, *préférer*	**venir**, *venir*
empiezo, *je commence*	**prefiero**, *je préfère*	**vengo**, *je viens*
empiezas, *tu commences*	**prefieres**, *tu préfères*	**vienes**, *tu viens*
empieza, *il / elle commence*	**prefiere**, *il / elle préfère*	**viene**, *il / elle vient*
empezamos, *nous commençons*	**preferimos**, *nous préférons*	**venimos**, *nous venons*
empezáis, *vous commencez*	**preferís**, *vous préférez*	**venís**, *vous venez*
empiezan, *ils / elles commencent*	**prefieren**, *ils / elles préfèrent*	**vienen**, *ils /elles viennent*

Désormais, dans la liste de vocabulaire, nous signalerons par des crochets – **[ie]** et **[ue]** – la diphtongaison des verbes concernés. Exemple : **empezar [ie]**, **volver [ue]**.

L'IMPÉRATIF DES VERBES EN -*AR*

- Pour tutoyer à l'impératif, on utilise la 2ᵉ personne du singulier (terminaison **-a**) et la 2ᵉ personne du pluriel (terminaison **-ad**).
- Pour vouvoyer à l'impératif, on utilisera la 3ᵉ personne du subjonctif, qui s'obtient – aux conjugaisons régulières du 1ᵉʳ groupe – en remplaçant le **-a** final par un **-e**. Vous connaissez par exemple **perdona** (tutoiement) et **perdone** (vouvoiement). Résumons :

habla, amigo, *parle, l'ami* **hable, señor**, *parlez, monsieur*
hablad, amigos, *parlez, les amis* **hablen, señores**, *parlez, messieurs*

⬢ EXERCICES

🔊 1. NOTEZ LES 4 NOMBRES QUE VOUS ENTENDEZ DANS L'ENREGISTREMENT.

10
a. .... c. ....

b. .... d. ....

🔊 2. ÉCOUTEZ LE DIALOGUE ET COMPLÉTEZ LES AFFIRMATIONS SUIVANTES.

10
a. La habitación que prefiere es ....

b. Piensa que los sillones son ....

c. Piensa que los electrodomésticos son ....

d. Le horroriza el dormitorio porque ....

e. No le gusta la cocina porque ....

f. Entre la lavadora y el frigorífico, le gusta más..

VOCABULAIRE

visitar *visiter*
piso *appartement*
venir *venir*
seguro/a *sûr(e)*
gustar *plaire*
anuncio (el) *annonce*
atractivo/a *attirant(e)*
habitación *pièce*
amueblado/a *meublé(e)*
gusto *goût*
alquiler *loyer*
barato/a *bon marché*
apenas *à peine*
cuatrocientos *quatre cents*
euro *euro*
empezar [ie] *commencer*
visita *visite*
primero *d'abord*
aceptar *accepter*
animal *animal*
por supuesto *bien sûr*
gato *chat*
encantar *enchanter*
preferir [ie] *préférer*
perro *chien*
ningún/ninguna *aucun(e)*
problema *problème*
cocina *cuisine*
electrodoméstico *électroménager*
lavadora *machine à laver*
frigorífico *réfrigérateur*
horno *four*
sucio/a *sale*
limpiar *nettoyer*
rápido *rapidement*
al lado *à côté*
dormitorio (el) *chambre à coucher*
pequeño/a *petit(e)*
caber *tenir (dans un espace)*
cama (la) *lit*
ideal *idéal*
joven *jeune*
querer [ie] *aimer (d'amour)*
pareja (la) *couple, compagnon/ compagne*
salón *salon*
comedor (el) *salle à manger*
lugar *lieu*
agradable *agréable*
grande *grand*
ventana *fenêtre*
sillón *fauteuil*
tele *télévision*
feo/a *laid(e)*
silla *chaise*
enorme *énorme*
terminar *finir*
parecer *ressembler*
ataúd *cercueil*
finalmente *enfin*
cuarto de baño (el) *salle de bains*
limpio/a *propre*
ducha *douche*
váter *WC*
cucaracha (la) *cafard*
ahí *là*
horrorizar *faire horreur*
aplastar *écraser*
¡ya está! *ça y est !*

3. ÉCOUTEZ À NOUVEAU L'ENREGISTREMENT ET COCHEZ *VERDAD* OU *MENTIRA*.

	verdad	mentira
a. El salón es pequeño.		
b. A esta pareja le gusta comer en la cocina.		
c. El horno es nuevo.		
d. El piso está sucio.		
e. Hace un año que no vive nadie ahí.		
f. Se ponen de acuerdo en un alquiler de 350.		

4. TRANSPOSEZ CES ORDRES : DU TUTOIEMENT AU VOUVOIEMENT ET INVERSEMENT.

a. ¡Acepten animales!...............................

b. ¡Limpia el horno!........................

c. ¡Visitad el piso!...

d. ¡Aplaste la cucaracha!...........................

5. DONNEZ L'AUTRE FORME DU SUPERLATIF.

a. Los sillones son muy feos. ....

b. La cocina está muy sucia. ....

c. La cama es muy grande........................

d. No estoy muy seguro............................

6. FORMEZ LES PHRASES À PARTIR DES ÉLÉMENTS FOURNIS (PRONOM, VERBE, SUJET) EN COMMENÇANT PAR : "A..."

a. vosotros / no gustar / los problemas →

b. ellos / horrorizar / las cucarachas →

c. usted / encantar / este lugar →

d. tú / gustar / esta habitación →

7. TRADUISEZ CES PHRASES.

a. Que cet appartement est sale ! →

b. Quel énorme cafard ! →

c. Je suis sûr que tu préfères les chats. →

d. Le loyer est bon marché, mais je n'aime pas les chaises de la salle à manger.
→

8. Vous aimez l'appartement ?

9.
JOYEUX ANNIVERSAIRE !

¡FELIZ CUMPLEAÑOS!

OBJECTIFS	**NOTIONS**

- **FAIRE UN PORTRAIT PHYSIQUE**
- **FAIRE UN PORTRAIT MORAL**
- **EXPRIMER UNE PENSÉE**
- **EXPRIMER UNE ENVIE**
- **EXPRIMER UNE AVERSION OU UNE AFFINITÉ**

- **LES QUANTIFICATEURS**
- **LES ASPECTS DE LA PHRASE NÉGATIVE**
- **LES PRONOMS POSSESSIFS**
- **LES VERBES EN -*ZCO***

JE N'AIME PAS TERESA

– Tu vas aller à la fête d'anniversaire de Teresa ?

– Ça ne me dit pas (beaucoup) trop.

– Vous êtes fâchées ?

– Pas du tout, mais je crois que nous sommes trop différentes.

– C'est sûr, vous ne vous ressemblez pas ! Même pas physiquement : elle est grande et blonde, toi petite et brune.

– Elle n'est pas blonde.

– Qu'est-ce que tu dis ?

– Ce n'est pas sa couleur de cheveux, c'est une teinture.
En plus, elle est refaite [opérée].

– Sérieux ?... De quoi ?

– De tout : du nez, des oreilles, des lèvres et des dents.

– Les yeux bleus sont à elle ?

– Ah, ah, qui sait... Et le pire ce n'est pas ça, mais son caractère.

– Moi elle me semble assez sympathique. Elle est un peu BCBG, d'accord, mais elle est gentille.

– Elle est bête ! Elle pense seulement à faire du shopping et à (faire) des régimes pour maigrir.

– Elle est très maigre, c'est sûr. Alors, tu ne vas pas y aller ?

– Je vais m'ennuyer, je ne connais personne parmi ses amis.

– Son cousin va y être, tu ne le connais pas ?

– Le rouquin avec les cheveux courts ?

– Non, l'autre, un petit gros qui porte des lunettes. C'est un garçon intelligent, je pense qu'il peut te plaire.

– Mais qu'est-ce que j'offre à Teresa ?

– Offre-lui un livre de recettes...

– Ah, ah, que tu es méchant !

11 — TERESA NO ME CAE BIEN

– ¿Vas a ir a la fiesta de cumpleaños de Teresa?

– No me apetece mucho.

– ¿Estáis enfadadas?

– En absoluto, pero creo que somos demasiado diferentes.

– ¡Desde luego no os parecéis! Ni físicamente: ella es alta y rubia, tú bajita y morena.

– No es rubia.

– ¿Qué dices?

– No es su color de pelo, es un tinte. Y además está operada.

– ¿En serio?... ¿De qué?

– De todo: de la nariz, de las orejas, de los labios y de los dientes.

– ¿Los ojos azules son suyos?

– Ja, ja, quién sabe… Y lo peor no es eso sino el carácter.

– A mí me parece bastante simpática. Es un poco pija, vale, pero es buena persona.

– ¡Es tonta! Solo piensa en ir de compras y en dietas para adelgazar.

– Está delgadísima, desde luego. Entonces, ¿no vas a ir?

– Me voy a aburrir, no conozco a nadie entre sus amigos.

– Va a estar su primo, ¿no lo conoces?

– ¿El pelirrojo con el pelo corto?

– No, el otro, un gordito que lleva gafas. Es un chico listo, pienso que te puede caer bien.

– ¿Pero qué le regalo a Teresa?

– Regálale un libro de recetas…

– Ja, ¡qué malo eres!

COMPRENDRE LE DIALOGUE
PORTRAITS PHYSIQUES ET MORAUX

→ On peut être **alto**, *grand* ou **bajo**, *petit*, ou **de mediana estatura**, *de taille moyenne*. Pour la corpulence, **gordo**, *gros*, tend à s'effacer devant l'euphémisme **fuerte**. **Delgado**, moins tabou, signifie à la fois *maigre* et *mince*. Niveau cheveux, les grands groupes sont **moreno**, *brun* ; **rubio**, *blond* ; et **pelirrojo**, *roux*. Ajoutons quelques adjectifs de couleur pour les yeux : **negro**, *noir* ; **marrón**, *marron* ; **verde**, *vert* ; **azul**, *bleu*. Finissons (pour le moment) par un gros plan sur le *visage*, **la cara**. Aux mots que vous avez rencontrés, ajoutons **la cabeza**, *la tête* ; **la boca**, *la bouche* ; et **la lengua**, *la langue*.

→ Nous compléterons cette rubrique peu à peu, mais relevons déjà les antonymes présents dans le dialogue : **tonto**, *bête* / **listo**, *intelligent* ; **bueno**, *bon, gentil* / **malo**, *méchant*.

EXPRIMER DES PENSÉES ET DES RESSENTIS

→ Pensées : **creo que**, *je crois que* ; **pienso que**, *je pense que* ; **estoy seguro de que**, *je suis sûr que* ; **me parece que**, *il me semble que* ; **en mi opinión**, *à mon avis*.

→ Envies : **¿Te apetece ir al cine?** *Tu as envie d'aller au cinéma ?* **No no me apetece mucho**, *Ça ne me dit pas beaucoup.*.

→ Ressemblances et différences : **me parezco a**, *je ressemble à* ; **nos parecemos**, *nous nous ressemblons* ; **somos diferentes**, *nous sommes différents*.

→ Aversions et affinités : **estoy enfadado con**, *je suis fâché avec* ; **soy amigo de**, *je suis ami avec*. Très idiomatique, il y a aussi **caer**, littéralement *tomber*, suivi d'un adverbe d'appréciation, avec le sens d'aimer (ou pas) : **me cae bien**, *je l'aime bien*, littéralement *il me tombe bien*. Attention à la construction : le sujet est la personne qui provoque le sentiment ; le pronom indirect la personne qui l'éprouve. **Pienso que te puede caer bien**, *Je pense qu'il peut te plaire* ; **¿Te cae bien?** *Tu l'aimes bien ?* ; **Este chico me cae mal**, *Ce gars, je ne l'aime pas* ; **Sus primos nos caen fatal**, *Nous ne pouvons pas encaisser ses cousins*.

NOTE CULTURELLE

Le terme **pijo** mériterait un long aparté. On le traduira, faute de mieux, par *bon chic bon genre*, mais il s'applique généreusement à tout ce qui suppose une affectation, vestimentaire, expressive ou comportementale (snob, chicos, bourge, branché et bien d'autres choses encore).

◆ GRAMMAIRE
LES QUANTIFICATEURS

Les quantificateurs peuvent être des adverbes invariables (**como mucho**, *je mange beaucoup* ; **estoy muy cansado**, *je suis très fatigué*) ou des adjectifs qui s'accordent (**como mucha tortilla**, *je mange beaucoup d'omelette*).

- **MUY, MUCHO(S), MUCHA(S), POCO(S), POCA(S)**
- **Mi perro es muy bueno**, *Mon chien est très gentil.*
- **Duermo mucho**, *Je dors beaucoup.*
- **Duermo muchas horas**, *Je dors de nombreuses heures.*
- **Hablan poco**, *Ils parlent peu.*
- **Hablan pocos idiomas**, *Ils parlent peu de langues.*

- **DEMASIADO(S), DEMASIADA(S)**
- **Como demasiado**, *Je mange trop.*
- **Tomo demasiadas pastillas**, *Je prends trop de cachets.*

- **BASTANTE(S)**
- **Somos bastante diferentes**, *Nous sommes assez différents.*
- **No hay bastantes sillas**, *Il n'y a pas assez de chaises.*

LES PRONOMS POSSESSIFS

Vous connaissiez l'adjectif possessif (**mi, tu, su…**, *mon, ton, son…*) ; dans ce dialogue, vous avez rencontré une autre manière d'exprimer la possession : **¿Los ojos azules son suyos?** *Les yeux bleus sont à elle ?* Ces possessifs, appelés possessifs toniques, suivent le verbe **ser** (**¿Es tuyo?** *C'est à toi ?*) ou un nom (**Es amigo mío**, *C'est un ami à moi*). Précédés de l'article, ils deviennent pronoms possessifs : **Es el mío**, *C'est le mien* ; **Es la tuya**, *C'est la tienne*, etc.

el mío, los míos, la(s) mía(s)
el tuyo, los tuyos, la(s) tuya(s)
el suyo, los suyos, la(s) suya(s)
el nuestro, los nuestros, la(s) nuestra(s)
el vuestro, los vuestros, la(s) vuestra(s)
el suyo, los suyos, la(s) suya(s)

LES ASPECTS DE LA PHRASE NÉGATIVE

Trois nouveautés, dans ce dialogue, à propos de la phrase négative :
- **Lo peor no es eso sino el carácter** : lorsqu'il fait écho à une partie de phrase négative, "mais" se rend par **sino** et non par **pero**.
- **Ni físicamente** : ni correspond au "ni" français (**ni alto ni bajo**, *ni grand ni petit*), mais il peut aussi être la forme abrégée de la locution **ni siquiera**, *même pas*.
- Attention, **en absoluto** est un faux-ami, qui ne signifie *absolument pas*.

▲ CONJUGAISON
VERBES EN -*ZCO*

Les verbes terminés en **-acer** (sauf **hacer**, *faire*), **-ecer**, **-ocer**, **-ucir**, ont une 1re personne du présent irrégulière, en **-zco**. La conjugaison suit le modèle du groupe.

nacer, *naître*	**parecer**, *sembler*	**conocer**, *connaître*
nazco, *je nais*	**parezco**, *je semble*	**conozco**, *je connais*
naces, *tu nais*	**pareces**, *tu sembles*	**conoces**, *tu connais*
nace, *il / elle naît*	**parece**, *il / elle semble*	**conoce**, *il / elle connaît*
nacemos, *nous naissons*	**parecemos**, *nous semblons*	**conocemos**, *nous connaissons*
nacéis, *vous naissez*	**parecéis**, *vous semblez*	**conocéis**, *vous connaissez*
nacen, *ils /elles naissent*	**parecen**, *ils / elles semblent*	**conocen**, *ils / elles connaissent*

⬢ EXERCICES

1. QUE SIGNIFIENT LES 5 PHRASES ENREGISTRÉES ? COCHEZ LA BONNE RÉPONSE.

a. ☐ Je l'aime moyennement. – ☐ Je les aime moyennement.

b. ☐ Il nous aime bien. – ☐ Nous l'aimons bien.

c. ☐ Que penses-tu de lui ? – ☐ Que pense-t-il de toi ?

d. ☐ Ils vous détestent. – ☐ Vous les détestez.

e. ☐ Je ne l'aime pas. – ☐ Il ne m'aime pas.

2. ÉCOUTEZ LE DIALOGUE ET COMPLÉTEZ LES AFFIRMATIONS SUIVANTES.

a. Carmen piensa que Teresa está demasiado ....

b. Teresa le va a prestar el libro de recetas a ....

c. Teresa va a regalar a Carmen un libro que se llama ....

d. Teresa piensa que el amigo de Carmen es ....

e. A Carmen le caen fatal los chicos ...., ... y ....

VOCABULAIRE

feliz *heureux*
cumpleaños *anniversaire*
fiesta *fête*
apetecer *faire envie*
demasiado(s)/a(s) *trop (de)*
enfadado/a *fâché(e)*
en absoluto *absolument pas*
diferente *différent*
desde luego *assurément*
parecerse a *ressembler à*
ni *même pas*
físicamente *physiquement*
alto/a *grand(e)*
rubio/a *blond(e)*
bajo/a *petit(e)*
moreno/a *brun(e)*
color (el) *couleur*
pelo *cheveux*
tinte (el) *teinture*
además *de plus*
operado/a *opéré(e)*
en serio *sérieusement*
nariz (la) *nez*
oreja *oreille*
labio (el) *lèvre*
diente (el) *dent*
ojo *œil*
azul *bleu*
suyo/a *sien(ne)*
ja ja *ah ah*
sino *mais (après négation)*
carácter *caractère*
parecer *sembler, paraître*

bastante *assez (de)*
simpático/a *sympathique*
pijo/a *BCBG*
buena persona *gentil(le)*
tonto/a *bête*
compra (la) *achat*
dieta (la) *régime*
adelgazar *maigrir*
delgado/a *maigre, mince*
aburrir(se) *(s')ennuyer*
conocer *connaître*
pelirrojo/a *roux, rousse*
corto/a *court(e)*
gordo/a *gros(se)*
llevar *porter*
gafas *lunettes*
listo/a *intelligent(e)*
caer bien a *être sympathique*
regalar *offrir*
libro *livre*
receta *recette*
malo/a *méchant(e)*

3. ÉCOUTEZ À NOUVEAU LE DIALOGUE ET RAYEZ UN DES DEUX PRÉNOMS.

a. A Carmen / A Teresa le horroriza el azúcar.

b. A Carmen / A Teresa le caen bien los chicos listos.

c. Carmen / Teresa prefiere pasar hambre que estar gorda.

d. El amigo de Carmen / Teresa tiene la nariz grande.

e. El novio de Carmen / Teresa estudia en Nueva York.

4. REFORMULEZ COMME DANS L'EXEMPLE : C'EST MON CHIEN / C'EST LE MIEN.

a. Es mi perro. Es ....

b. ¿Son tus libros? ¿Son ....

c. Son sus gafas. Son ....

d. Es tu problema. Es ....

e. Son mis labios. Son ....

5. QUEL EST LE BON QUANTIFICATEUR ?

	muy	mucho	muchos	mucha	muchas
a. Conozco .... recetas.					
b. Son .... listos.					
c. Tiene .... libros.					
d. Tiene .... carácter.					
e. Tengo .... hambre.					

6. TRADUISEZ CES PHRASES.

a. Je ne ressemble pas à ma mère.

→

b. Je n'ai pas envie de sortir.

→

c. Tu as trop d'amies.

→

d. Je ne connais pas assez de langues.

→

10. QUELLES ÉTUDES VAS-TU CHOISIR ?

¿QUÉ CARRERA VAS A ELEGIR?

OBJECTIFS	NOTIONS
• LE LEXIQUE DES ÉTUDES ET DE LA SCOLARITÉ EN ESPAGNE • EXPRIMER L'OBLIGATION • EXPRIMER UN DOUTE • EXPRIMER ET JUSTIFIER UN CHOIX (ENVIE, CAPACITÉS, DIFFICULTÉS, AVANTAGES)	• L'OBLIGATION PERSONNELLE ET IMPERSONNELLE • LES PRONOMS ET ADJECTIFS INDÉFINIS • L'ARTICLE NEUTRE *LO* • LES VALEURS SPÉCIFIQUES DE L'ARTICLE ESPAGNOL • "AVOIR DU MAL À" (*COSTAR TRABAJO*) • LES VERBES À AFFAIBLISSEMENT • "CONTINUER À" : *SEGUIR* + GÉRONDIF

SCIENCES OU LETTRES ?

– Tu penses toujours [tu continues pensant] faire Médecine l'année prochaine ?

– C'est ce que je voudrais. Enfin, c'est ce que veut mon père...

– Ce n'est pas facile. Pour certaines carrières, on demande (ils demandent) au moins un neuf.

– Bon, d'abord il faut réussir toutes les matières de cette année scolaire.

– Tu n'es jamais collé à aucune, allons.

– Les matières scientifiques [celles de sciences] ne me posent pas de problèmes, mais j'ai toujours du mal à obtenir une bonne note en langue castillane.

– Si tu veux, je t'aide.

– Eh bien je ne te dis pas non.
Tu vas t'inscrire en quoi, toi ?

– Moi je suis plutôt littéraire [de lettres] : peut-être Philosophie, ou Psychologie, ou peut-être Histoire...

– Tu ne sais pas encore laquelle tu vas choisir ?

– Je ne suis pas pressé. Pour moi, ce qui est important c'est de lire, de voir des films, de visiter des musées.

– Si je dis ça à la maison, on me tue (ils me tuent).

– Ce qu'il y a de mieux, ce sont les études d'Histoire de l'art : il y a presque seulement des filles.

– Je te hais !

– Mais tu as envie d'être médecin ou non ?

– Ce que j'aime, c'est la musique, mais mon père dit que d'abord je dois être quelqu'un dans la vie.

– Médecine, c'est une carrière longue et difficile. Pourquoi pas Kinésithérapie ? Ce sont des études moins longues et tu gagnes bien ta vie.

– Ce n'est pas une mauvaise idée.

– Et en plus il paraît qu'on drague pas mal.

¿CIENCIAS O LETRAS?

– ¿Sigues pensando hacer Medicina el año que viene?

– Eso quisiera. En fin, eso quiere mi padre…

– No es fácil. Para algunas carreras piden por lo menos un nueve.

– Bueno, primero hay que aprobar todas las asignaturas de este curso.

– Tú nunca suspendes ninguna, hombre.

– Las de ciencias no me plantean problemas, pero siempre me cuesta trabajo conseguir buena nota en lengua castellana.

– Si quieres te ayudo.

– Pues no te digo que no. ¿Tú en qué te vas a matricular?

– Yo soy más bien de letras: tal vez Filosofía, o Psicología, o quizás Historia…

– ¿Todavía no sabes cuál vas a elegir?

– No tengo prisa. Para mí lo importante es leer, ver películas y visitar museos.

– Si digo eso en casa, me matan.

– Lo mejor es la carrera de Historia del arte: hay casi solo chicas.

– ¡Te odio!

– ¿Pero tienes ganas de ser médico o no?

– Lo que me gusta es la música, pero mi padre dice que primero tengo que ser alguien en la vida.

– Medicina es una carrera larga y difícil. ¿Por qué no Fisioterapia? Son estudios más cortos y te ganas bien la vida.

– No es mala idea.

– Y además parece que se liga bastante.

■ COMPRENDRE LE DIALOGUE
FORMULES ET EXPRESSIONS

→ **En fin**, *enfin* exprime une réserve : **En fin, eso quiere mi padre**, *Enfin, c'est ce que veut mon père.*

→ **Finalmente** indique le terme final d'une série : **Y finalmente, aquí tienen el salón**, *Et enfin voici le salon.*

→ **Por fin** porte une nuance de soulagement : **Por fin sé en qué me voy a matricular**, *Je sais enfin en quoi je vais m'inscrire.*

→ Au lieu de *J'ai du mal à me lever*, vous pouvez dire, dans un registre un peu plus relevé, *Il m'en coûte de me lever.* Cette structure est couramment utilisée en espagnol, **me cuesta** (ou **me cuesta trabajo**) + infinitif : **Te cuesta mucho conseguir buenas notas**, *Tu as beaucoup de mal à obtenir de bonnes notes* ; **Les cuesta trabajo hablar inglés**, *Ils ont du mal à parler anglais.*

NOTE CULTURELLE

La **ESO (Educación Secundaria Obligatoria)** concerne la scolarité des enfants de 12 à 16 ans. Le cycle du "lycée" dure deux ans et se nomme **Bachillerato**. En Espagne, le baccalauréat à la française n'existe pas, mais la **Selectividad** finale est bien plus déterminante encore : la note sur 10 obtenue à ces épreuves permet ensuite de prétendre à tel ou tel cursus universitaire (tout ceci sous réserve, car la manie réformatrice en matière d'éducation n'est pas un privilège français).

Gare aux faux-amis dans le vocabulaire des études : **asignatura**, *matière scolaire* ; **suspender**, *être recalé* ; **aprobar**, *être reçu* ; **curso**, *année scolaire ou universitaire*, à distinguer de **clase**, *cours* ; ou encore **matricularse**, *s'inscrire*.

◆ GRAMMAIRE
L'OBLIGATION

• L'obligation personnelle s'exprime par **tener que** + infinitif ou par **deber**, *devoir* (avec souvent une nuance d'obligation morale ou règlementaire) : **Tengo que trabajar**, *Je dois travailler* ; **Debo ayudar a mi hermanito**, *Je dois aider mon petit frère.*

• L'obligation impersonnelle s'exprime entre autres par **hay que** + infinitif : **Hay que trabajar para vivir**, *Il faut travailler pour vivre.*

LES INDÉFINIS

LES PRONOMS

- Certains sont invariables, comme **nada** ou **alguien** : **¿Hay alguien?** *Il y a quelqu'un ?* / **No hay nadie,** *Il n'y a personne* ; **¿Pasa algo?** *Il se passe quelque chose ?* / **No pasa nada,** *Il ne se passe rien.*
- D'autres ont un genre et un nombre: **No me gusta ninguno de los dos,** *Je n'aime aucun des deux* ; **No quiero ninguna de ellas,** *Je ne veux aucune d'elles* ; **¿Quieres algunos / algunas?** *Tu en veux quelques-uns / quelques-unes ?* ; **¿Quieres alguno/ alguna?** *Tu en veux ?*

LES ADJECTIFS

- Les indéfinis peuvent aussi être des adjectifs, associés à un nom avec lequel ils s'accordent : **¿Hay algún problema?** *Il y a un problème ?* / **No hay ningún problema,** *Il n'y a aucun problème* ; **¿Hay alguna razón?** *Il y a une raison ?* / **No hay ninguna razón,** *Il n'y a aucune raison.*
- Remarquez **algún** : devant un nom masculin singulier, certains adjectifs perdent la voyelle ou la syllabe finale.

VALEURS SPÉCIFIQUES DE L'ARTICLE ESPAGNOL

Il faut savoir qu'il existe aussi un article neutre : **lo**. Vous l'utiliserez par exemple devant un adjectif : **lo importante,** *ce qui est important* ; **lo mejor,** *ce qu'il y a de meilleur.*
L'article espagnol correspond parfois au démonstratif français :
- devant un pronom relatif : **los que hablan,** *ceux qui parlent* ; **la que me ayuda,** *celle qui m'aide* ; **lo que me gusta,** *ce que j'aime* ;
- devant la préposition **de** : **las asignaturas de ciencias = las de ciencias,** *celles de sciences* ; **la tortilla de mi madre = la de mi madre,** *celle de ma mère.*
Souvent, l'espagnol donne à l'article un sens possessif : **se gana bien la vida,** *il gagne bien sa vie.*

▲ CONJUGAISON
VERBES À AFFAIBLISSEMENT

Au présent de l'indicatif, les verbes "à affaiblissement" sont des verbes en **-ir**, dont le **-e** du radical "s'affaiblit" en **-i** à toutes les personnes sauf aux deux premières du pluriel. Le modèle est **pedir** ; remarquez les modifications orthographiques qui peuvent se produire, pour d'autres verbes, à certaines personnes.

pedir, demander	seguir, suivre	elegir, choisir
pido, je demande	sigo, je suis	elijo, je choisis
pides, tu demandes	sigues, tu suis	eliges, tu choisis
pide, il / elle demande	sigue, il / elle suit	elige, il / elle choisit
pedimos, nous demandons	seguimos, nous suivons	elegimos, nous choisissons
pedís, vous demandez	seguís, vous suivez	elegís, vous choisissez
piden, ils /elles demandent	siguen, ils / elles suivent	eligen, ils / elles choisissent

Le gérondif de ces verbes subit également l'affaiblissement : **pidiendo**, **siguiendo**, **eligiendo**, **sirviendo**, **repitiendo**, etc.

LA CONTINUITÉ DE L'ACTION

• **Seguir** + gérondif exprime l'action qui se poursuit : **Sigo trabajando en la enseñanza**, *Je continue à travailler dans l'enseignement* ; **Seguimos viviendo en Madrid**, *Nous vivons toujours à Madrid* ; **¿Sigues comiendo?** *Tu manges encore ?* L'adverbe de temps **todavía** exprime une idée similaire : **¿Todavía estás trabajando?** *Tu es encore au travail ?*
• À la forme négative, cette structure devient **seguir sin** + infinitif : **Sigue sin saber qué carrera elegir**, *Il ne sait toujours pas quelle carrière choisir*.

◆EXERCICES

1. ÉCOUTEZ L'ENREGISTREMENT, PUIS COMPLÉTEZ CES PHRASES.

12

a. El .... , ... en historia.

b. Si .... una .... , mi padre ....

c. Para ...., ... ir ....

2. ÉCOUTEZ L'ENREGISTREMENT ET COCHEZ LA BONNE RÉPONSE.

12

a. La nota de Selectividad del chico es…
☐ siete
☐ ocho y medio
☐ nueve y medio

b. Con esa nota, puede matricularse en…
☐ filosofía
☐ fisioterapia
☐ medicina

c. La mejor idea es…
☐ matricularse en Música
☐ presentar de nuevo Selectividad
☐ irse de casa

10. Quelles études vas-tu choisir ?

VOCABULAIRE

carrera *carrière, études*
elegir (e > i) *choisir*
ciencia *science*
letras *lettres*
seguir (e > i) *suivre, continuer*
seguir + gérondif *continuer à*
medicina *médecine*
en fin *enfin*
fácil *facile*
algún, alguna *un, une, un(e) certain(e)*
pedir (e > i) *demander*
por lo menos *au moins*
hay que *il faut*
aprobar [ue] *réussir un examen*
asignatura *matière scolaire*
curso (el) *année scolaire*
suspender *rater un examen*
plantear problema *poser problème*
costar [ue] *coûter*
me cuesta trabajo *j'ai du mal à*
conseguir (e > i) *obtenir*
nota *note*
lengua *langue*
castellano/a *castillan(e)*
ayudar *aider*
pues *eh bien (en début de phrase)*
matricularse *s'inscrire (études)*
más bien *plutôt*
ser de letras *être littéraire*
tal vez *peut-être*
filosofía *philosophie*
psicología *psychologie*
quizás *peut-être*
historia *histoire*
todavía *encore*
tener prisa *être pressé*
leer *lire*
película (la) *film*
visitar *visiter*
museo *musée*
matar *tuer*
mejor *meilleur*
arte *art*
casi *presque*
odiar *haïr*
tener ganas *avoir envie*
médico *médecin*
música *musique*
tener que *devoir*
alguien *quelqu'un*
largo/a *long(ue)*
difícil *difficile*
fisioterapia *kinésithérapie*
estudios (los) *études*
corto/a *court(e)*
ganarse la vida *gagner sa vie*
idea *idée*
ligar *draguer*

3. ÉCOUTEZ À NOUVEAU L'ENREGISTREMENT, PUIS COCHEZ *VERDAD* OU *MENTIRA*.

	verdad	mentira
a. Con la nota que tiene puede matricularse en Historia del arte.		
b. Al chico le horrorizan las letras.		
c. El padre del chico es médico.		
d. El tío del chico es profesor de lengua.		
e. El chico tiene muchas ganas de estudiar.		

4. EXPRIMEZ L'OBLIGATION PERSONNELLE, PUIS IMPERSONNELLE.

Exemple : Nous travaillons. → Nous devons travailler. → Il faut travailler.

a. Trabajamos. → .... → ....

b. Eliges. → .... → ....

c. Apruebo. → .... → ....

d. Entendéis. → .... → ....

5. DITES LE CONTRAIRE DE CES PHRASES.

a. Siempre suspendo alguna asignatura. →

b. Alguien te quiere. →

c. Odio a uno de ellos. →

d. No quiero nada de ti. →

6. REMPLACEZ *TODAVÍA* PAR LA STRUCTURE EXPRIMANT L'IDÉE DE CONTINUITÉ.

a. Mi nota es todavía baja. →

b. ¿Todavía tienes ganas de ser médico? →

c. Todavía te quiero. →

d. Todavía tenemos hambre. →

7. TRADUISEZ CES PHRASES.

a. Il faut avoir au moins un neuf pour s'inscrire en médecine.
→

b. Si tu me dis non, je me tue !
→

c. J'ai beaucoup de mal à réussir cette matière.
→

11.
JE CHERCHE UN PETIT BOULOT

BUSCO UN TRABAJILLO

OBJECTIFS

- **LEXIQUE DE L'ARGENT AU QUOTIDIEN : FRAIS, DÉPENSES ET ÉCONOMIES, LES PETITS BOULOTS**
- **DIRE UNE SOMME D'ARGENT**
- **FAIRE PART D'UNE IDÉE**
- **EXPRIMER LE BESOIN ET LA NÉCESSITÉ**

NOTIONS

- *HACER FALTA*, *NECESITAR*
- **"VENIR À L'ESPRIT" :** *OCURRIRSE*
- **LA CONJUGAISON DE** *CREER* **ET** *OÍR*
- **LE SUBJONCTIF PRÉSENT (SENSIBILISATION)**
- **LES CHANGEMENTS ORTHOGRAPHIQUES DES CONJONCTIONS** *Y* **ET** *O*

JE SUIS SANS UN SOU

– Tu connais quelqu'un qui ait besoin d'une baby-sitter ou de cours particuliers ?

– Je vais demander et si j'apprends quelque chose je te dis.

– Oui, s'il te plaît. J'ai besoin de gagner un peu d'argent.

– Moi aussi je suis en train de chercher un petit boulot... Serveur, livreur de pizzas, n'importe quoi !

– Tu es comme moi, sans un sou, n'est-ce pas ?

– Avec ma bourse je n'arrive pas à la fin du mois, et pourtant je ne dépense rien : je ne sors pas, je ne bois pas, je ne fume pas.

– C'est ça, tu payes le loyer, la facture d'électricité, celle de l'eau, et tu te retrouves sans rien.

– Oui, l'appartement où je vis est trop cher.

– Moi je partage un appartement et les frais avec d'autres filles. Comme ça on économise toujours quelque chose.

– Je crois que je vais laisser le mien et aller dans une résidence universitaire.

– Écoute, j'ai une idée... Pourquoi ne viens-tu pas vivre avec nous ?

– Il y a de la place pour moi ?

– Oui, une de nos camarades vient de partir et il y a une chambre libre.

– Et un garçon, ça ne va pas vous gêner ?

– Il faut juste être propre, ne pas manger ce qui est aux autres dans le frigo et faire la cuisine pour tout le monde de temps en temps.

– Ah, justement j'ai une spécialité : les pâtes au chocolat !

– Bon..., si tu ne veux pas faire la cuisine, ce n'est pas grave.

ESTOY SIN UN DURO

– ¿Conoces a alguien que necesite una canguro o clases particulares?

– Voy a preguntar y si me entero de algo ya te digo.

– Sí, por favor. Necesito ganar un poco de dinero.

– Yo también estoy buscando un trabajillo… Camarero, repartidor de pizzas, ¡lo que sea!

– Estás como yo, sin un duro, ¿verdad?

– Con la beca no llego a fin de mes, y eso que no gasto nada: ni salgo, ni bebo, ni fumo.

– Eso, pagas el alquiler, el recibo de la luz, el del agua, y te quedas sin nada.

– Sí, el piso donde vivo es demasiado caro.

– Yo comparto piso y gastos con otras chicas. Así siempre se ahorra algo.

– Creo que voy a dejar el mío e ir a una residencia universitaria.

– Oye, se me ocurre una cosa… ¿Por qué no vienes a vivir con nosotras?

– ¿Hay sitio para mí?

– Sí, acaba de marcharse una de nuestras compañeras y hay un cuarto libre.

– ¿Y no os va a molestar un chico?

– Solo hace falta ser limpio, no comerse lo de las demás en la nevera y cocinar para todas de vez en cuando.

– Ah, precisamente tengo una especialidad: ¡pasta con chocolate!

– Bueno…, si no quieres cocinar no pasa nada.

COMPRENDRE LE DIALOGUE
CONJONCTIONS

→ **Y**, *et*, devient **e** devant un mot commençant par **i** ou **hi**. De même, **o**, *ou*, devient **u** s'il précède un **o** ou un **ho** : **Voy a dejar el piso e ir a una résidencia**, *Je vais laisser mon appartement et aller dans une résidence* ; **Mujer u hombre**, *Femme ou homme*. **Y eso que** est une locution conjonctive exprimant la concession : **Estoy sin un duro, y eso que no gasto nada**, *Je suis sans un sou et pourtant je ne dépense rien.*

VERBES ET PÉRIPHRASES VERBALES

→ Distinguez **aprender** (celui qui apprend), **enseñar** (celui qui enseigne) et **enterarse de** (au sens d'apprendre une nouvelle, d'être au courant) : **Estoy aprendiendo español**, *Je suis en train d'apprendre l'espagnol* ; **Te voy a enseñar a hablar español**, *Je vais t'apprendre à parler espagnol*. **Nunca me entero de lo que pasa aquí**, *Je ne suis jamais au courant de ce qui se passe ici.*

→ **Pasar** signifie *passer* (**Paso por aquí**, *Je passe par ici*) ou *se passer, arriver* (**¿Qué pasa?**, *Que se passe-t-il ?* / **¿Qué le pasa?**, *Que lui arrive-t-il ?*). **No pasa nada** peut signifier *Il ne se passe rien*, mais c'est aussi une formule pour dédramatiser une situation : **Oh perdón**, *Oh pardon.* / **No pasa nada**, *Ce n'est pas grave.*

→ **Acabar** signifie *finir*, et **acabar de** dit l'action qu'on vient de faire : **Acabo este trabajo y voy**, *Je finis ce travail et j'arrive*. **Acabo de salir del trabajo,** *Je viens de sortir du travail.*

NOTE CULTURELLE

L'argent – billets et pièces – a pour nom **el dinero**, à distinguer de **la plata**, l'argent comme métal. **Céntimo** désigne *le centime*, mais on omet souvent le mot lorsqu'on annonce une somme : **Son dos cincuenta**, ou **Son dos con cincuenta**, *C'est 2,50 euros*. Côté **cara**, *face*, les euros espagnols représentent la cathédrale de Saint-Jacques de Compostelle, un buste de Cervantès ou un profil du roi Felipe VI. L'argent a en espagnol quelques dénominations familières. **El duro**, par exemple, était le petit nom de la pièce de 5 pesetas, avant l'euro, et le terme est resté dans des expressions populaires : **estar sin un duro**, *être sans un sou.*

◆ GRAMMAIRE
L'EXPRESSION DE LA NÉCESSITÉ

La nécessité ou le besoin peuvent se dire de manière personnelle. La personne concernée est alors exprimée, par le verbe **necesitar** conjugué ou par la tournure **hacer falta** + un pronom : **Necesito un trabajillo**, *J'ai besoin d'un petit boulot* ; **Me hace falta dinero**, *J'ai besoin d'argent*. On peut aussi rendre cette idée avec une formule impersonnelle, **Hace falta**, ou **Es necesario** : **Hace falta dinero para vivir**, *Il faut de l'argent pour vivre* ; **No es necesario ser tan rico**, *Il n'est pas nécessaire d'être aussi riche.*

UNE CONSTRUCTION PARTICULIÈRE : "SE ME OCURRE"

• **Ocurrir** signifie *arriver, se produire* : **¿Qué ocurre?** *Que se passe-t-il ?* **¿Te ocurre algo?** *Il t'arrive quelque chose ?* Quand ce qui "arrive" n'est pas un événement, mais une idée, **ocurrir** devient **ocurrirse**. Il est à la 3ᵉ personne et se construit avec un pronom personnel indirect : **Se me / se nos ocurre una idea**, *J'ai / Nous avons une idée*, littéralement *Il se me / nous vient une idée*. **Se te / se os ocurren cosas raras**, *Tu as / vous avez des idées bizarres*. **¿Se le / se les ocurre algo?** *Il a / ils ont une idée ?*
• **Ocurrirse** intervient dans une tournure courante de la conversation : lorsque quelqu'un a dit ou fait une chose extravagante, vous pouvez réagir ainsi : **¡A quién se le ocurre!** *Quelle drôle d'idée !* littéralement *À qui cela vient-il à l'esprit !*

▲ CONJUGAISON
DEUX VERBES À RETENIR

Deux verbes à relever dans la leçon : **creer**, *croire* ; et **oír**, *entendre*. Le premier a deux voyelles à la suite, ce qui est parfois source d'erreurs : distinguez donc bien le radical **cre-** et la terminaison **-er**. **Oír** est un verbe en **-go** à la 1ʳᵉ personne, et la suite du présent offre plusieurs irrégularités.

creer, *croire*	**oír**, *entendre*
creo, *je crois*	**oigo**, *j'entends*
crees, *tu crois*	**oyes**, *tu entends*
cree, *il / elle croit*	**oye**, *il / elle entend*
creemos, *nous croyons*	**oímos**, *nous entendons*
creéis, *vous croyez*	**oís**, *vous entendez*
creen, *ils /elles croient*	**oyen**, *ils / elles entendent*

Dans la leçon, **oír** apparaît à l'impératif : **oye**. Il s'agit d'une formule faite de la conversation où **oír** perd son sens littéral et sert à interpeler la personne ("écoute", ou "dis-moi") : **Oye, ¿cuánto pagas de alquiler?**, *Dis-moi, combien tu payes de loyer ?*

LE SUBJONCTIF PRÉSENT (SENSIBILISATION)

Nous aborderons prochainement les emplois du subjonctif présent, mais celui-ci pointe parfois déjà son nez dans les leçons. Vous avez déjà vu, par exemple, que le subjonctif de **perdona** ou **disculpa** (*pardonne*) était **perdone** et **disculpe** (*pardonnez*). Pour les verbes en **-ar**, il suffit en effet de permuter le **-a** en **-e**. C'est ce qui se produit ici pour **necesitar** dans **alguien que necesite**, *quelqu'un qui ait besoin*.

● EXERCICES

1. COCHEZ LA SOMME QUE VOUS ENTENDEZ DANS L'ENREGISTREMENT.

a. ☐ 3, 90 euros ☐ 13, 20 euros

b. ☐ 19, 30 euros ☐ 29, 10 euros

c. ☐ 147, 80 euros ☐ 400, 80 euros

d. ☐ 56, 30 euros ☐ 15, 50 euros

2. ÉCOUTEZ ET ÉCRIVEZ LES 3 PREMIÈRES RÉPLIQUES DU DIALOGUE DE L'EXERCICE ENREGISTRÉ.

a. ....

b. ....

c. ....

3. ÉCOUTEZ À NOUVEAU L'ENREGISTREMENT ET COCHEZ LA BONNE RÉPONSE.

a. En el piso, el chico…
☐ gasta demasiada agua
☐ gasta demasiada luz
☐ gasta demasiado en comer

b. El recibo de la luz es…
☐ 25,40 euros
☐ 60 euros
☐ 95,40 euros

c. Los hijos de la vecina…
☐ están locos
☐ son maleducados
☐ son pijos

d. La chica prefiere…
☐ gastar menos y no tener que buscar trabajillos
☐ ser canguro
☐ dar clases

VOCABULAIRE

buscar *chercher*
trabajillo *petit boulot*
duro *sou*
necesitar *avoir besoin de*
canguro (el/la) *baby-sitter*
clase (la) *cours*
particular *particulier*
preguntar *demander*
enterarse *apprendre (une information)*
ganar *gagner*
dinero *argent*
camarero/a *serveur, serveuse*
repartidor *livreur*
pizza *pizza*
lo que sea *n'importe quoi*
beca *bourse*
llegar *arriver*
mes *mois*
y eso que *et pourtant*
gastar *dépenser*
beber *boire*
fumar *fumer*
hace falta *il faut*
pagar *payer*
alquiler *loyer*
recibo (el) *facture*
luz *lumière / électricité*
agua *eau*
quedarse *se retrouver*
caro/a *cher, chère*
compartir *partager*
gasto (el) *dépense*
chico/a *garçon, fille*
ahorrar *économiser*
creer *croire*
e *et (devant un -i)*
residencia *résidence*
universitario/a *universitaire*
oír *entendre*
oye *écoute*
ocurrirse *venir à l'idée*
sitio *place, endroit*
cuarto (el) *chambre*
libre *libre*
acabar *finir*
acabar de *venir de*
marcharse *s'en aller*
compañero/a *camarade*
molestar *gêner*
limpio/a *propre*
nevera (la) *frigo*
cocinar *faire la cuisine*
de vez en cuando *de temps en temps*
precisamente *justement*
especialidad *spécialité*
pasta (la) *pâtes*
chocolate *chocolat*
no pasa nada *ce n'est pas grave*

4. CONSTRUISEZ UNE PHRASE AVEC LES ÉLÉMENTS FOURNIS.

a. yo / ocurrirse / un trabajillo

→

b. la chica / no ocurrirse / nada

→

c. ¿usted / ocurrirse / algo?

→

d. nosotros / ocurrirse / muchas ideas

→

5. DES DEUX PHRASES PROPOSÉES, L'UNE EST INCORRECTE. RAYEZ-LA ET TRADUISEZ L'AUTRE.

a. Hay que un trabajillo. / Hace falta un trabajillo.

→

b. Es necesario comer bien. / Es necesario de comer bien.

→

c. Necesito ahorrar. / Necesito de ahorrar.

→

d. Me hace falta un piso más barato. / Me hago falta un piso más barato.

→

6. TRADUISEZ CES PHRASES.

a. Je viens d'apprendre ce qui t'arrive.

→

b. Si tu ne peux pas payer la facture ce mois-ci, ce n'est pas grave.

→

c. Quand la fin du mois arrive, je n'ai pas un sou, et pourtant j'ai une bourse.

→

d. Je ne parviens pas à économiser, et pourtant je partage les frais avec une camarade.

→

12.
JE SUIS STAGIAIRE

SOY BECARIO

OBJECTIFS

- **PARLER DES ÉTUDES ET DU TRAVAIL**
- **DEMANDER ET DONNER DES NOUVELLES (APPROFONDISSEMENT)**
- **SE PLAINDRE ET SE RÉJOUIR**
- **EXPRIMER UNE APPRÉCIATION POSITIVE OU NÉGATIVE**
- **UTILISER QUELQUES TERMES ET FORMULES DE L'ESPAGNOL FAMILIER**

NOTIONS

- ***HACE, DESDE HACE* : LA DATE ET LA DURÉE**
- ***UNOS/AS, ALGUNOS/AS* : LES INDÉFINIS EXPRIMANT LA QUANTITÉ**
- **LE PASSÉ COMPOSÉ : FORMATION ET EMPLOIS**
- **L'IMPÉRATIF : FORMATION, ENCLISE, ACCENTUATION**

LE MONDE DU TRAVAIL

– Alejandro, ça fait longtemps !

– Ça alors, Isabel, quelle surprise !

– On ne s'est pas vus depuis quelques petites années, hein ?

– Oui, depuis le collège !

– Qu'est-ce que tu deviens ? Raconte-moi !

– Eh bien j'ai fait un peu de tout, de l'informatique, les beaux-arts, et maintenant je suis stagiaire dans un journal.

– C'est chouette, non ?

– Oui. Enfin pas tant que ça...

– Tu n'es pas content de ce que tu fais ?

– Stagiaire, ce n'est pas l'idéal... D'un côté c'est bien pour acquérir de l'expérience, mais d'un autre côté ce sont toujours des contrats courts.

– Donc en fait, tu n'as pas encore eu un emploi stable.

– Tu parles ! Je fais des stages pendant quelques mois et, quand je commence à apprendre quelque chose, on me renvoie et je retourne au chômage.

– C'est nul...

– Et pour toi, comment ça s'est passé ?

– Je ne me plains pas ! Moi j'ai toujours voulu trouver rapidement un travail, j'ai suivi la Formation professionnelle, et maintenant je suis boulangère !

– Je crois que finalement c'est toi qui as eu raison : ce qu'il y a de mieux, c'est d'avoir un métier.

– Écoute, ma boulangerie a besoin d'une page web. Combien prends-tu pour la concevoir ?

– Pour toi c'est gratuit, mais je pose une condition.

– Dis-moi.

– Apprends-moi à faire des gâteaux...

– Marché conclu !

EL MUNDO LABORAL

– Alejandro, ¡cuánto tiempo!

– Anda, Isabel, ¡qué sorpresa!

– No nos hemos visto desde hace unos añitos, ¿eh?

– ¡Sí, desde la ESO!

– ¿Qué es de ti? ¡Cuéntame!

– Pues he hecho un poco de todo, informática, bellas artes, y ahora soy becario en un periódico.

– Qué chulo, ¿no?

– Sí. En fin, no tanto...

– ¿No estás contento con lo que haces?

– Becario no es lo ideal... Por una parte está bien para adquirir experiencia, pero por otro lado son siempre contratos cortos.

– O sea que todavía no has tenido un empleo fijo.

– ¡Qué va! Hago prácticas durante unos meses y, cuando empiezo a aprender algo, me despiden y vuelvo al paro.

– Vaya rollo...

– ¿Y a ti qué tal te ha ido?

– ¡No me quejo! Yo siempre he querido encontrar rápidamente un trabajo, he cursado FP y ahora, ¡soy panadera!

– Creo que al final has tenido razón tú: lo mejor es tener un oficio.

– Oye, mi panadería necesita una página web. ¿Cuánto cobras por diseñarla?

– Para ti es gratis, pero pongo una condición.

– Dime.

– Enséñame a hacer pasteles...

– ¡Trato hecho!

COMPRENDRE LE DIALOGUE
DEMANDER DES NOUVELLES

La question a été abordée dans le Module n°3, mais enrichissez votre vocabulaire avec des formules idiomatiques ! **¿Qué es de ti?** *Qu'est-ce que tu deviens ?* Littéralement, *Qu'est-ce qu'il en est de toi.* On peut dire aussi : **¿Qué es de tu marido?** *Que devient ton mari ?* ; **¿Qué es de ellos?** *Qu'est-ce qu'ils deviennent ?* ; **¿Qué tal te va?** ou **¿Cómo te va?** *Comment ça se passe ?* Il peut s'agir de la vie en général ou de quelque chose de précis (un examen, un entretien) : **¿Qué tal te ha ido?** *Comment ça s'est passé pour toi ?*

NE PLAINDRE, SE RÉJOUIR

En réponse aux questions, vous pourrez dire : **(No) estoy contento**, *Je (ne) suis (pas) content* ; **(No) me quejo**, *Je (ne) me plains (pas)* ; **Me va bien/mal**, *Ça se passe bien/mal pour moi* ; **Me ha ido bien/mal**, *Ça s'est bien/mal passé.*

FORMULES CONVERSATIONNELLES

Voici quelques formules pour colorer la conversation quotidienne, parce que parler, c'est bien, mais avoir un ton, c'est mieux !
- **¡Anda!** *Ça alors, Tiens donc,* etc. (surprise).
- **Pues**, *Eh bien* (en début de phrase).
- **O sea que**, *Donc en fait, Autrement dit*, etc. (résume une situation)
- **¡Vaya...!** *Quel(le)... !* (équivalent de **qué**, devant un nom)
- **¡Qué va!** *Tu parles !* (prend le contrepied d'une affirmation).

NOTE CULTURELLE

L'espagnol conversationnel, que vous entendrez dans la rue, est une langue assez relâchée, et tout le monde emploie allègrement jurons et gros mots dès que le sujet en vaut la peine (foot, politique, climat). Sans aller jusque-là, n'hésitez pas, entre amis, à employer des termes familiers. comme **rollo**, mot multi-usages : **¡Qué rollo de película!** *Quel navet, ce film !* ; **¡Vaya rollo ser becario!** *C'est nul d'être stagiaire !*
Précédé de **buen** ou **mal**, **rollo** qualifie une ambiance ou une relation:
¡Qué mal rollo! *Ça craint !* ; **En este bar hay buen rollo**, *Il y a une bonne ambiance dans ce bar* ; **Tengo buen rollo con mis profes**, *Je m'entends bien avec mes profs.*
Enfin, côté positif, il y a aussi **chulo**, *chouette* : **¡Qué chulo!** *Que c'est chouette !* ; **¡Qué piso más chulo!** *Quel chouette appartement !*

◆ GRAMMAIRE
DATE ET DURÉE

"Depuis" exprime en français à la fois le repère temporel, par exemple la date (depuis le 14 juillet) et la durée (depuis une semaine). L'espagnol utilise **desde** dans le premier cas et **desde hace** dans le deuxième. **No nos hemos visto desde la ESO**, *Nous ne nous sommes pas vus depuis le collège*. **No nos hemos visto desde hace mucho tiempo**, *Nous ne nous sommes pas vus depuis longtemps*.

ADJECTIFS INDÉFINIS EXPRIMANT LA QUANTITÉ

Unos/unas, comme **algunos/algunas**, exprime une quantité indéfinie : *quelques*, en français. **Unos** est plus générique ; **algunos**, lui, peut indiquer une moindre quantité. **Soy becario desde hace unos meses**, *Je suis stagiaire depuis quelques mois*. **En algunos casos, las prácticas son interesantes**, *Dans quelques cas, les stages sont intéressants*.

▲ CONJUGAISON
LE PASSÉ COMPOSÉ

FORMATION

Il se forme avec l'auxiliaire **haber**, *avoir*, suivi du participe passé.
Le participe passé est bâti sur le radical de l'infinitif suivi de la terminaison **-ado** (verbes en **-ar**) ou **-ido** (verbes en **-er** et en **-ir**) :

haber	hablar	comer	vivir
he	he hablado	he comido	he vivido
has	has hablado	has comido	has vivido
ha	ha hablado	ha comido	ha vivido
hemos	hemos hablado	hemos comido	hemos vivido
habéis	habéis hablado	habéis comido	habéis vivido
han	han hablado	han comido	han vivido

Attention aux participes irréguliers ! Nous en avons déjà croisé deux : **visto**, *vu* (de **ver**) et **hecho**, *fait* (de **hacer**).

EMPLOIS
- Le passé composé a théoriquement la même valeur en français et en espagnol. Il rapporte un fait passé qui a des effets sur le présent :
He cursado Formación Profesional, *J'ai suivi une Formation Professionnelle* (conséquence : j'ai donc maintenant un métier).
- L'espagnol s'en tient à cet usage, alors que, dans la pratique, le passé composé français couvre aussi des événements qui "restent dans le passé". L'espagnol utilise alors le passé simple (voir leçon 1) :
Nací en París (passé simple), *Je suis née à Paris* (passé composé).

AUTRES DIFFÉRENCES ENTRE LE FRANÇAIS ET L'ESPAGNOL
Il y a deux différences majeures :
- l'espagnol n'utilise qu'un auxiliaire (*avoir*) et non pas deux (*avoir* et *être*),
- le participe passé est invariable : **He trabajado**, *J'ai travaillé* ; **Has salido**, *Tu es sorti* ; **Hemos pasado**, *Nous sommes passés*.

L'IMPÉRATIF

FORMATION
Au sens strict, les deux personnes de l'impératif espagnol sont la 2e du singulier et la 2e du pluriel :
- **Habla**, *parle* : c'est **hablas** (verbe conjugué à la 2e personne du singulier du présent de l'indicatif), sans le **-s** final ;
- **Hablad**, *parlez* : c'est l'infinitif, **hablar** avec un **-d** à la place du **-r**.
S'il s'agit d'un verbe à diphtongue, vous aurez donc, par exemple : **cuenta**, *raconte* / **contad**, *racontez*.

L'ENCLISE
Ce terme désigne le fait d'accrocher le pronom personnel à une forme verbale. Elle se produit :
- à l'infinitif : **llamarse**, *s'appeler* ;
- à l'impératif : **cuéntame**, *raconte-moi* ; **enséñame**, *apprends-moi*.
Remarquez l'accent écrit, pour signaler que l'on doit marquer l'avant-avant-dernière syllabe du verbe.

VOCABULAIRE

becario / a *stagiaire*
mundo *monde*
laboral *du travail, professionnel*
tiempo *temps*
¡anda! *tiens donc ! ça alors !*
sorpresa *surprise*
visto *vu*
desde *depuis*
contar [ue] *raconter*
hecho *fait*
informática *informatique*
bellas artes *beaux-arts*
periódico *journal*
chulo / a *chouette (fam.)*
contento / a *content(e)*
ideal *idéal*
por una parte *d'une part*
está bien *c'est bien*
adquirir [ie] *acquérir*
experiencia *expérience*
por otro lado *d'autre part*
contrato *contrat*
empleo *emploi*
o sea que *donc en fait… ; alors comme ça…*
fijo / a *fixe, stable*
¡qué va! *tu parles ! allons bon !*
prácticas (las) *stage*
despedir (e > i) *renvoyer, licencier*
paro *chômage*
¡vaya…! *quel(le) … !*
¡Vaya rollo! *C'est nul !*
quejarse *se plaindre*
encontrar [ue] *trouver*
cursar *suivre des études de…*
FP (Formación Profesional) *Formation Professionnelle*
panadero / a *boulanger(-ère)*
tener razón *avoir raison*
oficio *métier*
panadería *boulangerie*
página *page*
web *web*
cobrar *toucher (argent), encaisser*
diseñar *concevoir*
gratis *gratuit(e)*
condición *condition*
pastel (el) *gâteau*
¡Trato hecho! *Marché conclu !*

EXERCICES

1. QUE DIRIEZ-VOUS EN ÉCOUTANT CES PHRASES ? COCHEZ LA BONNE RÉPONSE

14

a. ☐ ¡Qué chulo! – ☐ Vaya rollo…   c. ☐ ¡Qué chulo! – ☐ Vaya rollo…

b. ☐ ¡Qué chulo! – ☐ Vaya rollo…   d. ☐ ¡Qué chulo! – ☐ Vaya rollo…

2. ÉCOUTEZ ET COMPLÉTEZ LES 4 PREMIÈRES RÉPLIQUES DU DIALOGUE DE L'EXERCICE.

a. Hola, Alejandro, ¿..?

b. ....

c. ¿.. otra vez con tu novia, es eso?

d. No,........................., ... muy bien desde hace unos meses.

3. ÉCOUTEZ À NOUVEAU L'ENREGISTREMENT ET COCHEZ LA BONNE RÉPONSE.

a. Alejandro está en el paro desde hace…
- ☐ tres semanas
- ☐ un mes y medio
- ☐ un año y medio

b. Ha sido becario…
- ☐ en una página web por seiscientos euros
- ☐ en un periódico por doscientos euros
- ☐ en una panadería por quinientos euros

c. Las últimas prácticas…
- ☐ han acabado con un contrato fijo
- ☐ han acabado antes de tiempo
- ☐ le han parecido un rollo

4. REFORMULEZ CES PHRASES AU PASSÉ COMPOSÉ.

a. Isabel me cuenta su vida. →

b. ¿Qué haces? →

c. Vengo a ver qué pasa. →

d. No vemos nada. →

5. COMPLÉTEZ AVEC *DESDE* OU *DESDE HACE*.

a. No he salido... tres días.

b. No he salido....................................... la semana pasada.

c. No lo he visto.. su cumpleaños.

d. No lo he visto.. un año.

6. TRADUISEZ CES PHRASES.

a. Combien as-tu touché pendant ton stage ?

→

b. Nous ne sommes pas contents de nos conditions de travail.

→

c. Donc, en fait, après FP tu as trouvé du travail rapidement.

→

13.
JE VIENS POUR L'ANNONCE
VENGO POR EL ANUNCIO

OBJECTIFS

- RÉPONDRE À DES QUESTIONS DANS UN ENTRETIEN D'EMBAUCHE : PARLER DE SES COMPÉTENCES ET DE SON EXPÉRIENCE ; DIRE SES DISPONIBILITÉS ; EXPOSER UNE MOTIVATION
- EXPRIMER UNE RÉSERVE
- L'ESPAGNOL FACE AUX ANGLICISMES

NOTIONS

- L'ADVERBE DE MANIÈRE EN -*MENTE*
- L'ARTICLE NEUTRE *LO* (*LO MÍO, LO TUYO, LO DE*)
- LE DOUBLE PRONOM PERSONNEL (*SE LO*)
- LES PARTICIPES PASSÉS IRRÉGULIERS (*DICHO, PUESTO*)
- LE VERBE *DAR* : CONJUGAISON ET EXPRESSIONS (*DAR IGUAL, DARSE CUENTA*)

ENTRETIEN D'EMBAUCHE

– Bonjour, je viens pour l'annonce. On m'a dit que j'ai rendez-vous à midi.

– Oui, entrez s'il vous plaît. Bien, je vois dans votre CV que vous travaillez actuellement comme serveuse.

– Cette histoire de serveuse, c'est un travail temporaire : je suis disposée à prendre la place tout de suite.

– Parfait. Dites-moi : pourquoi avez-vous répondu à cette annonce ?

– J'ai déjà été face au public, et je me suis rendu compte que ce qui me plaît, c'est le contact avec les gens. C'est pour cela que j'ai envie de travailler avec vous.

– C'est très bien, mais ici, c'est un magasin d'habillement : il ne s'agit pas seulement de vendre, mais aussi de conseiller.

– Je suis passionnée de mode, et je me sens capable de m'occuper de n'importe quel client.

– D'accord, mais votre style n'est pas exactement celui que nous cherchons : nous, nous vendons des tee-shirts, des jeans, des blousons, des baskets...

– J'ai mis une jupe et des chaussures de ville pour l'entretien, mais regardez cette photo : vous voyez comment je m'habille habituellement ?

– C'est vous, la fille entièrement habillée en noir ?

– Oui, et j'ai aussi un tatouage ! Je vous le montre ?

– Non..., ce n'est pas la peine. Vous m'avez convaincu.

– Alors, je commence quand ?

– Ça ne vous intéresse pas de savoir quel est le salaire ?

– Ça m'est égal, je vous le redis : être vendeuse, c'est le rêve de ma vie !

15 ENTREVISTA DE TRABAJO

– Buenos días, vengo por el anuncio. Me han dicho que tengo cita a las doce.

– Sí, pase, por favor. Bien, veo en su currículum que actualmente está trabajando de camarera.

– Lo de camarera es un trabajo eventual: estoy dispuesta a incorporarme enseguida.

– Perfecto. Dígame: ¿por qué ha contestado a este anuncio?

– Ya he estado cara al público, y me he dado cuenta de que lo mío es el contacto con la gente. Por eso me apetece trabajar con ustedes.

– Está muy bien, pero esto es una tienda de ropa: no se trata solo de vender, sino también de aconsejar.

– Me apasiona la moda y me siento capacitada para atender a cualquier cliente.

– Ya, pero su estilo no es exactamente el que buscamos: nosotros vendemos camisetas, vaqueros, cazadoras, deportivas…

– Me he puesto una falda y zapatos de vestir para la entrevista, pero mire esta foto: ¿ve cómo me visto habitualmente?

– ¿Es usted la chica enteramente vestida de negro?

– ¡Sí, y también tengo un tatuaje! ¿Se lo enseño?

– No…, no hace falta. Me ha convencido.

– Entonces, ¿cuándo empiezo?

– ¿No le interesa saber cuál es el sueldo?

– Me da igual, se lo repito: ¡ser dependienta es la ilusión de mi vida!

COMPRENDRE LE DIALOGUE
QUELQUES USAGES

→ Le premier sens de **ya** est *déjà* : **Ya he trabajado cara al público**, *J'ai déjà travaillé face au public*. Mais, dans la conversation, **ya** est une formule d'acquiescement qui manifeste un accord moins franc que **sí** : **Mi ilusión es ser dependienta**, *Mon rêve, c'est d'être vendeuse.* / **Ya**, *Oui, je vois.* **Usted lleva ropa demasiado clásica**, *Vous portez des habits trop classiques.* / **Ya**, *Oui, je sais.*

→ *Mais* se rend par **pero** : **Soy camarera, pero quisiera ser dependienta**, *Je suis serveuse, mais je voudrais être vendeuse*. Lorsque la première partie de la phrase est à la forme négative, **pero** devient **sino** : **Mi ilusión no es ser camarera sino dependienta**, *Mon rêve n'est pas d'être serveuse mais vendeuse*.

ET TOUJOURS LES PRÉPOSITIONS

→ **Por** et **para** n'ont pas fini de vous faire des misères. Dans ce dialogue, par exemple, ils ont la même traduction (*pour*) mais l'idée est différente : **Vengo por el anuncio**, *Je viens pour l'annonce* (dans le sens de : je viens à cause de l'annonce). **Me he vestido así para la entrevista**, *Je me suis habillée comme ça pour l'entretien* (on parle d'un but, d'une intention).

→ Deux usages pour **de** également : **Vestido de negro**, *Habillé en noir*. **Trabajo de camarera**, *Je travaille comme serveuse*.

NOTE CULTURELLE

Les anglicismes vont croissant, mais ils n'ont pas massivement remplacé les termes espagnols dans la vie courante : *un tee-shirt* reste **una camiseta**, *un jean* **unos vaqueros**, et *des baskets* **unas deportivas**. Les emprunts, d'ailleurs, sont souvent "naturalisés" dans la morpho-phonétique de l'espagnol : *un leader* devient **líder**, *le rosbeef* **rosbif**, *le football* **fútbol** et *le heavy metal* **jevi metal**. Cela dit, cette "résistance" se fait de manière assez naturelle : la langue espagnole – adossée à ses 500 millions de locuteurs – ne se sent pas assiégée et dans l'obligation de défendre sa pureté. S'il faut accueillir un mot nouveau, on le fait : web, blog ou chat. *Une clé USB* s'appellera ainsi directement **un pen**, ou **un pendrive**. L'espagnol d'Amérique, plus exposé à l'anglais, va lui beaucoup plus loin : c'est le phénomène du "spanglish", joyeux méli-mélo décomplexé largement répandu parmi les Hispaniques vivants aux États-Unis.

◆ GRAMMAIRE
L'ADVERBE DE MANIÈRE

Il se forme en ajoutant la terminaison **-mente** à l'adjectif au féminin. Rappelons qu'un adjectif terminé par un **-o** au masculin fait son féminin en **-a** ; il est par contre invariable en genre lorsqu'il se termine par une autre voyelle ou par une consonne.

masculin	féminin	adverbe
exacto	**exacta**	**exactamente**
actual	**actual**	**actualmente**
agradable	**agradable**	**agradablemente**

L'ARTICLE NEUTRE *LO*

Ni masculin ni féminin, le neutre permet de jouer sur l'indéfinition.
• Ainsi, **lo** + le possessif tonique désigne généralement "ce qui me concerne", "ce qui me définit" ou "me plaît" ; on pourra donc donner plusieurs traductions. Bien sûr, cette formule vaut à toutes les personnes : **Lo mío es estar cara al público**, *Moi, ce que j'aime, c'est être face au public* ; **Lo tuyo no es la venta**, *Ton truc, ce n'est pas la vente* ; **Lo suyo nunca han sido los estudios**, *Les études, ça n'a jamais été sa tasse de thé*.
• Selon la même idée, **lo de** + un nom ou un verbe renvoie à "cette histoire de", "cette idée de" : **Lo de camarera es un empleo eventual**, *Cette histoire de serveuse, c'est un emploi temporaire* ; **Lo de estar cara al público me apasiona**, *Être face au public, c'est une chose qui me passionne*.

LE DOUBLE PRONOM PERSONNEL

Vous avez vu dans le Module n°4 les formes et usages du pronom personnel complément, direct et indirect. Examinons le cas où deux pronoms compléments se suivent. La plupart du temps, c'est simple : **Te lo digo**, *Je te le dis* ; **Me los presenta**, *Il me les présente*. Cela se complique lorsqu'il s'agit de deux pronoms à la 3e personne. Le pronom indirect espagnol (**le** ou **les**) devient alors **se** : **Se lo repito**, *Je vous le répète* ; **¿Se la enseño?** *Je vous la montre ?*

▲ CONJUGAISON
LES PARTICIPES PASSÉS IRRÉGULIERS

• Retenez les participes irréguliers de **poner** (**puesto**) et **decir** (**dicho**) : **¿Qué has dicho?** *Qu'as-tu dit ?* ; **¿Dónde has puesto las llaves?**, *Où as-tu mis les clés ?* ; **Me he puesto una falda**, *J'ai mis une jupe.*

• **Dispuesto** est le participe passé irrégulier invariable du verbe **disponer**. **Dispuesto/a** est un adjectif dérivé du même verbe, signifiant *disposé(e), prêt(e)* : **He dispuesto lo siguiente**, *J'ai décidé la chose suivante.*

LE VERBE *DAR*

Dar, *donner*, a une première personne du présent irrégulière. Il entre dans de nombreuses tournures verbales, où il perd son sens premier : **darse cuenta**, *se rendre compte* ; **dar igual**, *être égal*. Attention, le verbe est pronominal dans un cas, et à construction indirecte dans l'autre :

doy	me doy cuenta, je me rends compte	me da igual, ça m'est égal
das	te das cuenta, tu te rends compte	te da igual, ça t'est égal
da	se da cuenta, il se rend compte	le da igual, ça lui est égal
damos	nos damos cuenta, nous nous rendons compte	nos da igual, ça nous est égal
dais	os dais cuenta, vous vous rendez compte	os da igual, ça vous est égal
dan	se dan cuenta, ils se rendent compte	les da igual, ça leur est égal

⬢ EXERCICES

🔊 **1. NUMÉROTEZ CES PHRASES DANS ORDRE DANS LEQUEL VOUS LES ENTENDEZ.**
15

a. Tu ne te rends pas compte. ....

b. Je ne me suis pas rendu compte. ....

c. Il ne se rend pas compte. ....

d. Elles ne se sont pas rendu compte. ....

🔊 **2. COMPLÉTEZ LES 4 PREMIÈRES RÉPLIQUES DU DIALOGUE DE L'EXERCICE.**
15

a. ¿Qué tal ....?

b. Fenomenal, ... el trabajo es para mí.

c. ¡Me .... mucho! ¿Cómo ....?

d. Pues no sé, creo que ....

VOCABULAIRE

entrevista *entrevue*
dicho *dit (p. passé de decir)*
cita (la) *rendez-vous*
currículum *curriculum*
actualmente *actuellement*
eventual *temporaire*
dispuesto/a *disposé(e)*
incorporarse *prendre un poste (travail)*
enseguida *tout de suite*
perfecto/a *parfait(e)*
contestar *répondre*
cara *visage, face*
público *public*
dar *donner*
darse cuenta *se rendre compte*
contacto *contact*
gente (la) *gens*
tienda (la) *magasin*
ropa (la) *vêtements*
tratarse *s'agir*
vender *vendre*
no solo… sino *non seulement… mais*
aconsejar *conseiller*
apasionar *passionner*
moda *mode*
sentir [ie] *sentir*
capacitado/a *apte*
atender [ie] *servir, s'occuper de (sens commercial)*
cualquier *n'importe quel*
cliente *client*
ya *d'accord*
estilo *style*
exactamente *exactement*
camiseta (la) *tee-shirt*
vaqueros *jeans*
cazadora (la) *blouson*
deportivas *baskets*
puesto *mis (p. passé de poner)*
ponerse *mettre (un vêtement)*
falda *jupe*
zapato (el) *chaussure*
zapato de vestir *chaussure de ville*
foto *photo*
vestirse (e > i) *s'habiller*
habitualmente *habituellement*
enteramente *entièrement*
negro *noir*
tatuaje *tatouage*
enseñar *montrer*
convencer *convaincre*
interesar *intéresser*
sueldo *salaire*
da igual *être égal, indifférent*
repetir (e > i) *répéter*
dependiente/a *vendeur/euse*
ilusión (la) *rêve*

3. ÉCOUTEZ À NOUVEAU L'ENREGISTREMENT ET COCHEZ LA BONNE RÉPONSE.

a. Para la entrevista de trabajo, el chico se ha puesto…
☐ zapatos de vestir
☐ una cazadora
☐ deportivas

c. Durante la entrevista, …
☐ han fumado todos
☐ ha fumado el chico
☐ no ha fumado nadie

b. El chico quiere cobrar …
☐ 2000 euros o más
☐ menos de 2000 euros
☐ más de 2000 euros

4. ÉCRIVEZ CES PHRASES AU PASSÉ COMPOSÉ

a. No digo nada. →

b. Nos ponemos unos vaqueros. →

c. Les da igual. →

d. Te lo repito. →

5. REFORMULEZ LE FRAGMENT SOULIGNÉ AVEC L'ADVERBE EN –*MENTE* ADAPTÉ.

a. Esto lo hago <u>con facilidad</u>: lo hago ....

b. Puedes hablar <u>con libertad</u>: puedes hablar ....

c. Siempre se comporta <u>con amabilidad</u>: se comporta ....

d. Escribe español <u>a la perfección</u>: lo escribe ....

6. TRADUISEZ CES PHRASES.

a. Mon contrat n'est pas fixe mais temporaire.

→

b. Je vous l'ai dit : mon truc, c'est d'être vendeuse et le salaire m'est égal.

→

c. À quelle heure avez-vous rendez-vous pour l'entretien d'embauche ?

→

d. Cette histoire de tatouage ne m'importe pas : vous sentez-vous apte à vous occuper des clients ?

→

14.
ON MONTE UNE AFFAIRE ?

¿MONTAMOS UN NEGOCIO?

OBJECTIFS

- **PARLER D'UN PROJET : DÉVELOPPER UNE ARGUMENTATION ; DONNER RAISON, DONNER TORT**
- **EXPRIMER LA LASSITUDE**
- **LE LEXIQUE DE LA VIE DANS L'ENTREPRISE**

NOTIONS

- **LA TRADUCTION DE "IL Y A" : *HAY* ET *ESTÁ***
- **L'ARTICLE À LA PLACE DU POSSESSIF**
- **LES ADVERBES DE LIEU : *AQUÍ, AHÍ, ALLÍ***
- **L'APOCOPE (*BUEN, MAL, PRIMER, TERCER, ALGÚN, NINGÚN*)**
- **LES VERBES EN *-UIR* (*DISTRIBUIR*)**
- **LE SUBJONCTIF PRÉSENT (FORMATION ET EMPLOIS)**

PROJETS

– Tu as mauvaise mine...

– Je n'en peux plus : je ne supporte plus mon chef et je ne supporte plus mes collègues. J'en ai assez du bureau !

– Tu m'as l'air au bout du rouleau.

– Je vais demander au médecin de me donner un arrêt-maladie.

– Ce n'est pas une solution...

– Je sais. En réalité je me suis rendu compte que je ne suis pas à l'aise dans une entreprise traditionnelle, avec des réunions et...

– Il n'est pas nécessaire que tu m'en dises plus, je te comprends parfaitement.

– Dis-moi, tu ne veux pas qu'on monte une affaire ensemble ?

– Une affaire ?

– Oui, sois ton propre chef si tu ne veux pas qu'un autre le soit.

– Avec la crise, ça ne m'a pas l'air facile.

– Au contraire ! Internet ouvre des opportunités : tu n'as pas besoin de beaucoup d'investissement pour monter un commerce en ligne.

– Et qu'est-ce que tu veux vendre ?

– De l'huile d'olive écologique, pour le marché étranger.

– Maintenant que tu le dis... Cet été à New York, je n'ai pas pu me faire une omelette :
là-bas le prix d'une bonne huile, c'est une folie.

– Il y a des coûts : il y a celui qui importe, celui qui distribue...

– Bien sûr ! À travers le Réseau tu supprimes les intermédiaires, tu vends meilleur marché et le client en sort gagnant.

– Il faut se presser, avant qu'un autre ne nous vole l'idée !

– Regarde-le... En un clin d'œil son visage a changé !

– Tienes mala cara…

– No puedo más: no aguanto a mi jefe y no soporto a mis compañeros. ¡Estoy harto de la oficina!

– Te veo muy quemado.

– Voy a pedirle al médico que me dé la baja.

– No es una solución…

– Ya. En realidad me he dado cuenta de que no estoy a gusto en una empresa tradicional, con reuniones y…

– No hace falta que me digas más, te comprendo perfectamente.

– Oye, ¿no quieres que montemos un negocio juntos?

– ¿Un negocio?

– Sí, sé tu propio jefe si no quieres que otro lo sea.

– Con la crisis no lo veo fácil.

– ¡Al contrario! Internet abre oportunidades: no necesitas mucha inversión para montar un comercio en línea.

– ¿Y qué quieres vender?

– Aceite de oliva ecológico, para el mercado extranjero.

– Ahora que lo dices… Este verano en Nueva York no he podido hacerme una tortilla: allí el precio de un buen aceite es una locura.

– Hay costes: está el que importa, el que distribuye…

– ¡Claro! A través de la Red suprimes los intermediarios, vendes más barato y el cliente sale ganando.

– ¡Hay que darse prisa, antes de que otro nos robe la idea!

– Míralo… ¡En un pis-pas le ha cambiado la cara!

COMPRENDRE LE DIALOGUE
EXPRESSIONS ET USAGES

→ **La baja** désigne dans le contexte professionnel *le congé maladie* : **El médico me ha dado la baja**, *Le médecin m'a donné un congé maladie* ; **Estoy de baja**, *Je suis en congé maladie*. Attention, **dar de baja** peut aussi signifier *licencier* : **El patrón ha dado de baja a toda la plantilla**, *Le patron a licencié tout le personnel*.

→ Dans un contexte non professionnel, **el alta** et **la baja** désignent les *opérations d'inscription, d'abonnement et de désabonnement* : **darse de alta** et **darse de baja**. **Me he dado de alta en Latacel**, *Je suis devenu client de Latacel* ; **Gracias por darse de alta en nuestro club**, *Merci de vous être inscrit dans notre club* ; **¿Por qué te has dado de baja del gimnasio?** *Pourquoi t'es-tu désinscrit du gymnase ?* ; **Latacel me ha dado de baja**, *Latacel a résilié mon contrat*.

→ Vous connaissez déjà **hay** : **¿Hay alguien?** *Il y a quelqu'un ?* Attention cependant à ne pas traduire mentalement tous les "il y a" français en **hay** espagnols. Par exemple, lorsque ce qui suit est déterminé par un article, ce n'est pas **hay** mais **está** : **Hay costes: está el que importa**, *Il y a des coûts, il y a celui qui importe*.

→ Souvent, l'article espagnol remplace un possessif : **¿Me da el pasaporte, por favor?** *Vous me donnez votre passeport, s'il vous plaît ?* ; **Me pongo las deportivas**, *Je mets mes baskets* ; **Le ha cambiado la cara**, *Son visage a changé*.

→ Remarquez, dans le dialogue, comment le verbe **ver** exprime un "ressenti" : **Lo veo difícil**, *Ça m'a l'air difficile* ; **Te veo quemado**, *Tu m'as l'air au bout du rouleau*.

◆ GRAMMAIRE
LES EMPLOIS DU SUBJONCTIF

IDENTIQUES AU FRANÇAIS

• Comme en français, on utilise le subjonctif après un verbe exprimant une volonté : **Quiero que montemos un negocio**, *Je veux que nous montions une affaire* ; **No quiero que otro sea mi jefe**, *Je ne veux pas qu'un autre soit mon chef*.

• La subordonnée temporelle introduite par **antes de que** obéit aux mêmes règles : **Antes de que alguien me robe la idea**, *Avant que quelqu'un ne me vole l'idée*.

• Certaines formules exprimant l'obligation appellent le subjonctif dans les deux langues : **No hace falta que me lo digas**, *Il n'est pas nécessaire que tu me le dises*.

PARTICULIERS À L'ESPAGNOL
Les verbes qui expriment un ordre appellent le subjonctif en espagnol : *Je te demande de* + infinitif = **te pido que** + subjonctif.
Le pido al médico que me dé la baja, *Je demande au médecin de me donner un congé maladie.* **Te pido que me ayudes**, *Je te demande de m'aider.*

LES ADVERBES DE LIEU

Il y a trois degrés de l'adverbe de lieu, qui traduisent un éloignement plus ou moins marqué par rapport à celui qui parle :
• **Aquí** désigne le proche, ce qui est associé à "moi" : **Estoy aquí**, *Je suis ici.*
• **Ahí** marque un éloignement ; il désigne souvent ce qui est associé à "toi" à qui je parle : **¡Ahí, hay una cucaracha!**, *Là, il y a un cafard !*
• **Allí** (ou **allá**) renvoie à ce qui est encore plus loin ; il n'est associé ni à "moi" ni à "toi" : **Allí, el aceite es carísimo**, *Là-bas, l'huile est très chère.*

L'APOCOPE

On appelle **apocope** la chute de la voyelle finale de certains mots. Celle-ci se produit en espagnol pour quelques adjectifs, lorsqu'ils précèdent un nom masculin singulier.
Este aceite es bueno. / Es un buen aceite.
Eres malo. / Eres un mal amigo.
Es la primera vez. / Es el primer momento.
Soy el tercero. / Es el tercer año.
En algunas ocasiones. / En algún momento.
No hay ninguna razón. / No hay ningún argumento.

▲ CONJUGAISON
LES VERBES EN -*UIR*

Au présent de l'indicatif des verbes terminés en **-uir**, un **-y** s'intercale à certaines personnes : voyez la conjugaison de **distribuir**. Sur ce modèle, vous aurez par exemple : **huir**, *fuir* ; **construir**, *construire* ; **concluir**, *conclure*, etc.
Attention ! Les verbes en **-guir** (**seguir**) ne sont pas concernés.

distribuir
distribuyo
distribuye
distribuyo
distribuimos
distribuís
distribuyen

LE SUBJONCTIF PRÉSENT

- La terminaison du subjonctif est : en **-e** pour les verbes en **-ar** ; en **-a** pour les verbes en **-er** et en **-ir**.
- Le radical est la 1ʳᵉ personne de l'indicatif présent. Si la 1ʳᵉ personne de l'indicatif présente une irrégularité, on la retrouvera à toutes les personnes du subjonctif présent. C'est le cas, par exemple, des verbes en **-go**.
- Il y a de nombreuses irrégularités au subjonctif. Dans ce dialogue, le verbe **ser**.

hablar	comer	vivir	decir	ser
hable	coma	viva	diga	sea
hables	comas	vivas	digas	seas
hable	coma	viva	diga	sea
hablemos	comamos	vivamos	digamos	seamos
habléis	comáis	viváis	digáis	seáis
hablen	coman	vivan	digan	sean

● EXERCICES

1. ÉCOUTEZ L'ENREGISTREMENT ET COCHEZ LA RÉPONSE CORRESPONDANT À LA DÉFINITION.

a. ☐ la oficina – ☐ el jefe
b. ☐ estar de baja – ☐ estar harto
c. ☐ estar quemado – ☐ estar a gusto
d. ☐ la inversión – ☐ la empresa

2. ÉCOUTEZ ET ÉCRIVEZ LES 3 PREMIÈRES RÉPLIQUES DU DIALOGUE DE L'EXERCICE.

a. ....
b. ....
c. ....

3. ÉCOUTEZ À NOUVEAU L'ENREGISTREMENT ET COCHEZ *VERDAD* OU *MENTIRA*.

	verdad	mentira
a. El chico ha realizado una inversión importante.		
b. Ha diseñado él mismo su página web.		
c. Ha montado su negocio con otras tres personas.		
d. Ha tenido que pagar un estudio de mercado.		
e. A los españoles les encanta comprar salmorejo en línea.		
f. El chico se queja de su vida de empresario.		

VOCABULAIRE

montar *monter (une affaire)*
negocio (el) *affaire*
proyecto *projet*
aguantar *supporter*
jefe *chef*
soportar *supporter*
compañero *collègue (de travail)*
estar harto/a *en avoir assez*
oficina (la) *bureau*
quemar *brûler*
quemado/a *en burn out*
dar la baja *mettre en congé-maladie*
solución *solution*
realidad *réalité*
a gusto *à l'aise*
empresa *entreprise*
tradicional *traditionnel*
reunión *réunion*
comprender *comprendre*
propio/a *propre*
crisis *crise*
al contrario *au contraire*
Internet *Internet*
abrir *ouvrir*
oportunidad *chance, opportunité*
inversión (la) *investissement*
comercio *commerce*
línea *ligne*
aceite (el) *huile*
aceite de oliva *huile d'olive*
ecológico/a *écologique*
mercado *marché*
extranjero/a *étranger/-ère*
verano *été*
precio *prix*
allí *là-bas*
locura *folie*
coste *coût*
importar *importer*
distribuir *distribuer*
a través de *à travers*
red (la) *réseau*
suprimir *supprimer*
intermediario/a *intermédiaire*
darse prisa *se presser*
antes de que *avant que*
robar *voler*
en un pis-pas *en un clin d'œil*
cambiar *changer*

4. TRANSFORMEZ CES IMPÉRATIFS EN PHRASES AU SUBJONCTIF.

Exemple : Dis-moi la vérité ! → Je veux que tu me dises la vérité.

a. ¡Dime la verdad! Quiero que

b. ....

c. ¡Sé bueno! Quiero que

d. ....

e. ¡Vende más barato! Quiero que

f. ....

g. ¡Compra aceite ecológico! Quiero que

h. ....

i. ¡Robadle la idea! Quiero que

j. ....

5. PLACEZ L'ADJECTIF DONNÉ À LA FORME QUI CONVIENT.

a. Es un [........................] momento para hacer negocios. [bueno]

b. Ha sido una muy [........................] inversión. [malo]

c. Es el [........................] negocio que monto. [primero]

d. Es la [........................] vez que te lo digo. [tercero]

e. No tengo [........................] cliente en España. [ninguno]

f. El precio de [........................] aceites es una locura. [alguno]

6. TRADUISEZ CES PHRASES.

a. Il n'est pas nécessaire que tu m'aides : je te demande seulement de me comprendre.

→

b. Ici il y a une bonne huile d'olive et là-bas il y a les clients : on monte une affaire ?

→

c. Le Réseau ouvre des opportunités, mais avec la crise, ça m'a l'air difficile.

→

III

EN

VILLE

15.
S'IL VOUS PLAÎT, OÙ SE TROUVE... ?

POR FAVOR, ¿DÓNDE ESTÁ...?

OBJECTIFS

- ÉCHANGER DES INFORMATIONS SUR UN ITINÉRAIRE : DEMANDER SON CHEMIN ; SITUER DANS L'ESPACE ; TUTOYER ET VOUVOYER
- ÉMETTRE UNE SUPPOSITION
- REFUSER POLIMENT UNE OFFRE
- LEXIQUE : AUTOUR DES MUSÉES

NOTIONS

- LE VOUVOIEMENT À L'IMPÉRATIF
- ADVERBES DE LIEU ET DÉMONSTRATIFS
- LE SUBJONCTIF PRÉSENT : VERBES EN -*GO* ET À AFFAIBLISSEMENT ; VERBE IRRÉGULIER *IR* : *VAYA, VAYAS*...
- LES ÉQUIVALENTS DE "PEUT-ÊTRE" ET LEUR EMPLOI : *TAL VEZ, QUIZÁS, PUEDE SER, A LO MEJOR*

UN ARTISTE À MADRID

– Pardon, je cherche le Musée du... Ah, je ne me souviens pas du nom.

– Je suppose que c'est le Musée du Prado, non ?

– Non, ça ne me dit rien...

– Vous ne connaissez pas le Prado ?

– C'est que je ne suis pas d'ici.

– Je vois..., eh bien je vous le recommande. Vous voyez cette place avec une fontaine au milieu ?

– Oui, elle est très jolie.

– Allez jusque là-bas, tournez à gauche et continuez tout droit pendant environ dix minutes.

– Que c'est loin... Et quel genre de tableaux y a-t-il dans ce musée ?

– Il y a de tout, et surtout des œuvres des grands peintres classiques espagnols.

– Celui que je cherche est plutôt de peinture moderne.

– Alors c'est peut-être le Reina Sofia.

– Je crois que c'est celui-là ! Il a un tableau en noir et blanc de Dali qui est très célèbre ?

– Guernica ?

– Exact !

– C'est de Picasso...

– Oui, c'est égal. C'est près d'ici ?

– En face, jeune homme, en traversant la rue.

– C'est que moi aussi je suis artiste. Vous voulez voir un de mes tableaux ?

– Merci, mais je suis pressée.

– Allons, donnez-moi un petit quelque chose pour manger...

– Je suis désolée. Ici à côté il y a un restaurant bon marché : au premier coin de rue à droite.

– Je n'ai pas de quoi payer l'addition...

– Eh bien puisque vous êtes artiste, faites son portrait au propriétaire. Qui sait, si ça lui plaît, il vous invitera peut-être...

17 UN ARTISTA EN MADRID

– Disculpe, estoy buscando el Museo de…. Ah, no me acuerdo del nombre.

– Supongo que es el Museo del Prado, ¿no?

– No, no me suena…

– ¿No conoce el Prado?

– Es que no soy de aquí.

– Ya…, pues se lo recomiendo. ¿Ve aquella plaza con una fuente en medio?

– Si, es muy bonita.

– Vaya hasta allí, gire a la izquierda y siga todo recto durante unos diez minutos.

– Qué lejos… ¿Y qué tipo de cuadros hay en ese museo?

– Hay de todo, y sobre todo obras de los grandes pintores clásicos españoles.

– El que busco es más bien de pintura moderna.

– Entonces tal vez sea el Reina Sofía.

– ¡Creo que es ese! Tiene un cuadro en blanco y negro de Dalí que es muy famoso, ¿verdad?

– ¿El Guernica?

– ¡Exacto!

– Es de Picasso…

– Sí, da igual. ¿Queda cerca de aquí?

– Enfrente, joven, cruzando la calle.

– Es que yo también soy artista. ¿Quiere ver uno de mis cuadros?

– Gracias, pero tengo prisa.

– Venga, deme una ayudita para comer…

– Lo siento. Aquí al lado hay un restaurante barato: en la primera bocacalle a la derecha.

– No tengo para pagar la cuenta…

– Pues ya que es artista, hágale un retrato al dueño. Quién sabe, si le gusta quizás le invite…

COMPRENDRE LE DIALOGUE
DEMANDER SON CHEMIN

→ Vous pouvez demander : **¿Dónde está...?**, ou **¿Dónde se encuentra...?**, *Où se trouve...?* ; **¿Cómo se va a...?** *Comment va-t-on à...?* Ou encore dire : **Estoy buscando...**, *Je cherche...* **Quiero ir a...** *Je veux aller à...* Dans tous les cas, un peu de courtoisie est bienvenue : **Por favor, ¿me puede decir dónde está..., dónde hay un...?** *S'il vous plaît, pouvez-vous me dire où se trouve..., où il y a un...?*

→ **Quedar** peut parfois remplacer **estar** ; c'est affaire de nuances. **Quedar** suppose davantage d'implication personnelle : entre **¿Dónde está el Museo del Prado?** et **¿Dónde queda el Museo del Prado?**, la seconde formule sous-entend que vous souhaitez présentement vous y rendre. On peut même y ajouter un élément d'imprécision, avec **por** : **¿Por dónde queda?**, *C'est dans quel coin ?*

→ Selon le tratamiento, on vous répondra : **Vaya hasta ...**, *Allez jusqu'à... /* **Vea...**, *Va jusqu'à...* **Gire a...**, *Tournez à... /* **Gira a...**, *Tourne à...* **Siga todo recto**, *Continuez tout droit /* **Sigue todo recto...**, *Continue tout droit.*

→ **Izquierda** et **derecha** signifient *gauche* et *droite*. Vous les entendrez, dans ce contexte, associés à **mano**, *main* : **Tome a mano izquierda**, *Prenez à gauche.*

→ Autre mot-clé dans les indications d'itinéraires : **bocacalle**, qui est un composé de **calle**, *rue*. **Bocacalle** désigne littéralement l'endroit où une rue "débouche" (début ou fin), le "coin" ou "embranchement" par rapport à la rue principale : **Toma la segunda bocacalle a la derecha.**

NOTE CULTURELLE

Le "**Triángulo del Arte**", formé par le **Museo del Prado**, le **Centro de Arte Reina Sofía** et le **Museo Thyssen-Bornemisza,** constitue, à quelques rues d'écart, la plus grande concentration picturale d'Europe. Le **Prado** offre un panorama complet de la peinture espagnole, le **Reina Sofía** accueille l'art contemporain, et le **Thyssen** résulte de l'acquisition par l'État d'une splendide collection privée, qui va de l'art gothique au xxe siècle.

◆ GRAMMAIRE
DONNER UN ORDRE EN VOUVOYANT

Vous le savez : vouvoyer en espagnol, c'est utiliser la 3e personne. Or, à proprement parler, l'impératif utilise les 2e personnes, du singulier (**habla**, *parle*), et du pluriel (**hablad**, *parlez*). Pour le vouvoiement, on emprunte donc au subjonctif présent cette 3ᵉ personne. C'est pourquoi vous avez, dans le dialogue, les formes suivantes, qui sont des subjonctifs à valeur d'impératifs : **gire**, *tournez* ; **deme**, *donnez-moi* ; **vaya**, *allez* ; **siga**, *continuez* ; **hágale**, *faites-lui*.

ADVERBES DE LIEU ET DÉMONSTRATIFS

Nous avons vu les trois adverbes **aquí**, **ahí** et **allí**. Ils s'associent aux démonstratifs et aux 3 personnes grammaticales pour former un système cohérent.

	Proche de moi	Plus loin ou proche de toi	Encore plus loin ou proche de lui
adverbes	**aquí** *ici*	**ahí** *là*	**allí, allá** *là-bas*
adjectifs démonstratifs	**este museo** **estos museos** **esta plaza** **estas plazas**	**ese museo** **esos museos** **esa plaza** **esas plazas**	**aquel museo** **aquellos museos** **aquella plaza** **aquellas plazas**
pronoms démonstratifs neutres	**esto** *ça, ici*	**eso** *ça, là*	**aquello** *ça, là-bas*

Grâce à ce tableau, on comprend les emplois dans le dialogue : **Aquella plaza...**, **Vaya hasta allí** (la personne montre une place au loin, là-bas) ; **¿Qué cuadros hay en ese museo?** ; **Creo que es ese** (ce musée dont vous me parlez) ; **Aquí al lado** (ici, dans l'espace où je me trouve).

DOUTE ET SUPPOSITION

Outre **quién sabe**, *qui sait*, et **supongo**, *je suppose*, on peut manifester le doute, l'incertitude ou la supposition de plusieurs façons : **puede ser, tal vez, quizás, a lo mejor**. Tous ces termes correspondent à notre *peut-être*. Si un verbe suit, quelques règles s'appliquent : **tal vez** et **quizás** s'emploient généralement avec le subjonctif, de même que **puede ser que** ; **a lo mejor**, par contre, se construit avec l'indicatif :
Tal vez sea el Reina Sofia, *C'est peut-être le Reina Sofia* ;
Quizás le invite, *Il vous invitera peut-être* ;
Puede ser que vaya a Madrid, *Il se peut que j'aille à Madrid* ;
A lo mejor no es de aquí, *Il n'est peut-être pas d'ici*.

▲ CONJUGAISON
LE SUBJONCTIF PRÉSENT

Il y a 7 subjonctifs dans le dialogue : **gire**, **invite dé**, **sea**, **haga**, **siga** et **vaya**.

SUBJONCTIFS RÉGULIERS

Girar, **invitar** et **dar** sont réguliers. Leur subjonctif se construit avec le radical de la 1re personne de l'indicatif (**gir-** et **d-**) + terminaisons en **-e**. On peut remarquer la présence d'un accent tonique sur **dé** (pour le distinguer de la préposition **de**), et son absence sur **deis** (les monosyllabes ne sont pas accentués, sauf ambiguïté).

girar	dar
gire	dé
gires	des
gire	dé
giremos	demos
giréis	deis
giren	den

SUBJONCTIF DES VERBES EN -GO ET À AFFAIBLISSEMENT

Ils sont conformes à la règle de formation, mais comme la 1re personne de l'indicatif présent est particulière (**hag-o**, *je fais* ; **sig-o**, *je suis*), l'ensemble du subjonctif suivra cette particularité.

hacer	seguir
haga	siga
hagas	sigas
haga	siga
hagamos	sigamos
hagáis	sigáis
hagan	sigan

SUBJONCTIF IRRÉGULIER

Vous connaissez **sea**, subjonctif de **ser**. **Ir**, *aller*, a également un subjonctif irrégulier.

ir
vaya
vayas
vaya
vayamos
vayáis
vayan

VOCABULAIRE

artista *artiste*
museo *musée*
acordarse [ue] *se souvenir*
suponer *supposer*
sonar [ue] *sonner / dire quelque chose*
recomendar [ie] *recommander*
aquel(la) *ce, cet, cette*
plaza *place*
fuente *fontaine*
en medio *au milieu*
girar *tourner*
izquierda *gauche*
recto *droit*
lejos *loin*
tipo *genre, type*
cuadro *tableau*
sobre todo *surtout*
obra *œuvre*
pintor/a *peintre*
clásico/a *classique*
más bien *plutôt*
pintura *peinture*
moderno/a *moderne*
famoso/a *célèbre*
blanco/a *blanc(he)*
negro/a *noir(e)*
quedar *se trouver*
cerca *près*
enfrente *en face*
joven *jeune homme*
cruzar *traverser*
calle *rue*
ayuda *aide*
bocacalle *coin, entrée de rue*
derecha *droite*
cuenta *addition*
ya que *puisque*
retrato *portrait*
dueño/a *propriétaire*
quizás *peut-être*

EXERCICES

1. TUTOIEMENT OU VOUVOIEMENT ? ÉCOUTEZ L'ENREGISTREMENT ET COCHEZ LA BONNE FORMULE. (17)

a. ☐ de tú – ☐ de usted
b. ☐ de tú – ☐ de usted
c. ☐ de tú – ☐ de usted
d. ☐ de tú – de usted

2. ÉCOUTEZ L'ENREGISTREMENT ET COMPLÉTEZ LA QUATRIÈME RÉPLIQUE DU DIALOGUE DE L'EXERCICE. (17)

Pues tiene que .... Luego .... y .... durante un cuarto de hora.

3. ÉCOUTEZ À NOUVEAU L'ENREGISTREMENT ET COCHEZ LA BONNE RÉPONSE.

a. La chica quiere ir…
☐ al Museo del Prado
☐ al Museo reina Sofía
☐ a un museo, le da igual el que sea

b. El Reina Sofía le queda…
☐ más cerca que el Prado
☐ más lejos
☐ igual de lejos

c. Para comer, la chica…
☐ pide dinero en la calle
☐ hace retratos y los vende
☐ le hace su retrato al dueño del restaurante

d. Al final, el hombre …
☐ la invita a comer
☐ le da cuarenta euros para que coma
☐ le dice dónde hay un restaurante barato

4. COMPLÉTEZ CES PHRASES AVEC LE DÉMONSTRATIF QUI CONVIENT.

a. ¿Quien es ……………………… chico de quien tanto me hablas?

b. ……………………… cuadros están bien aquí.

c. ¿Ve usted ……………………… calle, allí?

d. Quiero ……………………… zapatos negros, los que están ahí.

e. ¿Qué es ……………………… allí a lo lejos?

5. REFORMULEZ LA PHRASE À PARTIR DE L'AMORCE FOURNIE.

a. A lo mejor es un gran artista. → Tal vez ………………………

b. Quizás le compréis un retrato. → A lo mejor ………………………

c. A lo mejor voy a visitarte. → Puede ser que ………………………

d. Tal vez te den algo. → A lo mejor ………………………

e. A lo mejor comemos allí. → Quizás ………………………

6. TRADUISEZ CES PHRASES.

a. Ça ne me dit rien : c'est dans quel coin ? →

b. C'est un peintre très célèbre, mais je ne me souviens pas de son nom.

→

c. Il y a un restaurant bon marché près d'ici : prenez la deuxième rue à gauche, c'est là.

→

15. S'il vous plaît, où se trouve… ?

16.
J'AI RATÉ LE PERMIS
HE SUSPENDIDO EL CARNÉ

OBJECTIFS

- **LEXIQUE : DOCUMENTS D'IDENTITÉ ET MOYENS DE TRANSPORT**
- **RACONTER DES ÉVÉNEMENTS PROCHES**
- **EXPRIMER L'ACCORD ET LE DÉSACCORD : MOI AUSSI/MOI NON PLUS**
- **EXPRIMER UN POINT DE VUE NUANCÉ :** *NO CREO QUE...*, *ME PARECE BIEN QUE...*
- **EXPRIMER DES AVERSIONS**
- **COMPARER, ESTIMER AVANTAGES ET INCONVÉNIENTS**

NOTIONS

- **LA FORMATION DU SUBJONCTIF : IRRÉGULARITÉS (*ESTAR*) ET VERBES À DIPHTONGUE**
- **LES EMPLOIS DU SUBJONCTIF : L'INTERDICTION ET LA SUBORDONNÉE (TEMPORELLE, CONCESSIVE, APPRÉCIATIVE)**
- **L'IMPÉRATIF : VERBES EN -*ER* ET EN -*IR* ET IRRÉGULARITÉS (*IR*)**
- **LE COMPARATIF D'ÉGALITÉ**

LA VOITURE OU RIEN

– J'ai à nouveau raté le permis…

– Le code ?

– Le code, je l'ai eu il y a longtemps. C'est la conduite, il n'y a pas moyen : quand je m'assieds devant le volant, je m'énerve…

– Qu'est-ce que tu as fait cette fois ?

– Il m'a dit que je conduis doucement sur route et très vite en ville. Ah, et j'ai grillé un feu.

– Tu sais quoi ? Je ne crois pas que tu sois fait pour conduire…

– Je vais continuer jusqu'à ce que je l'obtienne, même si je dois le repasser vingt fois.

– Je trouve bien que tu sois persévérant, mais on peut vivre sans voiture.

– Tu dis ça parce que tu en as une.

– Ne crois pas ça. Ça ne me gêne pas de prendre le métro.

– Moi si. Il y a souvent des retards, et c'est quelque chose que je ne supporte pas !

– Mais on ne perd pas autant de temps que dans un embouteillage.

– De plus il y a beaucoup d'insécurité.

– La voiture est plus dangereuse.

– D'accord, alors vends la tienne !

– Eh bien j'y songe… Entre l'essence, l'assurance et les amendes, j'ai plus intérêt à me déplacer en taxi [aller en taxi partout].

– Et pour les vacances ?

– Il n'y a pas d'autres moyens de transport ?

– Pour moi non : j'ai peur de l'avion, je déteste le train, j'ai le mal de mer en bateau et je tombe en vélo.

– Va voir un psychologue, sérieusement. Il pourra peut-être t'aider.

EL COCHE O NADA

– He vuelto a suspender el carné...

– ¿El teórico?

– El teórico me lo he sacado hace tiempo. Es el práctico, no hay manera: cuando me siento delante del volante me pongo nervioso...

– ¿Qué has hecho esta vez?

– Me ha dicho que conduzco despacio en carretera y rapidísimo en ciudad. Ah, y me he saltado un semáforo.

– ¿Sabes qué? No creo que estés hecho para conducir...

– ¡Voy a seguir hasta que lo consiga, aunque tenga que repetirlo veinte veces!

– Me parece bien que seas perseverante, pero se puede vivir sin coche.

– Eso lo dices porque tienes uno.

– No creas. No me molesta coger el metro.

– A mí sí. Suele haber retrasos, ¡y es algo que no soporto!

– Pero no se pierde tanto tiempo como en un atasco.

– Además hay mucha inseguridad.

– Más peligroso es el coche.

– Vale, ¡entonces vende el tuyo!

– Pues lo estoy pensando... Entre la gasolina, el seguro y las multas, me trae más cuenta ir en taxi a todas partes.

– ¿Y para las vacaciones?

– ¿No hay otros medios de transporte?

– Para mí no: le tengo miedo al avión, detesto el tren, me mareo en barco y me caigo en bicicleta.

– Ve a ver a un psicólogo, en serio. Tal vez pueda ayudarte.

COMPRENDRE LE DIALOGUE
EXPRIMER LA RÉPÉTITION

Pour exprimer la répétition, outre **de nuevo**, *à nouveau*, vous pouvez utiliser la périphrase **volver a** + infinitif : **He vuelto a suspender el carné**, *J'ai à nouveau raté le permis* ; **Vuelvo a pasar el teórico**, *Je repasse le code*.

EXPRIMER UNE TRANSFORMATION

Une transformation passagère s'exprime par **ponerse** + adjectif : **Me pongo nervioso**, *Je m'énerve* ; **Se pone enfermo**, *Il tombe malade*. On dit aussi **Me pongo triste** ou **Se ha puesto contenta**, par exemple, pour évoquer un changement d'humeur.

"MOI AUSSI" / "MOI NON PLUS"

Cette formule varie en fonction du type de phrase à laquelle vous répondez :
Tengo un coche. / Yo también, *Moi aussi.* / **Yo no**, *Pas moi.*
No tengo coche. / Yo tampoco, *Moi non plus.* / **Yo sí**, *Moi oui.*
Me gustan los coches. / A mí también, *Moi aussi.* / **A mí no**, *Pas moi.*
No me gustan los coches. / A mí tampoco, *Moi non plus.* / **A mí sí**, *Moi oui.*

"PARTOUT"

Selon sa fonction dans la phrase, *partout* est en espagnol précédé de différentes prépositions : **Voy a todas partes con el coche**, *Je vais partout avec ma voiture* ; **¡Estás en todas partes!** *Tu es partout !* ; **Vienen de todas partes**, *Ils viennent de partout*.

NOTE CULTURELLE

El carné (parfois orthographié **carnet**) est un faux-ami qui désigne couramment **el carné de conducir**, *le permis de conduire*. On parle aussi de **carné** pour **el carné de identidad**, *la carte d'identité*, mais on utilise plus fréquemment encore ici l'appellation **el DNI (de-ene-i)**, pour **Documento Nacional de Identidad** : **¿Me da su DNI, por favor?**, *Vous me donnez votre carte d'identité, s'il vous plaît ?* Concernant le permis, on peut le *rater* (**suspender**, comme pour un examen scolaire) ou le *réussir*. Dans ce cas, on emploiera généralement le verbe **sacarse** : **Me he sacado el carné**, *J'ai eu le permis*. Retenez aussi les deux termes **el teórico**, *le code*, et **el práctico**, *la conduite* (on sous-entend dans les deux cas le terme examen).

◆ GRAMMAIRE
QUELQUES EMPLOIS DU SUBJONCTIF

L'INTERDICTION
Elle s'exprime par **no** + subjonctif : **No creas**, *Ne crois pas* ; **No hables**, *Ne parle pas* ; **No vayáis**, *N'allez pas* ; **No digáis nada**, *Ne dites rien*.

LA SUBORDONNÉE TEMPORELLE ET CONCESSIVE
Lorsque ces subordonnées envisagent un événement dont la réalisation est incertaine, elles l'expriment au subjonctif : **Hasta que lo consiga**, *Jusqu'à ce que je l'obtienne*. **Aunque tenga que pasarlo veinte veces**, *Même si je dois le passer vingt fois*.

"JE NE CROIS PAS QUE..."
Lorsque le verbe de la principale exprime une opinion à la forme négative, la subordonnée est au subjonctif. **No creo que estés hecho para...**, *Je ne crois pas que tu sois fait pour...* **No pienso que sea verdad**, *Je ne pense pas que ce soit vrai*.

APRÈS UNE TOURNURE APPRÉCIATIVE
Lorsque la principale suppose une appréciation, la subordonnée est au subjonctif. **Me parece bien que conduzcas un coche**, *Je trouve bien que tu conduises une voiture* ; **Detesto que el metro tenga retraso**, *Je déteste que le métro ait du retard*.

LA COMPARAISON

Vous savez exprimer la supériorité (**más... que**) et l'infériorité (**menos... que**). Le comparatif d'égalité est un peu plus délicat.
• Avec un adjectif : **tan ... como**. **Mi coche es tan rápido como el tuyo**, *Ma voiture est aussi rapide que la tienne*.
• Avec un verbe : **tanto ... como**. **Detesto el avión tanto como tú**, *Je déteste l'avion autant que toi*.
• Avec un nom : **tanto(s)/tanta(s) ... como**. **No tengo tanto dinero como tú,** *Je n'ai pas autant d'argent que toi* ; **Hay tantos hombres como mujeres**, *Il y a autant d'hommes que de femmes* ; **Gasto tanta gasolina como tú**, *Je dépense autant d'essence que toi* ; **Tienes tantas multas como yo**, *Tu as autant d'amendes que moi*.

▲ CONJUGAISON
LE SUBJONCTIF PRÉSENT

Il y a 5 subjonctifs dans le dialogue : **estés**, **tenga**, **seas**, **creas** et **pueda**. Vous connaissez déjà **seas** (irrégulier de **ser**). **Creas** est le subjonctif régulier de **creer**. **Tener**, comme tous les verbes en **-go**, garde ce trait à tout le subjonctif : **tenga, tengas, tenga, tengamos, tengáis, tengan**.

• **Estar** est irrégulier : il porte un accent tonique à toutes les personnes du subjonctif, sauf à la 1re du pluriel. Pour les verbes à diphtongue, le radical se modifie aux mêmes personnes que pour l'indicatif présent.

estar	poder
esté	pueda
estés	puedas
esté	pueda
estemos	podamos
estéis	podáis
estén	puedan

L'IMPÉRATIF

Vous connaissez celui des verbes en **-ar** ; la règle de formation est la même pour les conjugaisons en **-er** et en **-ir** :

habla, *parle*	**hablad**, *parlez*
vende, *vends*	**vended**, *vendez*
vive, *vis*	**vivid**, *vivez*

Retenez aussi l'impératif irrégulier de **ir** : **ve**, *va* / **id**, *allez*.

IRRÉGULARITÉS DIVERSES

Vous avez rencontré un verbe en **-uci**r (**conducir**), qui fait la 1re personne de l'indicatif présent en **-zco**. Retenez le participe passé irrégulier de **volver** : **he vuelto**, *je suis revenu*.

conducir
conduzco
conduces
conduce
conducimos
conducís
conducen

VOCABULAIRE

carné *permis*
coche *voiture*
volver [ue] a + inf. *refaire quelque chose*
conducir *conduire*
teórico/a *théorique*
teórico *code (examen)*
sacar *sortir / obtenir*
práctico/a *pratique*
práctico *conduite (examen)*
manera *manière, moyen*
sentarse [ie] *s'asseoir*
delante (de) *devant*
volante *volant*
nervioso/a *nerveux, -euse*
ponerse nervioso/a *s'énerver*
despacio *doucement*
carretera *route*
saltar *sauter*
saltarse *griller, brûler (un feu)*
semáforo *feu (de signalisation)*
aunque *bien que, même si*
perseverante *persévérant(e)*
coger *prendre*
metro *métro*
retraso *retard*
perder [ie] *perdre*
atasco *embouteillage*
inseguridad *insécurité*
peligroso/a *dangereux, -euse*
gasolina *essence*
seguro (el) *assurance*
multa *amende*
traer *apporter*
me trae cuenta *j'ai intérêt à*
taxi *taxi*
vacaciones *vacances*
medio *moyen*
transporte *transport*
miedo (el) *peur*
avión *avion*
detestar *déteste*
tren *train*
marear *avoir le mal de mer*
barco *bateau*
caerse *tomber*
bicicleta *bicyclette*
psicólogo/a *psychologue*
en serio *sérieusement*

EXERCICES

1. QUEL EST LE MOT CORRESPONDANT AUX DÉFINITIONS DONNÉES DANS L'ENREGISTREMENT ? (18)

a. Es el ....

b. Es la ....

c. Es un ....

2. COMPLÉTEZ LES TROIS PREMIÈRES RÉPLIQUES DU DIALOGUE DE L'EXERCICE 18.

a. ¡.........................! Me .... a .... una multa.

b. ¿Y qué .... esta vez?

c. ¡.........................! Dice que .... saltado un ...., pero ....!

3. ÉCOUTEZ À NOUVEAU L'ENREGISTREMENT ET COCHEZ LA BONNE RÉPONSE. 18

a. La chica…
☐ va a vender su coche
☐ no cree que el taxi sea mucho más rápido
☐ no quiere pagar para tomar el metro
☐ piensa que el metro es peligroso para las mujeres
☐ va a ir en bicicleta a todas partes

b. El chico…
☐ nunca ha pagado multas
☐ piensa que no trae cuenta tomar taxis
☐ cree que el mejor medio de transporte es el metro
☐ nunca ha tenido problemas en el metro
☐ detesta la bicicleta

4. TRANSFORMEZ CES ORDRES EN INTERDICTIONS.

a. ¡Conduce rápido! ¡No .... rápido!

b. ¡Vende tu coche! ¡No .... tu coche!

c. ¡Siéntate! ¡No ....!

d. ¡Id al trabajo en coche! ¡No .... al trabajo en coche!

5. INTRODUISEZ LES VERBES ENTRE CROCHETS, À LA PERSONNE DONNÉE ET À LA FORME QUI CONVIENT.

a. ¿Te parece bien que .... un taxi? [nosotros/tomar]

b. No creo que .... tan harto del coche como yo. [tú/estar]

c. No me gusta que .... nervioso. [tú/ponerse]

d. Aunque me .... dinero, no pienso tomar el metro. [tú/dar]

6. TRADUISEZ CES PHRASES.

a. J'ai à nouveau grillé un feu. →

b. Je n'aime pas le vélo autant que toi. →

c. Même si tu conduis doucement, la route est dangereuse.

→

17. JE VEUX FAIRE UN RETRAIT

QUIERO HACER UN REINTEGRO

OBJECTIFS

- LEXIQUE : QUELQUES OPÉRATIONS BANCAIRES / QUELQUES TOURNURES IDIOMATIQUES À CONNOTATION RELIGIEUSE
- MANIER L'EXCLAMATION
- EXPRIMER DIVERS ÉTATS PSYCHOLOGIQUES : SOUCI, LAMENTATION, CHANGEMENTS D'ÉTATS D'ÂME

NOTIONS

- UN VERBE À SENS MULTIPLES : *QUEDAR* / *QUEDAR CON* / *QUEDARSE* / *QUEDARSE CON*
- LA TRADUCTION DE "DEVENIR" : *PONERSE* ET *VOLVERSE*
- LA PHRASE EXCLAMATIVE COMPLEXE
- LE SUBJONCTIF PRÉSENT : L'AUXILIAIRE *HABER* (*HAYA*), LES MODIFICATIONS ORTHOGRAPHIQUES (*PAGUE*, *SAQUE*) ET L'ORDRE AU VOUVOIEMENT

LE GRAND-PÈRE ÉTOURDI

– Bonjour, en quoi puis-je vous aider ?

– Quelle grande contrariété, mademoiselle ! Le distributeur a avalé ma carte de crédit...

– Ah, il y a peut-être un problème avec votre compte.

– Non, c'est que j'ai mal saisi mon code. Avec l'âge on devient très maladroit, ma fille.

– Allons, n'importe qui peut se tromper.

– Vous allez me la rendre ou vous la gardez pour toujours ?

– Nous vous la rendons, bien sûr ! Laissez-moi votre carte d'identité.

– Oui... Allons bon, je l'ai oubliée à la maison.

– Sans votre document d'identité je ne peux pas vous la donner.

– La voici ! Mais qu'est-ce que je suis devenu bête, mon Dieu !

– Asseyez-vous un instant pendant que j'appelle un collègue.

– Je ne peux pas attendre : je dois retrouver tout de suite mes petits-enfants pour prendre une glace.

– Bon, eh bien vous la reprenez demain, d'accord ?

– Oui, mais comment vais-je payer les glaces ?

– Vous êtes client de notre banque ?

– Oui, j'ai ma retraite à l'agence du village. C'est que je suis en vacances ici.

– Alors la carte d'identité suffit pour effectuer un retrait d'espèces.

– Un quoi ?

– Retirer de l'argent. Vous avez besoin de combien ?

– Trente euros.

– Sans problème.

– Que vous êtes aimable ! Laissez-moi vous inviter à prendre une glace avec mes petits-enfants.

– J'aimerais bien...

– Bon, eh bien que Dieu vous récompense avec un bon fiancé !

19 EL ABUELO DESPISTADO

– Hola, ¿en qué puedo ayudarle?

– ¡Qué disgusto más grande, señorita! El cajero se ha tragado mi tarjeta de crédito...

– Ah, puede que haya un problema con su cuenta.

– No, es que he tecleado mal el pin. Con la edad se vuelve uno muy torpe, hija mía.

– Venga, cualquiera se puede equivocar.

– ¿Me la van a devolver o se quedan con ella para siempre?

– ¡Se la devolvemos, por supuesto! Permítame su DNI.

– Sí... Vaya, me lo he olvidado en casa.

– Sin su documento no se la puedo dar.

– ¡Aquí está! ¡Pero qué tonto me he vuelto, por Dios!

– Siéntese un momento mientras llamo a un compañero.

– No puedo esperar: he quedado ahora mismo con mis nietos para tomar un helado.

– Bueno, pues mañana la recoge, ¿vale?

– Ya, pero ¿cómo voy a pagar los helados?

– ¿Es usted cliente de nuestro banco?

– Sí, tengo mi jubilación en la sucursal del pueblo. Es que estoy de vacaciones aquí.

– Entonces basta con el DNI para hacer un reintegro en efectivo.

– ¿Un qué?

– Sacar dinero. ¿Cuánto necesita?

– Treinta euros.

– Sin problema.

– ¡Qué amable! Déjeme invitarla a tomar un helado con mis nietos.

– Qué más quisiera...

– Bueno, ¡pues Dios se lo pague con un buen novio!

COMPRENDRE LE DIALOGUE
À LA BANQUE

→ Repérez le vocabulaire du dialogue qui vous servira lors de transactions bancaires : **banco, sucursal, cajero, cuenta**… Le mot technique qui signifie *faire un retrait* est **hacer un reintegro** (mais on peut aussi dire **retirar dinero**). Pour payer, vous pouvez utiliser votre *carte*, **la tarjeta**, ou régler *en espèces*, **en efectivo**. Sachez que *le chèque*, **el cheque** ou **el talón**, est peu utilisé en Espagne. Le *code secret* de votre carte s'appelle **código secreto**, mais on le désigne plus couramment par l'anglicisme **pin** (c'est le terme qui apparaît sur l'écran du terminal de paiement : **Introduzca su pin**, *Saisissez votre code*).

"QUEDAR /QUEDARSE"

→ Vous découvrirez chemin faisant les multiples sens et usages de **quedar** ou **quedarse**. Vous connaissez déjà :
- se trouver : **¿Dónde queda el Prado?**, *Où se trouve le Prado ?*
- rester : **Me quedo en casa**, *Je reste à la maison.*
- se retrouver : **Me quedo sin dinero**, *Je me retrouve sans argent.*

→ Ajoutons **quedarse con**, au sens de *garder*, *prendre* : **Me quedo con la tarjeta**, *Je garde la carte*. Surtout, retenez que **quedar** s'emploie très couramment avec le sens général de "convenir d'un rendez-vous". Seul, on pourra dire : **¿Quedamos?** *On se voit ?* Mais on pourra aussi préciser un lieu, un moment ou une personne : **¿Quedamos en tu casa?** *On se voit chez toi ?* **Quedamos a las tres**, *On se voit à trois heures.* **He quedado con mi novia**, *J'ai rendez-vous avec ma fiancée.*

NOTE CULTURELLE

Et Dieu dans tout ça ? Bien plus qu'en France, Dieu est présent dans les phrases quotidiennes. Notre grand-père prend par exemple Dieu à témoin de ses bêtises (**¡Por Dios!** *Bon Dieu !*) ou l'invoque pour souhaiter tout le bien du monde à la jeune femme (**¡Dios se lo pague con un buen novio!**). L'Espagnol dispose ainsi de toute une phraséologie culturelle à connotation religieuse pour faire face aux situations les plus diverses. Trois exemples entre mille : **Como Dios manda**, *Comme il faut* ; **No hay ni Dios**, *Il n'y a pas un chat* ; **No hay Dios que trabaje aquí**, *Pas moyen de travailler ici*. Nul besoin d'ailleurs d'être croyant pour utiliser ces expressions. Il y a même au contraire parfois un usage trivial du lexique religieux : **Hostia**, *l'hostie*, en vient à signifier *la baffe* dans le langage familier ; et c'est aussi un juron (¡**Hostia!**, *P*** !*), mais attention, on entre ici dans un registre presque grossier...

◆ GRAMMAIRE
"DEVENIR" : *PONERSE* ET *VOLVERSE*

• Dans le précédent module, vous avez vu qu'une transformation passagère s'exprime par **ponerse** + adjectif : **Me pongo triste**, *La tristesse me gagne* ; **Te pones nervioso**, *Tu t'énerves.*

• Lorsque ce changement est perçu comme durable, on emploie **volverse** + adjectif, comme dans le dialogue : **Me he vuelto torpe**, *Je suis devenu maladroit.* On retrouve en fait indirectement ici la grande distinction entre **ser** et **estar** : **Se ha puesto enfermo**, *Il est tombé malade* (= **está enfermo**, *il est malade en ce moment*). **Se ha vuelto tonto**, *Il est devenu bête* (= **es tonto**, *il est irrémédiablement bête*).

LA PHRASE EXCLAMATIVE COMPLEXE

• Vous savez que l'exclamation portant sur un groupe nom + adjectif se forme avec ¡**Qué** + nom + **más** + adjectif ! : ¡**Qué disgusto más grande!** *Quelle grande contrariété !*

• Quand la phrase contient un verbe et un sujet, il faut veiller au bon ordre des mots : ¡**Qué** + adjectif + verbe + sujet (s'il est exprimé) ! ¡**Qué torpe me he vuelto!** *Que je suis devenu maladroit !* ; ¡**Qué simpático es este abuelo!** *Que ce grand-père est sympathique !*

▲ CONJUGAISON
LE SUBJONCTIF PRÉSENT (QUELQUES PARTICULARITÉS)

SUBJONCTIF IRRÉGULIER DE HABER

L'auxiliaire **haber** a un subjonctif irrégulier. On le retrouve dans les temps composés et dans les diverses conjugaisons de la formule **hay**, *il y a* : **No creo que haya venido**, *Je ne crois pas qu'il soit venu* ; **Tal vez haya un problema**, *Il y a peut-être un problème.*

haber
haya
hayas
haya
hayamos
hayáis
hayan

MODIFICATIONS ORTHOGRAPHIQUES

Les mots dont la dernière syllabe commence par **-ga**, **-go**, **-ca** et **-co** subissent parfois des modifications orthographiques :
- Les diminutifs en **-ito** de **amigo**, *ami*, ou **vaca**, *vache*, seront : **amiguito** et **vaquita** (on introduit un **-u** pour conserver la même prononciation).
- Ce phénomène concerne aussi les verbes en **-car** et **-gar** au subjonctif. Pour la même raison, il faut orthographier la terminaison en **-qu** et **-gu**.

pagar	sacar
pague	saque
pagues	saques
pague	saque
paguemos	saquemos
paguéis	saquéis
paguen	saquen

DONNER UN ORDRE EN VOUVOYANT

Rappel : pour donner un ordre au vouvoiement, on utilise la 3ᵉ personne du subjonctif présent : **Espere, señor**, *Attendez, monsieur*. S'il y a un pronom personnel (complément ou réfléchi), il s'accroche à la forme verbale, qui prend alors souvent un accent écrit : **Permítame**, *Permettez-moi* ; **Siéntese**, *Asseyez-vous* ; **Déjeme**, *Laissez-moi*.

● EXERCICES

1. ÉCOUTEZ L'ENREGISTREMENT ET DITES QUEL EST LE *TRATAMIENTO* DANS CES PHRASES.

a. ☐ de tú – ☐ de usted

b. ☐ de tu – ☐ de usted

c. ☐ de tú – ☐ de usted

d. ☐ de tú – ☐ de usted

2. TRANSCRIVEZ LES QUATRE PREMIÈRES RÉPLIQUES DU DIALOGUE DE L'EXERCICE.

a. ....

b. ....

c. ....

d. ....

17. Je veux faire un retrait

●VOCABULAIRE

reintegro retrait
abuelo/a grand-père, grand-mère
despistado/a étourdi(e)
disgusto tracas, contrariété
cajero distributeur
tragarse avaler
tarjeta de crédito carte de crédit
cuenta (la) compte
teclear pianoter, saisir
pin code
volverse [ue] devenir
torpe maladroit(e)
Venga Allons
cualquiera n'importe qui
equivocarse se tromper
devolver [ue] rendre
quedarse algo garder quelque chose
permitir permettre / remettre (un document)
olvidarse oublier
documento document
Dios Dieu
Por Dios Mon Dieu
mientras pendant que
esperar attendre
quedar convenir d'un rendez-vous
ahora mismo tout de suite
nieto/a petit-fils, petite-fille
helado (el) glace
mañana demain
recoger reprendre, récupérer
banco (el) banque
jubilación retraite
sucursal agence bancaire
pueblo village
basta con il suffit de
efectivo (el) espèces
sacar retirer
Qué más quisiera… J'aimerais bien…
novio/a fiancé(e)

🔊 3. ÉCOUTEZ À NOUVEAU L'ENREGISTREMENT ET COCHEZ LA BONNE RÉPONSE.

19

a. Cuando le traen la cuenta, la mujer dice que…
☐ no se acuerda de su pin
☐ no tiene tarjeta
☐ no quiere pagar

b. Quiere pagar…
☐ en efectivo
☐ con un talón
☐ lavando los platos

c. No puede dejar su DNI porque…
☐ lo ha olvidado en casa
☐ no le gusta dejarlo
☐ lo necesita para ir al banco

d. Finalmente, …
☐ se acuerda del pin
☐ va al banco a hacer un reintegro
☐ el camarero la invita

4. FORMEZ DES PHRASES EXCLAMATIVES À PARTIR DES ÉLÉMENTS DANS LE DÉSORDRE.

a. ¡más/qué/amable/chica!

→

b. ¡enfermo/puesto/qué/he/me!

→

c. ¡son/qué/abuelos/los/despistados!

→

d. ¡helado/comido/qué/me/buen/he!

→

5. PLACEZ *PONERSE* OU *VOLVERSE* AU TEMPS ET À LA PERSONNE INDIQUÉS.

a. Con la edad .... despistados. [ellos/p. composé]

b. Comes demasiado: vas a .... gordo. [infinitif]

c. No creo que .... simpático. [él/subjonctif passé]

d. Cuando veo una tortilla, ... loco. [yo/présent indicatif]

6. TRADUISEZ CES PHRASES.

a. J'ai oublié ma carte à la maison : puis-je payer en espèces ?

→

b. On se voit cet après-midi pour prendre une glace avec mon petit-fils ?

→

c. Si je ne me trompe pas, cette agence a un distributeur.

→

d. Rendez-moi ma carte tout de suite.

→

18.
MON PORTABLE EST TOMBÉ EN PANNE

SE ME HA ESTROPEADO EL MÓVIL

OBJECTIFS

- DEMANDER DE L'AIDE
- ARGUMENTER : POUR ET CONTRE
- LES TONS DANS LA CONVERSATION : HUMOUR ET GRAVITÉ
- LEXIQUE : LE COURRIER, LE COURRIER ÉLECTRONIQUE, INTERNET

NOTIONS

- UNE STRUCTURE IDIOMATIQUE : *SE ME ESTROPEA, SE ME BORRA...*
- L'USAGE DES ORDINAUX EN ESPAGNOL
- L'INDICATIF PRÉSENT DE *REÍR*, "RIRE"
- L'IMPÉRATIF DES 8 VERBES IRRÉGULIERS : *HAZ, PON, TEN, SAL, VEN, DI, SÉ, VE*
- L'ENCLISE ET LA DOUBLE ENCLISE

AU SECOURS !

– Au secours, aide-moi, s'il te plaît !

– Tu te sens [te trouves] mal ?

– Très très mal ! Je vais mourir : fais quelque chose !

– Je t'emmène à l'hôpital ? Qu'est-ce qui t'arrive ??

– C'est horrible… Mon portable est tombé en panne !

– Mais qu'est-ce que tu es bête ! Tu m'as fait peur avec tes plaisanteries.

– Tu trouves que c'est une plaisanterie ? Ça te fait peut-être rire ?

– Oui, bien sûr que je ris !

– Eh bien ce n'est pas drôle ! Moi, si on m'enlève mon portable, je meurs !

– Allons, ce n'est pas si grave…

– Mais dans quel siècle vis-tu ? Le vingtième, le dix-neuvième ?

– Ce n'est pas bon d'être si accro aux technologies, tu sais ?

– Ah ? Et sans portable comment est-ce que tu envoies des photos à tes amis ? Comment est-ce que tu leur racontes ce que tu es en train de faire ? Comment est-ce tu postes quelque chose sur Internet ? Hein ? Dis-le-moi !

– Eh bien tu écris des lettres et des cartes postales, comme on a toujours fait.

– Ne me dis pas que tu écris encore des lettres…

– Bien sûr. J'adore prendre un stylo et du papier, aller au bureau de tabac, acheter un timbre et une enveloppe, chercher une boîte à lettres, déposer la lettre…

– C'est nul ! Ça met des jours à arriver, et souvent ça se perd.

– Ah ? Et un portable, ça ne se perd jamais ? Ça ne tombe jamais en panne ?

– Si [Oui], hélas…

– Imagine que toutes tes photos et tous tes messages s'effacent.

– Tais-toi, par pitié !

¡SOCORRO!

– ¡Socorro, ayúdame, por favor!

– ¿Te encuentras mal?

– ¡Fatal! Me voy a morir. ¡Haz algo!

– ¿Te llevo al hospital? ¿¿Qué te pasa??

– Es horrible... ¡Se me ha estropeado el móvil!

– ¡Pero qué tonto eres! Me has asustado con tus bromas.

– ¿Te parece una broma? ¿Acaso te hace reír?

– Sí, ¡claro que me río!

– ¡Pues no tiene gracia! A mí me quitan el móvil y me muero.

– Hombre, no es para tanto...

– ¿Pero en qué siglo vives, en el veinte, en el diecinueve?

– No es bueno ser tan adicto a las tecnologías, ¿sabes?

– ¡Ah! ¿Y sin móvil cómo mandas las fotos a tus amigos? ¿Cómo les cuentas lo que estás haciendo? ¿Cómo subes algo a Internet? ¿Eh? ¡Dímelo!

– Pues escribes cartas y postales, como siempre se ha hecho.

– No me digas que sigues escribiendo cartas...

– Por supuesto. Me encanta coger un bolígrafo y papel, ir al estanco, comprar un sello y un sobre, buscar un buzón de Correos, echar la carta...

– ¡Qué rollo! Tarda días en llegar, y a menudo se pierde.

– ¿Ah? ¿Y un móvil nunca se pierde? ¿Nunca se estropea?

– Sí, desgraciadamente...

– Imagina que se te borran todas las fotos y todos los mensajes.

– ¡Cállate, por compasión!

COMPRENDRE LE DIALOGUE
LE COURRIER TRADITIONNEL

→ **Correos**, sans article et avec majuscule, désigne *La Poste (la compagnie)* et aussi, banalement, *le bureau de poste* : **Voy a Correos**, *Je vais à la poste* ; **Vengo de Correos**, *Je viens de la poste*. Outre les mots de base concernant le courrier postal vus dans le dialogue, retenez ces deux usages : **mandar una carta**, *envoyer une lettre* (en général) et **echar una carta**, *déposer une lettre* (en particulier, dans la boîte aux lettres). Celle-ci pourra être envoyée en mode **correo normal**, *normal* ; **certificado**, *recommandé* ; ou **urgente**, *urgent*.

INTERNET

→ L'anglicisme **mail** fait bon ménage au quotidien avec **correo electrónico** : **¿Me das tu mail? / ¿Me das tu correo electrónico?** *Tu me donnes ton mail ?* Pour donner votre adresse mail, outre **arroba**, vous pouvez avoir besoin des mots suivants : **punto**, *point* ; **guion**, *tiret* ; **guion bajo**, *underscore* (= tiret bas). Tout comme l'anglais, l'espagnol utilise les images de "montée" et "descente" pour parler des contenus web, téléchargés ou mis en ligne : **Me he bajado una película**, *J'ai téléchargé un film* ; **He subido una foto**, *J'ai mis en ligne, ou posté* (litt. "monté") *une photo*.

HUMOUR ET GRAVITÉ

→ Ne confondez pas **el chiste** et **la broma**, même si les deux mots se traduisent en français par *blague*, *plaisanterie*. **Contar un chiste**, *raconter une blague, une histoire drôle* ; **gastar una broma**, *faire une blague, une plaisanterie à quelqu'un*. Dans les deux cas, pour exprimer une réaction, positive ou non, à ces tentatives d'humour, on dit : **Tiene / No tiene gracia**, *C'est / Ce n'est pas drôle* ; **Me hace / No me hace gracia**, *Je trouve / ne trouve pas ça drôle*. À l'autre extrême, face à une nouvelle grave, vous pouvez compatir ou au contraire minimiser la chose : **¡Qué lástima!** ou **¡Qué pena!** *Comme c'est dommage !* ; **No es para tanto**, *Ce n'est pas si grave*.

NOTE CULTURELLE

L'espagnol a fourni au langage informatique le terme **arroba**, qui a donné *arobase*. **La arroba** était une mesure ancienne – notée @ – correspondant à un quart de quintal (soyons bons princes, elle provient elle-même de l'arabe **ar-rub'**, *le quart*). À titre de curiosité, sachez que @ s'utilise parfois, dans la langue non-académique, comme raccourci pour dire à la fois le masculin et le féminin : **Querid@s amig@s**, *Chers amis, chères amies* (on considère que @ est à la fois un **o** et un **a**...).

◆ GRAMMAIRE
UNE TOURNURE TRÈS ESPAGNOLE

L'espagnol évite d'utiliser le possessif dans les cas où le rapport de possession est évident : **Dame el pasaporte**, *Donne-moi ton passeport*. Ce même évitement se produit souvent lorsqu'il est question d'une réalité personnelle (partie du corps, objet ou être proche) qui subit une transformation involontaire (perte, dommage, etc.). On utilise dans ce cas le verbe à la forme pronominale et un pronom personnel indirect : **Se me ha estropeado el móvil**, *Mon portable est tombé en panne* littéralement *Il se m'est tombé en panne le portable* ; **Imagina que se te borran las fotos**, *Imagine que tes photos s'effacent*.

LES ORDINAUX

Dans le dialogue, l'espagnol emploie un nombre cardinal là où le français utiliserait un ordinal : **el siglo veinte**, *le vingtième siècle*. Dès que l'on avance dans la liste, les ordinaux espagnols prennent en effet des formes complexes qui rendent leur usage difficile : 900ᵉ se dit par exemple **noningentésimo**, mais un Espagnol risque de sécher si on lui pose la question ! Seuls les dix premiers sont vraiment utilisés.

1ᵉʳ **primero/a**	6ᵉ **sexto/a**
2ᵉ **segundo/a**	7ᵉ **séptimo/a**
3ᵉ **tercero/a**	8ᵉ **octavo/a**
4ᵉ **cuarto/a**	9ᵉ **noveno/a**
5ᵉ **quinto/a**	10ᵉ **décimo/a**

C'est ainsi que pour les rois, les papes et les siècles, on dit :
Juan Pablo segundo, *Jean-Paul II*, mais **Benedicto dieciséis**, *Benoît XVI*
Felipe sexto, *Philippe VI*, mais **Luis catorce,** *Louis XIV*
El siglo quinto, *Le Vᵉ siècle*, mais **el siglo diecinueve**, *le XIXᵉ siècle*

▲ CONJUGAISON
UN VERBE À AFFAIBLISSEMENT : *REÍRSE*, RIRE

Reír, *rire*, est un verbe qui est souvent utilisé à la forme pronominale **reírse**. Son accent tonique est assez particulier à l'indicatif présent :

reírse
me río
te ríes
se ríe
nos reímos
os reís
se ríen

L'IMPÉRATIF (SUITE)

LES IMPÉRATIFS IRRÉGULIERS

Vous avez désormais rencontré la plupart des impératifs irréguliers. Ils sont 8 au total. Rappel :

hacer	**haz**, *fais*
poner	**pon**, *mets*
tener	**ten**, *tiens*
salir	**sal**, *sors*
venir	**ven**, *viens*
decir	**di**, *dis*
ser	**sé**, *sois*
ir	**ve**, *va*

LES RÈGLES DE L'ENCLISE À L'IMPÉRATIF

• On accroche, comme vu précédemment, le pronom personnel à l'impératif : **ayúdame**, *aide-moi* ; **cállate**, *tais-toi*.
• S'il y a deux pronoms personnels, ils figurent à la suite (le pronom complément indirect précède le pronom complément direct) : **dímelo**, *dis-le-moi* ; **díselo**, *dis-le-lui*. Remarquez, comme toujours, l'accent tonique écrit, dès qu'il "remonte" dans le mot.

VOCABULAIRE

estropearse *tomber en panne*
socorro *secours*
encontrarse [ue] *se trouver / se sentir (santé)*
morir [ue] *mourir*
haz *fais (impératif)*
llevar *emmener*
hospital *hôpital*
horrible *horrible*
asustar *faire peur*
broma *plaisanterie*
acaso *peut-être*
reírse (v.) *rire*
tener gracia *être drôle*
quitar *enlever*
no es para tanto *ce n'est pas si grave*
siglo *siècle*
adicto/a *accro, dépendant(e)*
tecnología *technologie*
mandar *envoyer*
contar [ue] *raconter*
subir *monter / mettre en ligne*
carta *lettre*
postal *carte postale*
bolígrafo *stylo*
papel *papier*
estanco *bureau de tabac*
comprar *acheter*
sello *timbre*
sobre (el) *enveloppe*
buscar *chercher*
buzón (el) *boîte aux lettres*
Correos *la Poste*
echar *déposer*
tardar *tarder, mettre du temps*
a menudo *souvent*
desgraciadamente *hélas*
imaginar *imaginer*
borrar *effacer*
mensaje *message*
callarse *se taire*
compasión *pitié*

EXERCICES

1. NUMÉROTEZ CES 4 ADRESSES ÉLECTRONIQUES DANS L'ORDRE DANS LEQUEL VOUS LES ENTENDEZ DANS L'ENREGISTREMENT.
20

a. j.cordoba@gmail.com ....

b. jc.cordoba@gmail.com ....

c. jc-cordoba@gmail.com ....

d. jc_cordoba@gmail.com ....

2. ÉCOUTEZ L'ENREGISTREMENT ET INDIQUEZ LE PRIX DE CHAQUE ENVOI.

a. El paquete cuesta ....

b. La postal para Francia cuesta ....

c. La postal para España cuesta ....

3. ÉCOUTEZ À NOUVEAU L'ENREGISTREMENT ET COCHEZ *VERDAD* OU *MENTIRA*.

	verdad	mentira
a. La chica manda el paquete por correo certificado.		
b. Manda las dos postales por correo urgente.		
c. A la chica se le ha estropeado el móvil.		
d. El hombre piensa que una postal es mejor que un mensaje de móvil.		
e. Una de las postales es para el abuelo de la chica.		
f. La otra es para un amigo que no soporta las tecnologías.		

4. REFORMULEZ CES PHRASES À L'IMPÉRATIF, EN FAISANT L'ENCLISE DU PRONOM.

a. ¡Tienes que llevar a tu abuela al hospital: .... al hospital!

b. ¡Tenéis que quitar el móvil a tu hijo: .... el móvil!

c. ¡Tienes que hacerlo por mí: .... por mí!

d. ¡Tienes que decirnos tu correo: .... tu correo!

5. TRADUISEZ CES PHRASES, EN UTILISANT LA FORMULE IDIOMATIQUE ÉTUDIÉE ET CES ÉLÉMENTS : *CAER / PERDER / ESTROPEAR / BORRAR / EL PELO / EL MÓVIL / LA TELE / LAS FOTOS*

a. J'ai perdu mes cheveux.

→

b. Tu as perdu ton portable.

→

c. Notre télé est tombée en panne.

→

d. Leurs photos se sont effacées.

→

19.
JE VEUX PORTER PLAINTE

QUIERO PONER UNA DENUNCIA

OBJECTIFS

- PORTER PLAINTE : LES MOTS UTILES
- DÉCRIRE UNE PERSONNE : ASPECT PHYSIQUE ET HABILLEMENT
- RACONTER UNE SUCCESSION D'ÉVÉNEMENTS PASSÉS
- LEXIQUE : LE NOM DES COULEURS

NOTIONS

- L'IMPARFAIT DE L'INDICATIF : EMPLOIS ET FORMES RÉGULIÈRES
- L'IMPARFAIT DE L'INDICATIF IRRÉGULIER : *SER, IR, VER*
- LE PASSÉ SIMPLE : EMPLOIS ET FORMES RÉGULIÈRES
- LE PASSÉ SIMPLE IRRÉGULIER DE *CAER*
- LE VOUVOIEMENT À L'IMPÉRATIF (RAPPEL)
- LA TRADUCTION DE "ON" : LA 3ᵉ PERSONNE DU PLURIEL
- LA TRADUCTION DE "NE PLUS" : *YA NO*

ON M'A VOLÉ MON PORTEFEUILLE !

– Je viens porter plainte ! On m'a volé mon portefeuille !

– Calmez-vous, madame, et racontez-moi ce qui vous est arrivé.

– Je revenais tranquillement du marché, quand soudain un jeune garçon m'a heurtée.

– Je vois…

– Tous mes achats sont tombés par terre. Il s'est excusé, il m'a demandé si j'allais bien, il m'a aidée…

– Et un moment après, vous avez vu que vous n'aviez plus votre portefeuille, n'est-ce pas ?

– Voilà… Il a même insisté pour m'accompagner et porter lui-même le sac. Quel saligaud !

– Pouvez-vous dire comment était le voleur ?

– Il avait les cheveux noirs, très longs. Il était de taille moyenne, assez corpulent. Il pouvait avoir dans les seize ans.

– Comment était-il habillé ?

– Il portait des lunettes de soleil violettes, un tee-shirt vert, un pantalon de survêtement jaune et des baskets rouges.

– À part le portefeuille, il vous manque quelque chose ? Les clés, des papiers d'identité ?

– Non, il a juste emporté le portefeuille.

– Qu'y avait-il dedans ?

– De l'argent, et ma carte de crédit.

– Bien, remplissez cette déclaration, mettez la date et signez.

– Oui, voyons voir si je trouve un stylo maintenant… Dans cette poche non, dans celle-ci non plus, peut-être dans celle-ci… Ça alors, mon portefeuille, il était là !

¡ME HAN ROBADO LA CARTERA!

– Vengo a poner una denuncia. ¡Me han robado la cartera!

– Cálmese, señora, y cuénteme qué le ha pasado.

– Volvía tranquilamente del mercado cuando, de pronto, un muchacho chocó conmigo.

– Ya veo…

– Toda la compra cayó al suelo. Se disculpó, me preguntó si estaba bien, me ayudó…

– Y al rato vio usted que ya no tenía la cartera, ¿verdad?

– Así es… Hasta insistió en acompañarme y llevar él la bolsa. ¡Qué sinvergüenza!

– ¿Puede decir cómo era el ladrón?

– Tenía el pelo negro, muy largo. Era de mediana estatura, bastante corpulento. Podía tener unos dieciséis años.

– ¿Cómo iba vestido?

– Llevaba gafas de sol moradas, una camiseta verde, un pantalón de chándal amarillo y deportivas rojas.

– ¿Aparte de la cartera, le falta algo? ¿Las llaves, documentos de identidad?

– No, solo se ha llevado la cartera.

– ¿Qué había dentro?

– Dinero, y la tarjeta de crédito.

– Bien, rellene esta declaración, ponga la fecha y fírmela.

– Sí, a ver si encuentro un bolígrafo ahora… En este bolsillo no, en este tampoco, tal vez en este… ¡Anda, estaba aquí la cartera!

■ COMPRENDRE LE DIALOGUE
À RETENIR

→ Dans la prononciation des groupes **ga**, **go**, **gue** et **gui**, le **-u** ne s'entend pas : **Miguel** se prononce [Miguel] comme en français, et non [Migouél]. Pour que le groupe **gue** se dise [goué], il faut un tréma sur le **-u** : **la vergüenza**, *la honte* ; **un sinvergüenza**, *un saligaud*.

→ Pour dire *oui*, vous connaissez **sí** et **por supuesto**, *bien sûr*. Retenez **así es**, littéralement *c'est ainsi*. Cette formule permet d'approuver ce qui vient d'être dit ou de répondre affirmativement à une question : **Le han robado la cartera, ¿verdad?** *On vous a volé votre portefeuille, n'est-ce pas ?* ; **Así es…**, *Voilà… / En effet… / C'est cela…*

→ **Más o menos**, *plus ou moins*, exprime une approximation : **Tenía más o menos dieciséis años**. Vous pouvez aussi utiliser l'indéfini **unos/unas** : **Tenía unos dieciséis años**, *Il avait environ seize ans* ; **Había unas veinte personas**, *Il y avait environ vingt personnes*.

→ **Ya** signifie *déjà* ; **ya no**, *ne… plus* : **La cartera ya no estaba**, *Le portefeuille n'était plus là*.

NOTE CULTURELLE

Dans une grande ville ou une capitale de province, la **Policía Nacional** est en charge de la sécurité. Pour déclarer un vol, déposer une plainte ou faire une démarche administrative, il faut aller à **la comisaría**, *le commissariat*. Dans les zones rurales, c'est la **Guardia Civil** qui assure le maintien de l'ordre. Tout comme notre gendarmerie, il s'agit d'une institution militaire. Il faut donc se rendre **al cuartel de la Guardia Civil**, *à la garnison de la Garde Civile*. Les uniformes sont bleus pour **el policía**, *le policier*, et verts pour **el guardia civil**, *le garde civil*.

◆ GRAMMAIRE
LA TRADUCTION DE "ON"

Lorsque *on* renvoie à un fait général, qui peut éventuellement concerner celui qui parle, on utilise **se** + la 3e personne du singulier : **Aquí se habla español**, *Ici on parle espagnol*. En revanche, quand "on" désigne "les gens" (ni celui qui parle, ni son interlocuteur), l'espagnol utilise la 3e personne du pluriel : **Me han robado la cartera**, *On m'a volé mon portefeuille*.

L'ORDRE AU VOUVOIEMENT (RAPPEL)

Le vouvoiement en espagnol pose généralement problème aux francophones, surtout à l'impératif. Petit rappel donc :
- le vouvoiement se conjugue à la 3ᵉ personne du subjonctif ;
- s'il s'agit d'un verbe pronominal, le pronom est **se** ;
- s'il y a un pronom complément d'objet direct, il s'accroche à la forme verbale ;
- dans ce cas, l'accent écrit apparaît souvent. Voyez par exemple les 5 impératifs du dialogue, et comparez-les avec leur forme au tutoiement.

cálmese, calmez-vous	**cálmate**, calme-toi
cuénteme, racontez-moi	**cuéntame**, raconte-moi
rellene, remplissez	**rellena**, remplis
ponga, mettez	**pon**, mets
fírmela, signez-la	**fírmala**, signe-la

▲ CONJUGAISON
L'IMPARFAIT DE L'INDICATIF

FORMATION ET USAGES

L'imparfait de l'indicatif se forme facilement : radical de l'infinitif + deux types de terminaisons (en **-aba** et en **-ía**).
Il n'y a que trois verbes irréguliers (voir page suivante). Les usages sont sensiblement les mêmes qu'en français. On l'utilise comme le temps de l'action passée, dont on ne précise ni le début ni la fin : **Volvía del mercado**, Je revenais du marché. C'est aussi le temps de la description : **Llevaba gafas**, Il portait des lunettes.

LES MODÈLES RÉGULIERS

Les verbes en **-ar** ont des terminaisons en **-aba** ; les verbes en **-er** et en **-ir** des terminaisons en **-ía**. Notez que les accents écrits indiquent la syllabe à marquer.

llevar	tener	vivir
llevaba	tenía	vivía
llevabas	tenías	vivías
llevaba	tenía	vivía
llevábamos	teníamos	vivíamos
llevabais	teníais	vivíais
llevaban	tenían	vivían

LES TROIS VERBES IRRÉGULIERS

Ce sont **ser**, *être* ; **ir**, *aller* ; et **ver**, *voir*.

ser	ir	ver
era	iba	veía
eras	ibas	veías
era	iba	veía
éramos	íbamos	veíamos
erais	ibais	veíais
eran	iban	veían

LE PASSÉ SIMPLE

FORMATION

Le passé simple régulier appelle deux types de terminaisons. Pour les verbes en **-ar** : **é, aste, ó, amos, asteis, aron** ; pour les verbes en **-er** et en **-ir** : **í, iste, ió, imos, isteis, ieron**. N'oubliez surtout pas les accents, car ils indiquent la prononciation et évitent les confusions avec d'autres temps.

preguntar	comer	insistir
pregunté	comí	insistí
preguntaste	comiste	insististe
preguntó	comió	insistió
preguntamos	comimos	insistimos
preguntasteis	comisteis	insististeis
preguntaron	comieron	insistieron

EMPLOIS

Le passé simple exprime comme en français une action révolue, dont on peut identifier le début et la fin, et dont les effets sur le présent ne sont pas envisagés. Il s'emploie très couramment en espagnol dans la langue parlée, alors que le français utilise généralement le passé composé : **Insistió en acompañarme**, *Il a insisté*, littéralement *il insista, pour m'accompagner* ; **Nací en Francia**, *Je suis né*, littéralement *je naquis, en France*.

UN IRRÉGULIER

Les passés simples irréguliers sont très nombreux. Voyez par exemple :

caer, *tomber*	
caí	caímos
caíste	caísteis
cayó	cayeron

● VOCABULAIRE

denuncia plainte
poner una denuncia porter plainte
robar voler
cartera (la) portefeuille
calmarse se calmer
tranquilamente tranquillement
mercado marché
de pronto soudain
muchacho/a jeune garçon/ jeune fille
chocar heurter
suelo sol
disculparse demander pardon
al rato un moment après
así es… voilà…
hasta même
insistir insister
acompañar accompagner
bolsa sac (plastique/ pour les courses)
compra (la) les achats
sinvergüenza saligaud
ladrón voleur
mediano/a moyen(ne)
estatura taille
corpulento/a corpulent(e)
sol soleil
morado/a violet(te)
verde vert(e)
pantalón pantalon
chándal survêtement
amarillo/a jaune
rojo/a rouge
aparte de à part
faltar manquer
llevarse emporter
dentro à l'intérieur
rellenar remplir
declaración déclaration
fecha date
firmar signer

● EXERCICES

1. NUMÉROTEZ, DANS L'ORDRE OÙ VOUS LES ENTENDEZ, LES DÉFINITIONS DES MOTS SUIVANTS.

a. la bolsa ....

b. el bolsillo ....

c. la denuncia ....

d. la cartera ....

2. COMPLÉTEZ LES 3 PREMIÈRES RÉPLIQUES DU DIALOGUE DE L'EXERCICE ENREGISTRÉ.

a. Buenas, ... una cartera.

b. ¿Una cartera?

c. Sí, me la .... en la .... , y .... la dejo en comisaría.

3. ÉCOUTEZ À NOUVEAU ET COCHEZ LES AFFIRMATIONS CORRECTES.

a. ☐ Al chico nunca le han robado la cartera.

b. ☐ En la cartera hay trescientos euros y una foto.

c. ☐ La dueña de la cartera iba vestida de azul.

d. ☐ La cartera se quedó en un taxi.

e. ☐ La mujer perdió la cartera saliendo de la comisaría.

f. ☐ El chico quiere volver a ver a la mujer.

4. CONJUGUEZ LES VERBES PROPOSÉS, À L'IMPARFAIT OU AU PASSÉ SIMPLE.

a. Yo .... por la calle, cuando de pronto unos chicos .... conmigo. [ir/chocar]

b. Un hombre la .... y la .... a comisaría. [encontrar/llevar]

c. Cuando nosotros .... jóvenes, ... todas las noches. [ser/salir].

5. EXPRIMEZ CES ORDRES AU VOUVOIEMENT.

a. Ponte gafas de sol. →

b. Discúlpate. →

c. Pregúntale cómo está. →

6. TRADUISEZ CES PHRASES.

a. Il y avait environ trois cents euros dans le portefeuille.

→

b. Un moment après j'ai trouvé les clés : elles étaient dans la poche de mon survêtement.

→

c. Je suis tombé par terre en sortant du marché.

→

20. DOCTEUR, J'AI MAL PARTOUT

DOCTOR, ME DUELE TODO

OBJECTIFS

- **SE RENDRE CHEZ LE MÉDECIN : DÉCRIRE DES SYMPTÔMES ET NOMMER LES PARTIES DU CORPS**
- **FAIRE UN RÉCIT D'ÉVÉNEMENTS AU PASSÉ SIMPLE**
- **EXPRIMER UNE CRAINTE, UNE OBLIGATION**
- **LEXIQUE : LA BELLE-FAMILLE**

NOTIONS

- **CINQ PASSÉS SIMPLES IRRÉGULIERS :** *TENER, QUERER, PONER, SER, IR*
- **LA CONSTRUCTION DE** *DOLER*
- **LES TEMPS COMPOSÉS : PASSÉ COMPOSÉ, PLUS-QUE-PARFAIT ET PASSÉ DU SUBJONCTIF**
- **QUELQUES EMPLOIS DE** *SER* ET *ESTAR*
- **L'EXCLAMATION :** *¡MENUDO(S)...! / ¡MENUDA(S)...!*

QUELLES VACANCES !

(Au guichet)
– Bonjour, nous voulons voir un médecin.
Hier, nous sommes allés toute la journée à la plage et nous sommes tous tombés malades.

– Qui sont les malades ?

– Mon beau-frère, ma belle-mère et moi.

– Que vous arrive-t-il ?

– Mon beau-frère a voulu faire un barbecue et il s'est brûlé la main. Ma belle-mère est tombée et elle ne peut pas bouger le bras et moi j'ai mal partout, de la tête (jusqu')aux pieds.

– Asseyez-vous dans la salle d'attente. Un médecin s'occupe de vous tout de suite.

(Avec la médecin)
– On m'a dit que vous aviez eu un souci hier…

– Ah, docteur, ça a été horrible !

– Je vois… Bon, l'histoire de la brûlure, ce n'est pas grand-chose, ne vous inquiétez pas. Je vais vous prescrire une crème.

– Je dois mettre un bandage ?

– Non, ce n'est pas la peine. En revanche votre problème, madame, est plus délicat : je crains que vous ne vous soyez cassé un os.

– J'en étais sûre ! C'est la faute à mon gendre, c'est un bon à rien !

– Et vous, monsieur, expliquez-moi : où avez-vous mal ?

– J'ai mal à la tête, j'ai mal aux jambes, j'ai mal à la gorge et aux oreilles…

– Et, de plus, vous avez de la fièvre. Vous avez un gros rhume. La mer, c'est très joli, mais il faut faire attention !

– Oui, quelles vacances… L'année prochaine, je reste à la maison !

¡MENUDAS VACACIONES!

(En ventanilla)
– Buenas, queremos ver a un médico. Ayer fuimos a la playa el día entero y nos pusimos todos malos.

– ¿Quiénes son los enfermos?

– Mi cuñado, mi suegra y yo.

– ¿Qué les pasa?

– Mi cuñado quiso hacer una barbacoa y se quemó la mano. Mi suegra se cayó y no puede mover el brazo. Y a mí me duele todo, desde la cabeza hasta los pies.

– Siéntense en la sala de espera. Enseguida les atiende un médico.

(Con la médica)
– Me han dicho que tuvieron algún disgusto ayer…

– Ay, doctora, ¡fue horrible!

– Ya veo… Bueno, lo de la quemadura no es gran cosa, no se preocupe. Le voy a recetar una crema.

– ¿Tengo que ponerme una venda?

– No, no es menester. En cambio lo suyo, señora, es más delicado: temo que se haya roto un hueso.

– ¡Estaba segura! Mi yerno tiene la culpa, ¡es un inútil!

– Y usted, caballero, explíqueme: ¿qué le duele?

– Me duele la cabeza, me duelen las piernas, me duelen la garganta y los oídos…

– Y además está con fiebre. Tiene usted un fuerte catarro. El mar es muy bonito, ¡pero hay que tener más cuidado!

– Sí, menudas vacaciones… ¡El año próximo me quedo en casa!

■ COMPRENDRE LE DIALOGUE
À RETENIR

→ *J'ai mal à la tête* se dit littéralement en espagnol *Me fait mal la tête* : **Me duele la cabeza**. On utilise donc les pronoms personnels indirects : **Te duele el brazo**, *Tu as mal au bras* ; **Nos duele la garganta**, *Nous avons mal à la gorge*. Si le sujet est au pluriel, faites bien l'accord : **Le duelen las piernas**, *Il a mal aux jambes, littéralement, Lui font mal les jambes.*.

→ Comme en français, on emploie en espagnol le subjonctif après un verbe principal exprimant une crainte : **Se ha roto el brazo**, *Vous vous êtes cassé le bras* ; **Temo que se haya roto el brazo**, *Je crains que vous ne vous soyez cassé le bras*.

→ Remarquez ces trois constructions pour exprimer l'obligation. Directement avec un infinitif, sans "de" comme en français : **No hace falta / No es necesario / No es menester ponerse una venda**, *Il n'est pas nécessaire de mettre un bandage*.

LA FAMILLE ET LE CORPS

→ Vous avez découvert dans le dialogue les termes pour désigner *la belle-famille*, **la familia política**. Il n'en manque qu'un : **la belle-fille**, *la nuera*.

→ Complétons également la liste des parties du corps. Outre les noms présents dans le dialogue, retenez : **el cuerpo**, *le corps* ; **el hombro**, *l'épaule* (à distinguer de **la espalda**, *le dos*) ; **el dedo**, *le doigt* ; **la rodilla**, *le genou* (pensez à "rotule"). Pour les oreilles, il y a deux termes, **oreja** (déjà rencontré) désigne *l'oreille (externe)* et **oído**, *l'oreille interne* : **Me he hecho un piercing en la oreja**, *Je me suis fait un piercing à l'oreille* ; **Me duelen los oídos**, *J'ai mal aux oreilles*.

NOTE CULTURELLE

La **Tarjeta sanitaria europea**, *Carte européenne d'assuré social*, donne accès au système public de santé espagnol, qui est gratuit et performant. Le **Centro de salud** le plus proche se charge des *soins courants*, **atención primaria**, qui couvre également la pédiatrie. Si votre état le requiert, on vous enverra consulter un spécialiste à *l'hôpital*, **el hospital**, qui traite également *les urgences*, **urgencias**. En faisant le choix d'un médecin privé, il sera totalement à votre charge si vous ne possédez pas de mutuelle.

◆ GRAMMAIRE
TUTOIEMENT ET VOUVOIEMENT

Comparez les formes de vouvoiement employées dans le dialogue à ce qu'elles deviendraient si les personnages se tutoyaient.

vouvoiement	tutoiement
Le voy a recetar…	Te voy a recetar…
¿Qué les pasa?	¿Qué os pasa?
No se preocupe.	No te preocupes.
Temo que se haya roto…	Temo que te hayas roto…
Me han dicho que tuvieron…	Me han dicho que tuvisteis…

L'EXCLAMATION

Outre **¡Qué vacaciones!** ou **¡Vaya vacaciones!** *Quelles vacances !*, le dialogue présente une troisième façon d'exprimer une exclamation : l'adjectif **menudo/a**, accordé : **¡Menudas vacaciones! ¡Menuda playa!** *Quelle plage !* ; **¡Menudo hospital!** *Quel hôpital !* ; **¡Menudos amigos!** *Quels amis !* Notez que l'exclamation peut avoir une valeur positive ou, comme dans le dialogue, très négative !

SER ET *ESTAR*

Du fait de leur sens, la plupart des adjectifs ne peuvent être employés qu'avec un seul des "deux verbes être", **ser** ou **estar** : **Es inteligente**, *Il est intelligent* (c'est une qualité personnelle) ; **Está solo**, *Il est seul* (c'est sa situation présente). Il arrive qu'un double usage soit possible, mais le sens change alors, en cohérence avec les valeurs de **ser** et de **estar** : **Soy malo**, *Je suis méchant* ; **Estoy malo**, *Je suis malade* ; **Eres guapa**, *Tu es belle* ; **Estás guapa**, *Tu es belle* (= aujourd'hui, tu es "en beauté") ; **Es moreno**, *Il est brun* ; **Está moreno**, *Il est bronzé*.

▲ CONJUGAISON
LES PASSÉS SIMPLES IRRÉGULIERS DITS FORTS

De nombreux verbes espagnols usuels ont un passé simple irrégulier, dit fort, qui se caractérise par :
- un radical spécifique (**tuv-** pour **tener ; quis-** pour **querer**, etc.)
- des terminaisons non accentuées : **-e, -iste, -o, -imos, -isteis, -ieron**.

Attention donc à la place de l'accent tonique dans la conjugaison du passé simple : **canté**, *je chantai* (régulier) ; **tuve**, *j'eus* (irrégulier).

poner	querer	tener
puse	quise	tuve
pusiste	quisiste	tuviste
puso	quiso	tuvo
pusimos	quisimos	tuvimos
pusisteis	quisisteis	tuvisteis
pusieron	quisieron	tuvieron

CAS PARTICULIER : *SER*, ÊTRE ET *IR*, ALLER

Ser et **ir** ont les mêmes formes au passé simple : **Fuimos a la playa**, *Nous sommes allés (nous allâmes) à la plage* ; **Fuimos amigos**, *Nous avons été (nous fûmes) amis*. La série des terminaisons est différente de celle des autres irréguliers : **-i**, **-iste**, **-e**, **-imos**, **-isteis**, **-eron**.

ser et ir
fui
fuiste
fue
fuimos
fuisteis
fueron

LES TEMPS COMPOSÉS

Vous connaissez le passé composé : **he comido**, *j'ai mangé* ; **has venido**, *tu es venu*, etc., qui se forme avec l'auxiliaire **haber** : **he**, **has**, **ha**, **hemos**, **habéis**, **han**. En modifiant le temps de cet auxiliaire, on peut former tous les temps composés :
- le plus-que-parfait : **había comido**, *j'avais mangé* ;
- le subjonctif passé : **Temo que se haya roto un hueso**, *J'ai peur que vous ne vous soyez cassé un os.*

Retenez aussi dans cet exemple le participe irrégulier de **romper**, *casser* : **roto**, *cassé*.

● VOCABULAIRE

doctor/a *docteur(e)*
doler [ue] *faire mal*
menudo/a *menu(e)*
¡menudo(s), menuda(s)…! *quel(s), quelle(s)…!*
ventanilla (la) *guichet*
ayer *hier*
entero/a *entier, -ière*
playa *plage*
ponerse malo/a *tomber malade*
enfermo/a *malade*
cuñado/a *beau-frère / belle-sœur*
suegro/a *beau-père / belle-mère*
barbacoa (la) *barbecue*
quemarse *se brûler*
mano *main*
mover [ue] *bouger (intransitif)*
moverse [ue] *bouger*
brazo *bras*
cabeza *tête*
sentarse [ie] *s'asseoir*
sala *salle*
espera *attente*
enseguida *tout de suite*
atender [ie] *s'occuper de*
médico/a *médecin*
quemadura *brûlure*
preocuparse *s'inquiéter*
recetar *prescrire*
crema *crème*
venda (la) *pansement*
es menester *il faut, il est nécessaire*
en cambio *en revanche*
delicado/a *délicat(e)*
temer *avoir peur*
romper *casser*
roto *cassé*
hueso *os*
culpa *faute, responsabilité*
inútil *inutile / bon(ne) à rien*
caballero *monsieur*
explicar *expliquer*
garganta *gorge*
oído(s) *ouïe / oreilles*
pierna *jambe*
fiebre *fièvre*
fuerte *fort(e)*
catarro *rhume*
mar (el) *mer*
tener cuidado *faire attention*

● EXERCICES

1. ÉCOUTEZ LES DÉFINITIONS ET INDIQUEZ QUEL PARENT ELLES DÉSIGNENT.

a. Es mi ....

b. Es mi ....

c. Es mi ....

d. Es mi ....

e. Es mi ....

2. ÉCOUTEZ ET COMPLÉTEZ LES 3 PREMIÈRES PHRASES DU DIALOGUE DE L'EXERCICE.

a. Entonces, ¿ .... esas vacaciones?

b. Horribles. El año próximo .... en Madrid solito.

c. ¿Pero .... ? ¿No .... buen tiempo?

3. ÉCOUTEZ À NOUVEAU ET COCHEZ LES AFFIRMATIONS CORRECTES.

a. ☐ Esta familia tuvo buen tiempo durante las vacaciones.

b. ☐ El cuñado se quemó haciendo una barbacoa.

c. ☐ El hijo se puso enfermo y lo llevaron a urgencias.

d. ☐ Tuvo fiebre porque había bebido demasiado.

e. ☐ El hombre se rompió la pierna.

f. ☐ La suegra tuvo un fuerte catarro.

4. REFORMULEZ CES PHRASES AU PASSÉ SIMPLE.

a. Voy al médico y me receta unas pastillas.
→ Ayer .... al médico y me .... unas pastillas.

b. Bebo demasiada agua y me pongo enfermo.
→ Ayer .... demasiada agua y .... enfermo.

c. Mi suegra va a la playa y se pone muy morena.
→ Este verano mi suegra .... a la playa y .... muy morena.

5. RÉDIGEZ DES PHRASES À PARTIR DES ÉLÉMENTS FOURNIS.

a. yo / doler / los ojos →

b. ellas / doler / la espalda →

c. vosotros / doler / los oídos →

6. TRADUISEZ CES PHRASES.

a. Asseyez-vous, madame, je m'occupe de vous tout de suite.

→

b. Il n'est pas nécessaire d'aller aux urgences pour un rhume.

→

c. C'est la faute à ma belle-mère : elle ne fait jamais attention !

→

21.
QUI EST LE DERNIER ?

¿QUIÉN ES EL ÚLTIMO?

OBJECTIFS

- FAIRE LES COURSES :
  DEMANDER SON TOUR /
  DIRE QUE C'EST SON TOUR,
  DEMANDER UN PRIX,
  POSER DES QUESTIONS
  SUR UN PRODUIT (QUANTITÉ,
  QUALITÉ, PRÉPARATION)

- FAIRE FACE À UN PETIT
  CONFLIT : SE DÉFENDRE
  POLIMENT / INSISTER

- FORMULES DE
  REMERCIEMENT
  ET DE SUPPLIQUE

- RAPPORTER DES
  ÉVÉNEMENTS PASSÉS

- PETIT LEXIQUE
  DE LA POISSONNERIE

NOTIONS

- LA SUBORDONNÉE DE TEMPS :
  CUANDO + VERBE CONJUGUÉ,
  AL + INFINITIF

- L'EXPRESSION DE LA DURÉE :
  LLEVAR + INDICATION DE
  TEMPS + GÉRONDIF

- ADVERBES ET PRÉPOSITIONS
  DE TEMPS : *ANTES (DE)* /
  DESPUÉS (DE)

- ADVERBES ET PRÉPOSITIONS
  DE LIEU : *DELANTE (DE)* /
  DETRÁS DE

- MODIFICATIONS
  ORTHOGRAPHIQUES :
  FRESCO / *FRESQUÍSIMO*

- TROIS PASSÉS SIMPLES
  IRRÉGULIERS : *ESTAR*,
  PEDIR, *DAR*

FAIRE LA QUEUE

– Carmen, ma belle, mets-moi une livre [un demi-kilo] de moules et un quart de…

– Excusez-moi, madame, j'étais là avant.

– J'en doute, monsieur.

– J'ai demandé mon tour à la jeune fille qui vient de partir et je l'ai donné à cette dame.

– Quoi ? Ça fait un bon moment que j'attends, moi !

– Vraiment ? En arrivant, avez-vous demandé qui était le dernier ?

– Non, j'ai oublié…

– Eh bien alors le suivant, c'est moi, et vous, vous êtes derrière cette dame.

– S'il vous plaît, je suis morte de fatigue. Hier soir mon mari a eu une crise cardiaque et…

– C'est mon tour, je suis désolé.

– J'ai été à l'hôpital toute la nuit. Je veux seulement une ou deux petites choses…

– D'accord, allez-y ! Mais pressez-vous.

– Je vous (en) remercie énormément ! Voyons, Carmen, elles sont à combien, les crevettes ?

– À 16 euros, très fraîches.

– Et les calamars, ils sont à quel prix ?

– Ils sont à 18, très bons.

– Je pensais faire un riz aux fruits de mer, mais tout est très cher… Les bars, ils sont à combien ?

– Donnés : à huit euros. Comment vas-tu les cuisiner : frits, grillés, au sel ? Je te les vide ?

– C'est du poisson d'élevage, n'est-ce pas ?

– Eh bien oui, à ce prix…

– Laisse tomber alors… Finalement je vais faire du riz au poulet.

HACIENDO COLA

– Carmen, guapa, ponme medio kilo de mejillones y un cuarto de…

– Disculpe, señora, estaba yo antes.

– Lo dudo, caballero.

– Le pedí la vez a la chica que acaba de irse y se la di a esta señora.

– ¿Qué? ¡Yo llevo un buen rato aquí esperando!

– ¿De veras? Al llegar, ¿preguntó usted quién era el último?

– No. Se me olvidó…

– Pues entonces yo soy el siguiente, y usted va detrás de esta señora.

– Por favor, estoy muerta de cansancio. Anoche le dio un ataque al corazón a mi marido y…

– Me toca a mí, lo siento.

– Estuve en el hospital toda la noche. Solo quiero un par de cositas…

– ¡Vale, pase! Pero dese prisa.

– ¡Se lo agradezco muchísimo! A ver, Carmen, ¿a cuánto están las gambas?

– A 16 euros, fresquísimas.

– ¿Y los calamares qué precio tienen?

– Están a 18, riquísimos.

– Pensaba hacer un arroz con marisco, pero está todo carísimo… ¿Las lubinas a cómo están?

– Regaladas: a ocho euros. ¿Cómo las vas a cocinar, fritas, a la plancha, a la sal? ¿Te las limpio?

– Es pescado de crianza, ¿verdad?

– Pues sí, a ese precio…

– Déjalo entonces… Finalmente voy a hacer arroz con pollo.

COMPRENDRE LE DIALOGUE
DEMANDER UN PRIX

→ Pour demander un prix, deux formules sont utiles et passe-partout. **¿Cuánto cuesta?** ou **¿Qué precio tiene?** : **¿Cuánto cuesta / Qué precio tiene esta botella de vino?** *Combien coûte / Quel est le prix de cette bouteille de vin ?* Pour parler de produits alimentaires dont le prix peut être sujet à des variations (fruits, poisson, etc.), on préfère une formule contenant **estar** : **¿A cuánto están las gambas?** *Elles sont à combien, les crevettes ?* ; **¿A cómo están las naranjas?** *Elles sont à combien, les oranges ?*

REMERCIER

→ **Dar las gracias / dar las gracias a / dar las gracias por** permettent de remercier. On peut employer **dar las gracias** sans précision : **Siempre hay que dar las gracias,** *Il faut toujours remercier.* Puisque le verbe est **dar**, *donner*, la personne objet de ces remerciements joue le rôle de complément d'objet indirect : **Doy las gracias a mis amigos,** *Je remercie mes amis* ; **Os doy las gracias,** *Je vous remercie.* La cause s'exprime grâce à **por** : **Te doy las gracias por lo que has hecho,** *Je te remercie de ce que tu as fait.*
→ **Agradecer** est un verbe transitif, qui ne s'emploie pas seul. Si vous dites simplement **Agradezco**, ou **Te agradezco**, votre interlocuteur attend la suite de la phrase. Il faut impérativement préciser la personne remerciée (complément d'objet indirect) et la raison du remerciement (complément d'objet direct) : **Te agradezco lo que has hecho,** *Je te remercie de ce que tu as fait* ; **Te lo agradezco,** *Je t'en remercie* ; **Le agradezco su ayuda,** *Je vous remercie de votre aide.*

NOTE CULTURELLE

Dans une file d'attente, s'il n'y a pas de machine distributrice de tickets, il faut demander en arrivant : **¿Quién es el último?** *Qui est le dernier ?* Et la personne qui répond **yo** sera en quelque sorte votre témoin. On appelle ces deux opérations **pedir la vez,** *demander son tour,* et **dar la vez,** *donner le tour.* En cas de conflit, vous pouvez donc dire : **esta señora me ha dado la vez.** Et quand le commerçant demande **¿Quién va?** ou **¿A quién le toca?** *À qui le tour ?*, répondez avec assurance : **¡Voy yo!** ou **¡Me toca a mí!** *C'est à moi !*

◆ GRAMMAIRE
LA SUBORDONNÉE DE TEMPS

CUANDO...
• Pour exprimer un rapport temporel, le plus simple est d'utiliser la conjonction **cuando** : **Cuando llego, siempre pregunto quién es el último**, *Quand j'arrive, je demande toujours qui est le dernier*.
• Au passé, remarquez à nouveau la présence du passé simple espagnol, là où le français parlé emploie le passé composé : **Cuando llegué, pregunté quién era el último**, *Quand je suis arrivé, j'ai demandé qui était le dernier* ; **Cuando llegué, no había nadie**, *Quand je suis arrivé, il n'y avait personne*.

AL + INFINITIF
Ce rapport temporel peut également être rendu par **al** + infinitif, équivalent de *en* + gérondif en français : **Al llegar, ¿preguntó usted quién era el último?** *En arrivant, avez-vous demandé qui était le dernier ?*

L'EXPRESSION DE LA DURÉE
• **Hace** ou **desde hace** expriment la durée : **Hace una hora que estoy esperando**, *Ça fait une heure que j'attends* ; **Estoy esperando desde hace una hora**, *J'attends depuis une heure*.
• Il existe une autre formule : le verbe **llevar** conjugué + une unité de durée + gérondif du verbe : **Llevo un buen rato esperando**, *Ça fait un bon moment que j'attends*.

ADVERBES ET PRÉPOSITIONS DE TEMPS ET DE LIEU

ADVERBES
Delante, *devant* ; **detrás**, *derrière* ; **antes**, *avant* ; et **después**, *après*, sont des adverbes. Ils sont associés à un verbe dont ils complètent le sens :
Prefiero estar delante, *Je préfère être devant* ;
Hay un coche detrás, *Il y a une voiture derrière* ;
Antes todo estaba más barato, *Avant, tout était moins cher* ;
Vuelvo después, *Je reviens après*.

PRÉPOSITIONS

Ces mêmes mots peuvent précéder un nom, un pronom ou un infinitif ; ce sont alors des prépositions doubles, introduites par **de** : **delante de**, **detrás de**, etc.
Delante de usted, *Devant vous* ;
Detrás de esta señora, *Derrière cette dame* ;
Antes de comer, *Avant de manger* ;
Después de la siesta, *Après la sieste*.

MODIFICATIONS ORTHOGRAPHIQUES

• Les racines des verbes et des noms peuvent être associées à diverses terminaisons, dans la conjugaison ou par l'ajout de suffixes. La prononciation de la racine ne doit pas varier pour autant ; c'est donc l'orthographe qui change parfois. Nous l'avons vu par exemple pour le verbe **sacar**, qui fait **saque** au subjonctif.
• Considérons également, par exemple, **fresco**, *frais*, et **rico**, *délicieux*. Si on ajoute le suffixe du superlatif en **-ísimo**, le **c** deviendra **qu** pour avoir le même son : **fresquísimo**, **riquísimo**.

▲ CONJUGAISON
TROIS PASSÉS SIMPLES IRRÉGULIERS

Le dialogue compte trois passés simples irréguliers : un passé simple fort (**estar**), un passé simple de verbe à affaiblissement (**pedir**) et un inclassable (**dar**). Concernant ces deux derniers, retenez que :
- l'affaiblissement (**ped-/-pid-**) se produit à la 3ᵉ personne du singulier et du pluriel,
- *dar* suit le modèle des verbes en **-er**, mais ne prend pas d'accent écrit, car c'est un monosyllabe (même chose pour **fui, fue**, *je fus, il fut* ; **vi, vio**, *je vis, il vit*).

estar	pedir	dar
estuve	pedí	di
estuviste	pediste	diste
estuvo	pidió	dio
estuvimos	pedimos	dimos
estuvisteis	pedisteis	disteis
estuvieron	pidieron	dieron

VOCABULAIRE

último/a dernier/-ère
cola queue
hacer cola faire la queue
medio kilo livre (littéralement "demi-kilo")
mejillón (el) moule
cuarto quart
antes (adv.) avant
dudar douter
pedir la vez demander son tour
irse s'en aller
dar la vez donner le tour
rato moment
de veras vraiment
siguiente suivant(e)
detrás (de) derrière
muerto/a mort(e)
cansancio (la) fatigue
anoche hier soir
ataque (el) crise
me dio un ataque j'ai eu une crise
corazón cœur
tocar toucher
me toca c'est mon tour
par (un) paire
darse prisa se presser
agradecer remercier, être reconnaissant
¿a cuánto están? ils/elles sont à combien ?
gamba crevette
fresco/a frais, fraîche
calamar calamar
¿qué precio tienen? ils/elles sont à quel prix ?
rico/a riche/délicieux,-euse
arroz riz
marisco fruit de mer
lubina (la) bar
regalado/a offert(e), donné(e)
cocinar cuisiner
frito/a frit(e)
plancha grill
sal (la) sel
limpiar nettoyer/vider (le poisson)
crianza élevage
pollo poulet

EXERCICES

1. ASSOCIEZ PAR UNE FLÈCHE CHACUNE DE CES 4 EXPRESSIONS À LA DÉFINITION ENREGISTRÉE QUI LUI CORRESPOND.

a. Hago cola.
b. Pido la vez.
c. Doy la vez.
d. Me doy prisa.

A. Définition 1
B. Définition 2
C. Définition 3
D. Définition 4

2. ÉCOUTEZ ET COMPLÉTEZ LES 3 PREMIÈRES PHRASES DU DIALOGUE DE L'EXERCICE.

a. Antonio, guapo, ... de gambas.

b. Lo siento, señora, pero ....

c. ¡Lo dudo mucho! ....

3. ÉCOUTEZ À NOUVEAU ET COCHEZ LES AFFIRMATIONS CORRECTES.

a. ☐ La mujer dice que cuando se pone nerviosa le dan ataques.

b. ☐ Las gambas están a 21 euros y los calamares a 10.

c. ☐ Para hacer la dorada a la sal, hay que limpiarla.

d. ☐ La mujer prefiere hacer la dorada a la plancha.

e. ☐ Finalmente compra calamares y gambas.

f. ☐ El pescadero aconseja hacer las gambas a la plancha.

4. REMPLACEZ *AL* + INFINITIF PAR *CUANDO* + LE VERBE CONJUGUÉ AU TEMPS ADAPTÉ.

a. Al llegar a casa, le dio un ataque. → Cuando ....

b. Al entrar, pidieron la vez. → Cuando ....

c. Al ver el precio de las gambas, te pusiste nervioso. → Cuando ....

5. EXPRIMEZ LA DURÉE DANS CES PHRASES AVEC *LLEVAR* + GÉRONDIF.

a. ¿Cuánto tiempo hace que estás limpiando pescado?

→

b. Está comiendo desde hace dos horas.

→

c. Cuando llegaste, estaba esperándote desde hace una hora.

→

6. TRADUISEZ CES PHRASES.

a. Je te remercie de ta lettre. (deux traductions possibles)

→

b. Il remercie la dame.

→

22.
JE VAIS AU SUPERMARCHÉ

VOY AL SÚPER

OBJECTIFS	NOTIONS
• **FAIRE LES COURSES :** LE NOM DES COMMERCES ET DES MÉTIERS ; LE NOM DES PRODUITS DE PREMIÈRE NÉCESSITÉ ; LE POIDS, LES EMBALLAGES ET LES CONDITIONNEMENTS • **RAPPORTER DES ÉVÉNEMENTS PASSÉS** • **EXPRIMER DES GOÛTS :** LE BON ET LE MAUVAIS ; LE SAIN ET LE MALSAIN	• **LES VALEURS DE LA PRÉPOSITION** *DE* • *SER* ET *ESTAR* + *BUENO* / *MALO* • *TRAER* : CONTRASTE ENTRE *TRAER* ET *LLEVAR* ; CONJUGAISON AU PRÉSENT DE L'INDICATIF ET DU SUBJONCTIF • **TROIS VERBES IRRÉGULIERS AU PASSÉ SIMPLE :** *HACER*, *DECIR*, *TRAER*

LA LISTE DES COURSES

– Il n'y a plus de beurre, il manque de la confiture pour le petit déjeuner… Le frigo est vide !

– Tu as raison. Allez, je prends la voiture et je vais au supermarché.

– Ne va pas si vite [cours pas autant] : la dernière fois où tu es allé au centre commercial, ça a été un désastre.

– Tu n'as pas aimé les courses que j'ai faites ?

– Eh bien non, tu as ramené mille choses inutiles.

– Ce n'est pas ma faute : tu ne m'as pas dit ce qu'il fallait !

– Eh bien cette fois, je te fais la liste des courses. Note: (de la) lessive, (du) dentifrice, (du) coton, (du) shampoing, (du) papier hygiénique…

– Eh, doucement !

– Il ne reste presque plus de boissons : ramène des canettes de bière, six litres de lait, et aussi du vin.

– Des jus de fruit ?

– Oui, d'orange. Mais en bouteille en verre, pas en brique, hein ? Ah, et des yaourts.

– Et comme nourriture ?

– Achète des pâtes, oui, et des paquets de chips pour l'apéritif.

– Rien d'autre ? Je ne rapporte pas de poisson, de charcuterie, de viande ?

– Non, je te connais, tu vas acheter un tas de ces plats préparés dégoûtants dont tu raffoles.

– Ils sont très bons !

– De plus, ils sont très mauvais pour la santé. Toi, tu vas au supermarché pour les choses basiques. Pour le reste c'est moi qui vais à la poissonnerie, à la boucherie et chez le primeurs du quartier.

– Qu'est-ce que tu es snobinarde…

LA LISTA DE LA COMPRA

– Se ha acabado la mantequilla, falta mermelada para el desayuno… ¡Está la nevera vacía!

– Tienes razón. Venga, cojo el coche y voy al súper.

– No corras tanto: la última vez que fuiste al centro comercial fue un desastre.

– ¿No te gustó la compra que hice?

– Pues no, trajiste mil cosas inútiles.

– No es culpa mía: ¡tú no me dijiste lo que hacía falta!

– Pues esta vez te hago la lista. Apunta: detergente, pasta de dientes, algodón, champú, papel higiénico…

– Eh, ¡despacito!

– Casi no quedan bebidas: trae latas de cerveza, seis litros de leche, y también vino.

– ¿Zumos de fruta?

– Sí, de naranja. Pero en botella de cristal, no en cartón, ¿eh? Ah, y yogures.

– ¿Y de comida?

– Compra pasta, sí, y bolsas de patatas fritas para el aperitivo.

– ¿Nada más? ¿No traigo pescado, charcutería, carne?

– No. Te conozco y vas a comprar un montón de esos precocinados asquerosos que te vuelven loco.

– ¡Están buenísimos!

– Además son muy malos para la salud. Tú ve al súper para lo básico. Para lo demás voy yo a la pescadería, a la carnicería y a la verdulería del barrio.

– Qué pija eres…

COMPRENDRE LE DIALOGUE
FORMULES ET EXPRESSIONS

→ Différentes formules permettent d'exprimer un manque : **Se ha acabado la mantequilla**, *Il n'y a plus de beurre*, littéralement *le beurre s'est fini* ; **Falta mermelada**, *Il manque de la confiture* ; **No quedan bebidas**, *Il ne reste plus de boissons* ; **Hace falta cerveza**, *Il faut de la bière*.

→ Comme **bici** pour **bicicleta** ou **boli** pour **bolígrafo**, le diminutif est parfois une forme raccourcie du mot. Dans le dialogue, par exemple, **súper** pour **supermercado**. On peut aussi utiliser le suffixe **-ito/-ita** : **una botellita**, *une petite bouteille*. Notez que l'espagnol utilise le diminutif – avec une valeur affective – y compris pour l'adverbe : **despacio**, *doucement* / **despacito**, *tout doucement*.

POIDS ET CONDITIONNEMENTS

→ **Litro**, **kilo**, **medio kilo** et **cuarto de kilo** permettent d'indiquer les mesures de base. Pour les conditionnements, **botella**, *bouteille*, a le même usage qu'en français : **una botella de vino**. **Paquete** s'emploie par exemple dans **un paquete de arroz**, *un paquet de riz* ; mais on parlera de **una bolsa de patatas fritas** si on considère qu'il s'agit d'un sachet, moins rigide. **Lata** désigne *une boîte de conserve* et également *une canette* : **una lata de cerveza, una lata de sardinas**. **Un cartón, un brik** et même **un tetrabrik** désignent *une brique* : **un brik de leche**. Et pour en rester aux produits du dialogue, on dira **un bote de detergente, un bote de champú, un tarro de mermelada, un tubo de pasta de los dientes** et **un rollo de papel higiénico**.

COMMERCES ET PROFESSIONS

Les suffixes **-ería** et **-ero** permettent de construire bon nombre de noms de commerces et de métiers, à partir du nom du produit.

produit	métier	commerce
pescado	pescadero/a	pescadería
carne	carnicero/a	carnicería
verdura	verdulero/a	verdulería
fruta	frutero/a	frutería
libro	librero/a	librería

NOTE CULTURELLE

Pour faire son marché en Espagne, il y a le traditionnel **mercado**, situé dans une halle couverte (certaines sont de vrais monuments) qui garantit variété, fraîcheur et qualité, dans une ambiance animée. Dans les grandes villes, on constate cependant avec nostalgie que la clientèle populaire y est peu à peu remplacée par les acheteurs "gentrifiés". Les prix n'y sont donc pas toujours doux et on y va presque plus en quête de découvertes – sur les stands de dégustation avec une offre alimentaire haut de gamme – que pour remplir son cabas hebdomadaire.

◆ GRAMMAIRE
LA PRÉPOSITION *DE*

• Souvent, la préposition espagnole **de** prend des valeurs particulières différentes du *de* français.
• Elle peut ainsi être l'équivalent de *en* ou de *comme* dans des tournures comme **de primero**, *en entrée* ; **de comida**, *comme nourriture* ; **de bebida**, *en boisson*, etc.
• **De** peut aussi exprimer la matière : **una botella de cristal**, *une bouteille en verre* ; **una camiseta de algodón**, *un tee-shirt en coton*.

SER ET *ESTAR* + *BUENO* ET *MALO*

Comme vu dans le Module n° 20, un certain nombre d'adjectifs changent de sens, selon qu'ils sont employés avec **ser** ou **estar**.
• **Rico**, par exemple, peut signifier *riche* (**Soy rico**, *Je suis riche*) ou *délicieux* (**Estas patatas están ricas**, *Ces chips sont délicieuses*).
• **Bueno** et **malo** permettent quant à eux d'exprimer une gamme de nuances :
- le caractère : **Este perro es bueno**, *Ce chien est gentil* ; **Este gato es malo**, *Ce chat est méchant* ;
- la qualité : **Este médico es bueno**, *Ce médecin est bon* ; **Este profesor es malo**, *Ce professeur est mauvais* ;
- les vertus pour la santé : **El aceite de oliva es bueno para el corazón**, *L'huile d'olive est bonne pour le cœur* ; **Los precocinados son malos para la salud**, *Les plats préparés sont mauvais pour la santé* ;
- le goût : **Estos yogures están buenos**, *Ces yaourts sont bons* (= au goût) ; **Esta leche está mala**, *Ce lait est mauvais* (= il a tourné) ;
- l'état de santé : **Está malo**, *Il est malade* ; **Ya estoy bueno**, *Ça y est, je vais bien*.

▲ CONJUGAISON
LES PASSÉS SIMPLES FORTS (SUITE)

Les verbes **hacer**, **decir** et **traer** apparaissent dans le dialogue au passé simple. Tous les trois font partie de la catégorie des passés simples forts, même si **decir** et **traer** ont une petite particularité : la 3e personne du pluriel a une terminaison en **-eron** et non en **-ieron**.

hacer	traer	decir
hice	traje	dije
hiciste	trajiste	dijiste
hizo	trajo	dijo
hicimos	trajimos	dijimos
hicisteis	trajisteis	dijisteis
hicieron	trajeron	dijeron

TRAER AU PRÉSENT (INDICATIF ET SUBJONCTIF)

- **Traer** fait partie des verbes dits en **-go** à la 1re personne de l'indicatif présent. Cette irrégularité se retrouve à toutes les formes du subjonctif présent.

indicatif présent	subjonctif présent
traigo	traiga
traes	traigas
trae	traiga
traemos	traigamos
traéis	traigáis
traen	traigan

- **Traer** indique un mouvement vers un endroit où se trouve le sujet qui parle : **Trae cervezas**, *Rapporte des bières* (à la maison, ici où j'habite aussi).
- **Llevar** exprime l'inverse, un mouvement à partir de l'endroit où se trouve le sujet : **Llévale el desayuno a la cama**, *Apporte-lui son petit déjeuner au lit*.

⬢ EXERCICES

🔊 **1. ÉCOUTEZ LE NOM DE CES 8 ALIMENTS ET COCHEZ LA CASE CORRESPONDANTE.**
24

	a	b	c	d	e	f	g	h
Bebida								
Comida								

VOCABULAIRE

súper (diminutif de **supermercado**) *supermarché*
vacío/a *vide*
mantequilla (la) *beurre*
mermelada *confiture*
desayuno *petit déjeuner*
correr *courir*
comercial *commercial*
desastre *désastre*
compra (la) *achats*
lista *liste*
apuntar *noter*
detergente (el) *lessive*
pasta de diente (la) *dentifrice*
algodón *coton*
champú *shampoing*
higiénico/a *hygiénique*
casi *presque*
bebida *boisson*
lata *boîte de conserve / canette*
cerveza *bière*
litro *litre*
vino *vin*
zumo *jus*
fruta (la) *fruit*
naranja *orange*
botella *bouteille*
cristal *verre*
cartón *carton / brique (de lait, etc.)*
yogur *yaourt*
comida *nourriture*
pasta (la) *pâtes*
bolsa (la) *paquet (non rigide)*
patata *pomme de terre*
patata frita *frite*
aperitivo *apéritif*
nada más *rien d'autre*
pescado *poisson*
charcutería *charcuterie*
carne *viande*
montón *tas*
precocinado *précuisiné, préparé*
asqueroso/a *dégoûtant(e)*
me vuelve loco/a *je raffole de*
salud *santé*
básico/a *basique*
pescadería *poissonnerie*
carnicería *boucherie*
verdulería *primeur*
barrio *quartier*

2. ÉCOUTEZ ET COMPLÉTEZ LES TROIS PREMIÈRES PHRASES DU DIALOGUE DE L'EXERCICE.

24
a. ¿Pero qué .... ? .... desastre de compra.

b. ¿ .... ?

c. Falta todo! No .... nada de lo que te ....

3. ÉCOUTEZ À NOUVEAU ET COMPLÉTEZ CES AFFIRMATIONS.

a. De bebidas, el hombre ha traído ....

b. La mujer le había pedido ....

c. La mujer piensa que el zumo de cartón ....

d. Al hombre también se le ha olvidado comprar ....

e. En cambio ha encontrado ....

f. Y también se le ha ocurrido ....

g. La mujer considera que están .... y que son ....

4. INTRODUISEZ LES VERBES PROPOSÉS AU PASSÉ SIMPLE ET À LA PERSONNE INDIQUÉE.

a. Ayer .... [nosotros / ir] al súper y .... [nosotros / volver] con un montón de bebidas.

b. La última vez .... [ellos / hacer] una compra horrible: .... [ellos / comprar] solo precocinados.

c. Anoche .... [yo / comer] demasiado y .... [yo / ponerse] enfermo.

d. ¡Qué malo .... [tú / ser]! Te .... [yo / pedir] yogures y solo .... [tú / traer] lo que te gusta a ti.

5. BARREZ LA FORME QUI NE CONVIENT PAS.

a. Estoy cansado: tráeme / llévame una cerveza.

b. ¿Qué quieres que te traiga / lleve de París?

c. Se le había olvidado el móvil: se lo traje / llevé a la oficina.

6. TRADUISEZ CES PHRASES.

a. Il ne reste plus rien dans le frigo: il faut des canettes de bière !

→

b. Va au magasin de fruits et ramène des oranges.

→

c. Je raffole du poisson mais j'ai horreur de la viande.

→

IV

LES

LOISIRS

23. BONNE ANNÉE !
¡FELIZ AÑO!

OBJECTIFS

- DONNER UNE DATE : DIRE LE JOUR, LE MOIS ET LA DATE COMPLÈTE
- EXPRIMER DES OPINIONS POLITIQUES : JE SUIS DE GAUCHE, DE DROITE ; JE SUIS POUR, JE SUIS CONTRE
- L'ALIMENTATION : LE NOM DES VIANDES ET DE DIVERS FRUITS ET LÉGUMES
- LEXIQUE : AUTOUR DES FÊTES DE FIN D'ANNÉE

NOTIONS

- TRADUCTION DE "DEVENIR" : *HACERSE*
- *RECORDAR* / *ACORDARSE DE*
- *DECIR QUE* + INDICATIF OU SUBJONCTIF
- LES MODIFICATIONS ORTHOGRAPHIQUES : LES GROUPES *CE* ET *CI*
- PASSÉS SIMPLES FORTS : *PODER, VENIR, HABER*
- UN VERBE EN –*ZCO* : *DESAPARECER*

JOYEUSES FÊTES !

– De quoi as-tu envie pour le réveillon du Jour de l'An ?

– Un petit bouillon et au lit tôt. J'ai beaucoup grossi dernièrement.

– Et nos invités ?

– Tu ne sais peut-être pas que je déteste fêter le 31 décembre ?

– Qu'est-ce que tu es devenu antipathique ! Il va juste y avoir ma famille.

– Tu ne te rappelles pas la dernière fois où ils sont tous venus ?

– Il y a eu une dispute, oui...

– Les uns sont de droite et sont pour le gouvernement, les autres sont de gauche et sont contre.

– Le pire, ce n'est pas la politique, c'est la nourriture : ma mère ne digère pas l'agneau et le bœuf.

– Et ton beau-frère est allergique à la volaille : autrement dit, adieu dinde farcie.

– En plus, ma sœur est devenue végane et ne peut même pas goûter les œufs.

– Il ne manquait plus que ça [C'est ce qu'il manquait].

– On met des carottes, des poireaux, des tomates, et que chacun se les assaisonne à sa façon.

– Quel dîner...

– J'ai oublié de te dire que pour le dessert, il y a les collègues du bureau qui viennent. Ne t'en fais pas : je leur ai dit d'amener le champagne, les raisins et les nougats.

– Moi je disparais, je m'en vais à l'hôtel ! Dis-leur que j'ai eu une obligation à l'étranger et que je n'ai pas pu rentrer.

– Dis-moi, quel jour sommes-nous [c'est quel jour] aujourd'hui ?

– Nous sommes le 28, pourquoi ? Ah, mais que je suis bête !

– Tu y as cru !

– Heureusement que c'était une blague...

¡FELICES FIESTAS!

– ¿Qué te apetece para la cena de Nochevieja?

– Un caldito y a la cama temprano. Me he puesto muy gordo últimamente.

– ¿Y nuestros invitados?

– ¿Acaso no sabes que detesto celebrar el 31 de diciembre?

– ¡Qué antipático te has vuelto! Solo va a estar mi familia.

– ¿No recuerdas la última vez que vinieron todos?

– Hubo una discusión, sí…

– Unos son de derechas y están a favor del gobierno, otros son de izquierdas y están en contra.

– Lo peor no es la política, es la comida: a mi madre le sientan mal el cordero y la ternera.

– Y tu cuñado es alérgico a las aves, o sea, que… ¡adiós pavo relleno!

– Encima mi hermana se ha hecho vegana y no puede probar ni los huevos.

– Lo que faltaba.

– Ponemos zanahorias, puerros, tomates, y que cada cual se los aliñe a su manera.

– Menuda cena…

– Se me olvidó decirte que para el postre vienen los compañeros de la oficina. No te preocupes: les digo que traigan ellos los turrones, el champán y las uvas.

– ¡Yo desaparezco, me voy a un hotel! Diles que tuve un compromiso en el extranjero y que no pude volver.

– Oye, ¿qué día es hoy?

– Estamos a 28, ¿por qué? Ah, ¡pero qué tonto soy!

– ¡Te lo has creído!

– Menos mal que era una broma…

■ COMPRENDRE LE DIALOGUE
DIRE UNE DATE

• Pour dire le jour, il y a deux formules possibles, avec **ser** ou avec **estar a** : **¿Qué día es hoy?** C'est quel jour, aujourd'hui ? ; **¿A qué día estamos?** Quel jour sommes-nous ? ; **Hoy es lunes**, Aujourd'hui c'est lundi ; **Estamos a lunes**, Nous sommes lundi.

• Pour dire une date complète, on ajoute **de** devant le mois et devant l'année : **el 12 de octubre de 1492**, le 12 octobre 1492. Voici les mois :

enero, janvier	abril, avril	julio, juillet	octubre, octobre
febrero, février	mayo, mai	agosto, août	noviembre, novembre
marzo, mars	junio, juin	septiembre, septembre	diciembre, décembre

LES OPINIONS PERSONNELLES

• La gauche, la droite et le centre politiques se disent, comme en France, **la izquierda**, **la derecha** et **el centro**. Les deux premiers termes se mettent au pluriel s'ils sont employés avec le verbe **ser** : **Soy de izquierdas**, Je suis de gauche ; **Soy de derechas**, Je suis de droite. Être pour et être contre s'expriment avec **estar**. **Estar a favor de / en contra de** : **¿Estás a favor de las corridas?** Tu es pour les corridas ? ; **Estoy en contra de las corridas**, Je suis contre les corridas.

LE NOM DES VIANDES

• Remarquez que, parfois, le genre change entre le français et l'espagnol : **el pavo** correspond par exemple à la dinde. De même, **la ternera** est le nom générique de la viande de bœuf : **Quisiera un filete de ternera**, Je voudrais un steak.

NOTE CULTURELLE

Le mois de décembre concentre bon nombre de jours fériés : les incontournables fêtes de fin d'année évidemment, mais aussi le 8 décembre, en l'honneur de la Constitution. **Nochebuena** désigne la nuit de Noël et **Nochevieja** celle du jour de l'An, où l'on gobe douze grains de raisin à minuit pour porter bonheur. Par ailleurs, la tradition veut que les enfants reçoivent leurs cadeaux le 6 janvier, pour **Reyes**, les Rois Mages. Le 28 décembre est une date dangereuse : c'est la fête des **Inocentes**, Innocents. Mais ce mot en espagnol signifie également naïf… et c'est donc l'occasion de toutes sortes de plaisanteries, l'équivalent de nos poissons d'avril. Si la farce réussit, on conspue la victime en criant : "**¡Inocente, inocente!**".

◆ GRAMMAIRE
TRADUCTION DE "DEVENIR"

Vous connaissez la distinction entre **volverse** et **ponerse**, qui recoupe celle de **ser** et de **estar**. On la retrouve dans la leçon : **Me he puesto gordo**, *J'ai grossi* (= **estoy gordo**) ; **Te has vuelto antipático**, *Tu es devenu antipathique* (= **eres antipático**) ; **Hacerse** peut parfois prendre la place de **volverse**, si la transformation envisagée est volontaire (par exemple un choix de vie, professionnel ou idéologique) : **Se ha hecho vegana**, *Elle est devenue végane.*

"JE ME SOUVIENS"

• Vous connaissez **acordarse**, *se souvenir*. Vous pouvez l'employer seul ou avec la préposition **de**, si vous exprimez ce dont on se souvient : **¿Te acuerdas?** *Tu te souviens ?* ; **Sí, me acuerdo**, *Oui, je me souviens* ; **¿Te acuerdas de mí?** *Tu te souviens de moi ?* ; **Claro que me acuerdo de ti**, *Bien sûr que je me souviens de toi.*

• Vous disposez aussi du verbe **recordar**, qui est par contre transitif, sans **de** : **¿Recuerdas la vez que vinieron todos ?** *Tu te souviens de la fois où ils sont tous venus ?* Vous pouvez aussi l'employer au sens de "rappeler quelque chose à quelqu'un" : **Me recuerda a alguien**, *Il me rappelle quelqu'un* ; **Recuérdame que tengo que llamarlo**, *Rappelle-moi que je dois l'appeler.*

"DIRE QUE" / "DIRE DE"

DECIR QUE + **INDICATIF**
Cette formule correspond à *dire que*, exprimant un fait à l'indicatif : **Diles que tuve un compromiso**, *Dis-leur que j'ai eu une obligation.*

DECIR QUE + **SUBJONCTIF**
Cette formule correspond à *dire de* + infinitif, pour donner un ordre. Le verbe est au subjonctif : **Les digo que traigan los turrones**, *Je leur dis d'amener les nougats.*

LES MODIFICATIONS ORTHOGRAPHIQUES

• Voici les modifications concernant les lettres **-g** et **c-** : **sacar**, *sortir* / **saqué**, *j'ai sorti* ; **elegir**, *choisir* **/ elijo**, *je choisis* ; **pagar**, *payer* / **pagué**, *j'ai payé.*

• Les orthographes **ze** et **zi** sont pratiquement inexistantes en espagnol : *zéro*, par exemple, s'écrit **cero**. Ce son (celui du th anglais de think) s'écrit : **za, ce, ci, zo, zu**. On aura donc **Feliz año**, mais **Felices fiestas**.

▲ CONJUGAISON
LES PASSÉS SIMPLES FORTS (SUITE)

Ce dialogue complète presque la liste des passés simples forts : voici **poder** et **venir**, ainsi que l'auxiliaire **haber** (utile pour dire "il y a", "il y eut").

haber	poder	venir
hube	pude	vine
hubiste	pudiste	viniste
hubo	pudo	vino
hubimos	pudimos	vinimos
hubisteis	pudisteis	vinisteis
hubieron	pudieron	vinieron

UN VERBE EN -ZCO

Vous savez que les verbes en **-acer, -ecer, -ocer, -ucir** ont une première personne du présent en **-zco** : **nazco**, *je nais* ; **parezco**, *je semble* ; **conozco**, *je connais* ; **conduzco**, *je conduis*. Voici **desaparecer**.

desaparecer
desaparezco
desapareces
desaparece
desaparecemos
desaparecéis
desaparecen

●EXERCICES

1. ÉCOUTEZ LES DATES, TRANSCRIVEZ-LES EN ESPAGNOL ET DONNEZ LEUR ÉQUIVALENT EN CHIFFRES (EX. : *El 1 de enero de 2017* **= 01/01/2017).**

a. ....

b. ....

c. ....

d. ....

23. Bonne année !

VOCABULAIRE

feliz *heureux,-euse*
Nochevieja *nuit du 31 décembre*
cena de Nochevieja *réveillon du 31 décembre*
caldo *bouillon*
temprano *tôt*
ponerse gordo/a *grossir*
últimamente *dernièrement*
invitado/a *invité(e)*
celebrar *fêter*
diciembre *décembre*
antipático/a *antipathique*
recordar [ue] *se souvenir (de)*
discusión *dispute*
ser de derechas *être de droite*
ser de izquierdas *être de gauche*
estar a favor de *être pour*
gobierno *gouvernement*
estar en contra de *être contre*
política *politique*
me sienta mal el… *je ne digère pas bien le…*
cordero *agneau*
ternera (la) *bœuf*
alérgico/a *allergique*
ave *oiseau*
aves (las) *volaille*
pavo (el) *dinde*
relleno/a *farci(e)*
encima *au-dessus / en plus*
vegano/a *végan(e)*
probar [ue] *goûter*
huevo *œuf*
lo que faltaba *il ne manquait plus que ça*
zanahoria *carotte*
puerro *poireau*
tomate (el) *tomate*
cada cual *chacun(e)*
aliñar *assaisonner*
manera *manière, façon*
postre *dessert*
turrón *nougat*
champán *champagne*
uva (la) *raisin*
desaparecer *disparaître*
hotel *hôtel*
compromiso *engagement, obligation*
menos mal que *heureusement que*

2. ÉCOUTEZ ET COMPLÉTEZ LES 3 PREMIÈRES PHRASES DU DIALOGUE DE L'EXERCICE.
25

a. Dime, Luis: ¿tenéis .... para .... ?

b. No, ... quedarnos en casa. Estamos ....

c. ¿Por qué no .... y lo .... juntos?

3. ÉCOUTEZ À NOUVEAU ET COCHEZ LES AFFIRMATIONS CORRECTES.

a. ☐ Carmen y Luis se van a acostar sin tomar las uvas.

b. ☐ Piensan que se han puesto gordos con las fiestas.

c. ☐ A Carmen le sienta mal el cordero.

d. ☐ Carmen no come pavo porque se ha hecho vegana.

e. ☐ Carmen puede comer carne picada.

f. ☐ A Carmen los compañeros de la oficina le caen mal.

4. CONJUGUEZ LES VERBES DONNÉS À L'INDICATIF OU AU SUBJONCTIF.

a. Dice que .... demasiado gordo. [estar]

b. ¡Luis nos ha invitado, dice que .... a cenar con él! [ir]

c. Luis dice que su mujer .... vegana. [ser]

d. Le dice a su amigo que no .... carne para ella. [comprar]

5. CHOISISSEZ UN DES DEUX VERBES ET CONJUGUEZ-LE DANS LA PHRASE, AU TEMPS PROPOSÉ.

a. Mi cuñado [ponerse / volverse] ....de izquierdas. (passé composé)

b. ¿No comes pavo? ¿[hacerse / volverse] . ...alérgico a las aves? (passé composé)

c. Pon el champán en el frigorífico para que [ponerse/ volverse] .... frío. (subjonctif présent)

d. Mi vecina [hacerse / ponerse] .... librera porque le gustaban los libros. (passé simple)

6. TRADUISEZ CES PHRASES.

a. Tu ne te souviens pas de la dernière fois où nous avons dîné ensemble? (2 formules)

→

b. J'ai envie d'un petit bouillon avec des carottes et des poireaux.

→

c. Je n'aime pas le steack et je ne digère pas bien l'agneau.

→

d. Heureusement qu'il y eut du nougat et des raisins en dessert !

→

24.
BON APPÉTIT !
¡QUE APROVECHE!

OBJECTIFS

- AU RESTAURANT : DEMANDER UN CONSEIL ET DES PRÉCISIONS ; CHOISIR ET COMMANDER
- LEXIQUE DE L'ALIMENTATION : VIANDES, DÉCOUPES ET CUISSONS ; NOMS DE POISSONS ; TYPES D'EAU ET TEMPÉRATURE DES BOISSONS

NOTIONS

- LA PÉRIPHRASE *IR* + GÉRONDIF
- L'ENCLISE AU GÉRONDIF
- L'ARTICLE *EL* DEVANT UN NOM FÉMININ
- DOUBLES SENS : *SER/ESTAR DELICADO*
- VALEUR DE CARACTÉRISATION DE LA PRÉPOSITION *DE*
- LE FUTUR RÉGULIER / UN FUTUR IRRÉGULIER (*HACER*)

AU RESTAURANT

– J'ai réservé une table au nom de Pedro Angulo.

– Oui, suivez-moi, s'il vous plaît.

– J'ai réservé [fait la réservation] pour six personnes et finalement, je serai seul.

– Nous sommes ici pour satisfaire le client. Je vous donnerai cette table, est-ce que ça vous va ?

– Elle est un peu près de la porte des toilettes… Il n'y en a pas une dehors, sur la terrasse, au frais ?

– Celle-là est prévue pour trois, mais nous ferons un effort… Prendrez-vous un apéritif pendant que vous commencez à lire la carte ?

– Non, je suis assez pressé. Je voudrais du [quelque chose en] poisson, que me recommandez-vous ?

– Je peux vous proposer du colin, de la sole et des rougets.

– Ah, j'avais plutôt envie de sardines grillées… Je prendrai de la viande alors.

– Il y a une [de la] côte de bœuf galicien, superbe. Vous la voulez à point ? Saignante ?

– Quelle (est) la garniture [a-t-elle] ?

– Des pommes de terre au four, mais nous pouvons vous la changer.

– Tout bien pensé, je préfère quelque chose de léger. Pouvez-vous me faire un blanc de volaille grillé, avec une salade composée ?

– Hum, ceci n'est pas une paillotte de plage, monsieur.

– Bon, eh bien alors je commanderai [demanderai] directement le dessert.

– Il y a une tarte maison : à la fraise ou à la framboise ?

– Ma préférée, c'est la tarte aux pommes, mais je ne serai pas difficile : à la fraise.

– Boirez-vous quelque chose ? Un vin doux ?

– Juste de l'eau, merci.

– Gazeuse ? Plate ?

– Une carafe, et à température ambiante. Je supporte très mal l'eau froide.

EN EL RESTAURANTE

– He reservado una mesa a nombre de Pedro Angulo.

– Sí, sígame, por favor.

– Hice la reserva para seis personas y al final estaré solo.

– Estamos aquí para satisfacer al cliente. Le daré esta mesa, ¿le va bien?

– Está un poco cerca de la puerta del servicio… ¿No hay una fuera, en la terraza, al fresco?

– Aquella está prevista para tres, pero haremos un esfuerzo… ¿Tomará usted un aperitivo mientras va leyendo la carta?

– No, tengo bastante prisa. Quisiera algo de pescado, ¿qué me recomienda?

– Le puedo ofrecer merluza, lenguado y salmonetes.

– Ah, me apetecían más bien sardinas asadas… Tomaré carne entonces.

– Hay chuletón de buey gallego, espléndido. ¿Lo quiere al punto? ¿Poco hecho?

– ¿Qué guarnición tiene?

– Patatas al horno, pero se la podemos cambiar.

– Pensándolo bien, prefiero algo ligero. ¿Me puede hacer una pechuga a la plancha, con una ensalada mixta?

– Ejem, esto no es un chiringuito de playa, caballero.

– Bueno, pues entonces pediré directamente el postre.

– Hay tarta de la casa: ¿de fresa o de frambuesa?

– Mi preferida es la tarta de manzana, pero no seremos delicados: de fresa.

– ¿Beberá usted algo? ¿Un vino dulce?

– Solo agua, gracias.

– ¿Con gas? ¿Sin gas?

– Una jarra, y del tiempo. Me sienta fatal el agua fría.

■ **COMPRENDRE LE DIALOGUE**
  À TABLE !

→ Nommer les pièces de viande et préciser les cuissons :
  - **chuletón**, *côte de bœuf*
  - **chuleta de cerdo**, *côtelette de porc*, ou **de cordero**, *d'agneau*
  - **pechuga**, *blanc de volaille* ou **muslo**, *cuisse de volaille*
  - **al punto**, *à point*
  - **poco hecho**, *saignant*
  - **muy hecho**, *bien cuit*

→ La boisson peut être **fría**, *froide*, ou **del tiempo**, *à température ambiante*.

→ Gare aux pièges ! **Ensalada** (ou **ensalada mixta**) désigne *une salade composée*, mais ce mot a deux diminutifs : **ensaladita**, simplement *une petite salade composée*, et **ensaladilla** qui désigne *la salade russe*. Quant à **tarta**, c'est parfois l'équivalent de notre tarte (**tarta de manzanas**, *tarte aux pommes*), mais très souvent aussi *un gros gâteau, crémeux ou glacé*.

→ Retenez enfin deux termes pour souhaiter bon appétit : **Que aproveche** ou **Buen provecho**.

NOTE CULTURELLE

Il y a en Espagne près de 270 000 bars et établissements de restauration, soit un pour 175 habitants, un record mondial : en se serrant un peu, la population nationale tiendraient dans ses bars… Sans parler du haut de gamme, l'offre va de la traditionnelle **casa de comidas**, *restaurant de quartier*, au moderne gastro-bar, déco grise et cuisine fusion, sans oublier le **chiringuito**, *la paillotte estivale en bord de mer*, où tout est possible : du délicieux poisson frais abordable à la paella grossière à des prix défiant toute… clientèle ! En Espagne, on sort davantage **de copas**, *boire un coup* et la boisson ne se conçoit guère sans **algo para picar**, *quelque chose à grignoter* : nous entrons ici dans le vaste univers de **la tapa**. Une légende plausible veut que le terme vienne de **tapar**, *couvrir*, et qu'autrefois, **la tapa** ait désigné une rondelle de charcuterie posée sur le verre pour le protéger des mouches. Les temps ont bien changé et **la tapa** est parfois une façon intéressante de parcourir la gastronomie des lieux : dans le nord, sous le nom de **pintxos**, il s'agit de vrais mini-plats cuisinés, variés et délicieux. À plusieurs, vous pouvez aussi demander des portions plus grandes, **medias raciones** et **raciones**.

◆ GRAMMAIRE
USAGES DU GÉRONDIF

IR + GÉRONDIF

Vous connaissez la forme progressive : **estoy comiendo**, *je mange* (= *je suis en train de manger*). Il existe une autre modalité de cette périphrase, où le gérondif suit **ir** : **mientras va leyendo la carta**, *pendant que vous lisez la carte*. On insiste ici sur le fait que l'action n'a pas atteint son terme ou débute juste. On dira par exemple, en automne : **Va haciendo frío**, *Il commence à faire froid* ; ou encore **Voy mejorando en español**, *Je m'améliore peu à peu en espagnol*.

L'ENCLISE AU GÉRONDIF

Comme pour l'impératif et l'infinitif, le pronom personnel s'accroche à la forme verbale : **Pensándolo bien**, *Tout bien pensé* ; **Estoy hablándote**, *Je suis en train de te parler*.
Remarquez l'accent écrit, qui apparaît, puisque le mot s'allonge d'une syllabe du fait de l'enclise.

L'ARTICLE *EL* DEVANT UN NOM FÉMININ

Lorsqu'un nom féminin commence par un **-a** tonique, l'article défini n'est pas **la** mais **el** : **el agua**. Il s'agit simplement d'éviter le choc de deux **a** en position forte. Attention donc à ne pas appliquer cette règle à tort et à travers ! Elle ne concerne pas les mots où le **-a** initial ne porte pas l'accent tonique : **la amiga** (c'est la syllabe **-mi** qui est accentuée). Au pluriel, le problème ne se pose pas non plus et on retrouve donc l'article féminin : **las aguas termales**, *les eaux thermales*. Enfin, le mot concerné ne devient pas pour autant masculin et, si un adjectif l'accompagne, il s'accordera bien au féminin : **el agua fresca**, *l'eau fraîche* ; **el ave blanca**, *l'oiseau blanc*.

À RETENIR

DOUBLES SENS AVEC *SER* ET *ESTAR*

Vous avez vu **ser delicado**, *être difficile*, en parlant des goûts et des exigences : **Este niño es delicado, no le gusta nada**, *Cet enfant est difficile, il n'aime rien*. On peut aussi utiliser cet adjectif au sens de délicat : **Esta flor es delicada**, *Cette fleur est délicate*. Mais, employé avec **estar**, il se réfère à la santé : **Mi abuela está delicada**, *Ma grand-mère est en mauvaise santé*.

LA PRÉPOSITION *DE*

Retenez l'emploi "de caractérisation" de la préposition **de** : **una tarta de manzana**, *une tarte aux pommes*. Il correspond en français au *à la*, indiquant la saveur ou la composition d'un aliment : **un helado de vainilla**, *une glace à la vanille*.

▲ CONJUGAISON
LE FUTUR

Comme en français, le futur régulier se construit avec l'infinitif du verbe, auquel on ajoute des terminaisons dérivées de l'auxiliaire *avoir* : *je chanterai, tu chanteras…* **cantaré, cantarás…** Soyez bien attentifs à l'accent tonique, dans l'orthographe et la prononciation. Les irrégularités ne portent que sur le radical. Vous avez par exemple rencontré **haremos**, *nous ferons*, futur du verbe **hacer**.

tomar	beber
tomaré	beberé
tomarás	beberás
tomará	beberá
tomaremos	beberemos
tomaréis	beberéis
tomarán	beberán

hacer
haré
harás
hará
haremos
haréis
harán

● EXERCICES

1. ÉCOUTEZ LE NOM DE CES 8 ALIMENTS ET COCHEZ LA CASE CORRESPONDANTE.
26

	a	b	c	d	e	f	g	h
Carne								
Pescado								

● VOCABULAIRE

que aproveche *bon appétit*
restaurante *restaurant*
reservar *réserver*
a nombre de *au nom de*
reserva *réservation*
satisfacer *satisfaire*
puerta *porte*
servicio (el) *toilettes*
fuera *dehors, à l'extérieur*
terraza *terrasse*
fresco *frais*
previsto/a *prévu(e)*
esfuerzo *effort*
carta *carte*
recomendar [ie] *recommander*
ofrecer *proposer*
merluza (la) *colin*
lenguado (el) *sole*
salmonete *rouget*
sardina *sardine*
asado/a *grillé(e)*
chuletón (el) *côte de bœuf*
buey *bœuf*
gallego *galicien*
espléndido/a *superbe*
al punto *à point*
poco hecho/a *saignant(e)*
guarnición *garniture*
cambiar *changer*
bien pensado *tout bien pensé*
ligero/a *léger, -ère*
pechuga (la) *blanc de volaille*
ensalada mixta *salade composée*
chiringuito (el) *paillotte*
tarta (la) *tarte, gâteau*
fresa *fraise*
frambuesa *framboise*
manzana *pomme*
delicado/a *difficile, raffiné(e)*
dulce *doux, douce*
con gas *gazeux, -euse*
sin gas *plat(e)*
jarra *carafe*
del tiempo *à température ambiante*
frío/a *froid(e)*

2. ÉCOUTEZ ET COMPLÉTEZ LES 3 PREMIÈRES PHRASES DU DIALOGUE DE L'EXERCICE.

a. Hola, buenos días, ¿ .... ?

b. Si no ...., hay un poquito de espera.

c. ¿ ...., más o menos?

3. ÉCOUTEZ À NOUVEAU ET COCHEZ LES AFFIRMATIONS CORRECTES.

a. ☐ El camarero y los clientes se tratan de usted.
b. ☐ Hay un cuarto de hora de espera para la terraza.
c. ☐ Todos beberán cerveza.
d. ☐ Media ración está bien para tres.
e. ☐ El niño come pechuga.
f. ☐ De tapa van a pedir gambas, sardinas y calamares.
g. ☐ Tomarán también ensaladilla.

4. RÉÉCRIVEZ CES PHRASES AU FUTUR.

a. ¿Reservas una mesa para estar seguros o vamos así?

→

b. ¿Tomáis vino o preferís cerveza?

→

c. Vale, no soy delicado: me siento dentro si no hay sitio fuera.

→

d. ¿Me hace usted una pechuga a la plancha?

→

5. TRANSPOSEZ CES PHRASES EN INTRODUISANT LA PÉRIPHRASE *IR* + GÉRONDIF (IL SE FAIT VIEUX → IL COMMENCE À SE FAIRE VIEUX).

a. Se hace viejo. →
b. ¿Ponemos la mesa? →
c. Aso las sardinas, ¿vale? →
d. El tiempo cambia. →

6. TRADUISEZ CES PHRASES.

a. Je prendrai des côtelettes d'agneau bien cuites et une tarte aux fraises.

→

b. J'ai demandé de l'eau plate à température ambiante et vous m'avez apporté de l'eau gazeuse froide.

→

c. Pouvez-vous changer la garniture de la côte de bœuf ?
→

25.
ÇA NE ME VA PAS DU TOUT

ME QUEDA FATAL

OBJECTIFS

- ACHETER DES VÊTEMENTS : LES NOMMER, DEMANDER UNE TAILLE, DIRE COMMENT UN VÊTEMENT VOUS VA
- PARLER DE LA MODE
- NÉGOCIER UN ÉCHANGE
- LEXIQUE : LE NOM DES SAISONS

NOTIONS

- L'INFINITIF SUJET : *ES DIFÍCIL ACERTAR*
- LA SUBORDONNÉE CONDITIONNELLE AU SUBJONCTIF : *CON TAL DE QUE*
- LA PHRASE NÉGATIVE : *NI SIQUIERA*
- LES FUTURS IRRÉGULIERS : *PODER, PONER, TENER, QUERER, VALER*

DANS UN MAGASIN DE VÊTEMENTS

– Bonjour, on s'occupe de toi ?

– Bonjour, on m'a offert quelques articles achetés ici…

– Et tu souhaites les rendre, c'est ça ? Ça arrive souvent. Avec les vêtements, il est difficile de faire le bon choix.

– Ce n'est pas qu'ils soient laids, mais ils ne me vont pas bien.

– Si tu n'as pas jeté le ticket, tu pourras les échanger, à condition que l'article soit en bon état.

– La minijupe, je ne l'ai même pas essayée : je sais qu'elles me vont comme un tablier à une vache.

– Cette saison, on ne portera pas du long, tu sais ?

– Même si c'est à la mode, je ne mettrai jamais rien au-dessus du genou, ça ne m'avantage pas.

– Et la robe ?

– Elle est large à la taille, étroite aux épaules et courte pour les manches.

– Si tu veux, nous faisons des retouches.

– La couleur non plus ne me convainc pas. Pour porter du marron, je devrai attendre que ce soit l'automne.

– Ce n'est pas très printanier, c'est sûr.

– En revanche, je dois faire un cadeau à un garçon. Vous avez un rayon hommes ?

– Oui. Tu cherches quelque chose de précis [en concret] ?

– Une veste bleue.

– Quelle taille fait-il ?

– Il fait du 42.

– Regarde, ce que tu cherchais ! Et soldée, tu as de la chance : 60 euros seulement.

– Une affaire, je la prends.

– Eh bien tu me dois seulement 20 euros.

– Alors comme ça, ma meilleure amie n'a dépensé que 40 euros pour mon anniversaire… Je m'en souviendrai !

27 — EN UNA TIENDA DE ROPA

– Buenas, ¿te atienden?

– Hola, me han regalado unos artículos comprados aquí…

– Y deseas devolverlos, ¿es eso? Suele ocurrir. Con la ropa es difícil acertar.

– No es que sean feos, pero no me quedan bien.

– Si no has tirado el tique podrás cambiarlos, con tal de que el artículo esté en buen estado.

– La minifalda ni me la he probado: sé que me sientan como a un santo dos pistolas.

– Esta temporada no se llevará lo largo, ¿sabes?

– Aunque esté de moda nunca me pondré nada por encima de la rodilla, no me favorece.

– ¿Y el vestido?

– Me queda ancho de cintura, estrecho de hombros y corto de mangas.

– Si quieres, hacemos arreglos.

– Tampoco me convence el color. Para ir de marrón tendré que esperar a que sea otoño.

– No es muy primaveral, desde luego.

– En cambio, tengo que hacer un regalo a un chico. ¿Tenéis sección de caballero?

– Sí. ¿Buscas algo en concreto?

– Una americana azul.

– ¿Qué talla usa?

– Gasta una 42.

– Mira, ¡lo que buscabas! Y rebajada, tienes suerte: 60 euros nada más.

– Una ganga, me la quedo.

– Pues solo me debes 20.

– O sea, que mi mejor amiga solo se gastó 40 euros por mi cumpleaños… ¡Me acordaré!

COMPRENDRE LE DIALOGUE
LE NOM DES VÊTEMENTS

→ Comme en anglais, il existe un nom singulier collectif pour désigner les vêtements : **la ropa**. On parle ainsi de **tienda de ropa**, *magasin de vêtements*, de **ropa de caballero**, *vêtements pour homme*, et de **ropa interior** pour les *sous-vêtements*. Si vous voulez évoquer un vêtement spécifique, vous utiliserez le mot **prenda** : **No me gusta el color de esta prenda**, *Je n'aime pas la couleur de ce vêtement.*

→ Dans les précédents dialogues, vous avez découvert un petit lexique des noms de vêtements les plus usuels. Notez qu'il existe deux mots pour désigner *une veste* : **La americana**, *le blazer, la veste non assortie* ; **la chaqueta**, *la veste de costume*. Deux termes encore : **el traje**, *le costume masculin*, et **el traje de chaqueta**, *le tailleur féminin*.

LES TAILLES

→ **¿Cuál es su talla?, ¿Qué talla usa?, ¿Qué talla gasta?** sont trois questions équivalentes pour demander *Quelle taille faites-vous ?* S'il s'agit de chaussures, on pourra demander **¿Qué pie gasta?**

"ÇA ME VA", "ÇA NE ME VA PAS"

→ **Quedar** est le verbe passe-partout pour dire si un vêtement vous va : **Me queda bien/mal/fatal**, *Ça me va bien/mal/très mal*. Votre jugement peut être plus précis (**Me queda corto, largo, ancho, estrecho...**, *C'est court, long, large, étroit...*) et s'attacher à une partie du vêtement (**de hombros**, *aux épaules* ; **de mangas**, *aux manches...*). Attention ici à **cintura**, qui est un faux-ami : c'est le tour de taille, et non *la ceinture*, qui se dit **el cinturón**.

→ **Sentar** permet aussi d'exprimer que quelque chose "vous va", mais il s'agit alors plutôt de l'effet général que produit sur vous tel ou tel type de vêtement : **Me sienta fatal el verde**, *Le vert ne me va pas du tout.*

MODE ET SAISONS

→ Attention, avant tout, à l'expression **estar de moda**, *être à la mode*. Méfiez-vous aussi du mot *saison* qui se traduit par **temporada** s'il s'agit des saisons de la mode : **Esta temporada no se llevará lo largo**, *Cette saison on ne portera pas du long*. On parlera aussi de **ropa de temporada**, *vêtements de saison*.

→ En revanche, les quatre saisons de l'année, **las cuatro estaciones** sont **el invierno**, *l'hiver* ; **la primavera**, *le printemps* ; **el verano**, *l'été* et **el otoño**, *l'automne*.

NOTE CULTURELLE

Les expressions familières donneront du piquant à vos conversations. Pour dire tout le mal que vous pensez de la tenue de quelqu'un, vous avez rencontré **Te sienta como a un santo dos pistolas** littéralement *Ça te va comme deux pistolets à un saint*. Retenez aussi **Va vestido por su enemigo**, littéralement *Il est habillé par son ennemi*.

◆ GRAMMAIRE
L'INFINITIF SUJET

Dans un grand nombre de tournures usuelles, l'infinitif est le sujet réel d'un verbe : *Il est difficile de choisir = Choisir est difficile*. L'espagnol, dans ces cas, n'introduit pas la préposition **de** : **Es difícil elegir**. On dit ainsi : **Es inútil insistir**, *Il est inutile d'insister* ; **No es fácil acertar**, *Il n'est pas facile de faire le bon choix* ; **Es interesante viajar**, *Il est intéressant de voyager* ; **No es necesario reservar**, *Il n'est pas nécessaire de réserver* ; **Está prohibido fumar**, *Il est interdit de fumer*, etc.

LA SUBORDONNÉE CONDITIONNELLE AU SUBJONCTIF

Comme en français, la condition peut s'exprimer simplement avec **si** et l'indicatif, mais certaines conjonctions à valeur conditionnelle se construisent avec le subjonctif : **Podrás cambiarlo si está en buen estado**, *Tu pourras l'échanger s'il est en bon état* ; **Podrás cambiarlo con tal de que esté en buen estado**, *Tu pourras l'échanger à condition qu'il soit en bon état*.

LA PHRASE NÉGATIVE

Il y a deux constructions de la phrase négative : **Nunca me pondré una minifalda** ou **No me pondré nunca una minifalda** ; **Tampoco me convence el color** ou **No me convence tampoco el color**. Le dialogue présente une nouvelle locution négative : **ni siquiera,** *même pas,* généralement placée avant le verbe : **Ni siquiera me la he probado**, *Je ne l'ai même pas essayée*. Souvent, cette locution prend une forme raccourcie, simplement **ni** : **Ni me la he probado**, *Je ne l'ai même pas essayée*.

▲ CONJUGAISON
LES FUTURS IRRÉGULIERS

Il y en a 12 au total. Vous connaissiez déjà **haré, harás…**, *je ferai, tu feras…* (de **hacer**) ; en voici trois autres, présents dans le dialogue : **poder**, **poner** et **tener**.

poder	poner	tener
podré	pondré	tendré
podrás	pondrás	tendrás
podrá	pondrá	tendrá
podremos	pondremos	tendremos
podréis	pondréis	tendréis
podrán	pondrán	tendrán

Vous allez découvrir 6 autres verbes irréguliers, en contexte, dans les prochains modules. Retenez donc aussi, pour compléter la liste, les futurs irréguliers de **querer** et **valer**.

querer	valer
querré	valdré
querrás	valdrás
querrá	valdrá
querremos	valdremos
querréis	valdréis
querrán	valdrán

⬢ EXERCICES

🔊 **1. ÉCRIVEZ LE MOT CORRESPONDANT AUX DÉFINITIONS QUE VOUS ENTENDEZ DANS L'ENREGISTREMENT.**
27

a. Es ………………………………

b. Es ………………………………

c. Es ………………………………

d. Es ………………………………

🔊 **2. ÉCOUTEZ ET COMPLÉTEZ LES 3 PREMIÈRES PHRASES DU DIALOGUE DE L'EXERCICE.**
27
a. Buenos días, ……………………………… ¿le ……………………………… ?

b. Hola, buenas. Mire, quisiera ……………………………… que me acaba de regalar mi mujer.

c. ¿No le gusta o no ……………………………… ?

VOCABULAIRE

artículo article
desear désirer, souhaiter
acertar [ie] bien choisir
tirar jeter
tique ticket
con tal de que à condition que
estado état
minifalda mini-jupe
probar [ue] essayer (vêtement)
santo saint
pistola (la) pistolet
temporada saison (mode et aliments)
de moda à la mode
favorecer avantager
vestido (el) robe
ancho/a large
cintura taille (tour de ~)
estrecho/a étroit(e)
manga manche
arreglo (el) retouche
marrón marron
otoño automne
primaveral printanier, -ère
regalo cadeau
sección (la) rayon (magasin)
en concreto précisément
americana veste
talla taille
usar faire (telle taille en vêtements)
gastar faire (telle taille en vêtements)
rebajado/a soldé(e)
suerte chance
ganga bonne affaire
quedarse prendre

3. ÉCOUTEZ À NOUVEAU ET COCHEZ LES AFFIRMATIONS CORRECTES.

a. ☐ El hombre suele llevar colores claros.

b. ☐ Gasta una talla 44.

c. ☐ La americana está bien de hombros pero corta de mangas.

d. ☐ Necesita un cinturón para que le quede bien el pantalón.

e. ☐ La política de la tienda es cambiar una prenda por otra.

f. ☐ Al cliente se le ha perdido el tique.

g. ☐ Su mujer quiere comprarle una americana.

4. METTEZ LE VERBE PRINCIPAL AU FUTUR ET REMPLACEZ *SI* PAR *CON TAL DE QUE*. (EXEMPLE, PHRASE A : "JE METTRAI MA ROBE À CONDITION QUE TU METTES TA VESTE")

a. Me pongo el vestido si te pones la americana.

→

b. Le queda perfecta si le hacemos unos arreglos.

→

c. Te puedes poner este pantalón si pierdes unos kilos.

→

5. TRANSFORMEZ CES PHRASES EN CONCESSIVES, SELON CE MODÈLE : "MÊME SI JE LUI EN FAIS CADEAU, IL N'EN VOUDRA PAS".

a. Se lo regalo, pero no lo quiere.

→

b. Gastan mucho en lotería, pero nunca tienen suerte.

→

c. Este artículo está rebajado, pero vale demasiado.

→

6. TRADUISEZ CES PHRASES.

a. Cette couleur ne te va pas du tout et ce n'est même pas ta taille.

→

b. Cette saison, les jupes longues ne seront pas à la mode.

→

c. Les vêtements d'automne-hiver ne m'avantagent pas.

→

26.
ÇA SERT À QUOI ?
¿PARA QUÉ SIRVE?

OBJECTIFS

- DEMANDER DE L'AIDE ET DES EXPLICATIONS LORS D'UN ACHAT
- PARLER D'ÉVÉNEMENTS FUTURS
- LEXIQUE DE L'INFORMATIQUE : MOTS DE BASE ET TERMES FAMILIERS
- EXPRIMER LES DÉCIMALES, LES POURCENTAGES ET LES TRÈS GRANDS CHIFFRES

NOTIONS

- LES PRÉPOSITIONS : *INTERESARSE POR, INTERESADO EN, ENTENDER DE, SERVIR PARA*
- LE FUTUR PROCHE : *IR A* + INFINITIF
- LA SUBORDONNÉE DE TEMPS : CONJONCTIONS (*CUANDO / EL DÍA EN QUE / EN CUANTO*) ; L'EXPRESSION DU FUTUR PAR LE SUBJONCTIF ET LE SUBJONCTIF PASSÉ
- FUTURS IRRÉGULIERS : *DECIR, HABER, VENIR, SABER*

AU RAYON INFORMATIQUE

– Je peux vous donner un coup de main ?

– Oui, je suis un peu âgé et j'avoue que je ne m'y connais pas.

– Êtes-vous intéressé par l'acquisition d'un dispositif électronique ?

– C'est ça, un de ces appareils, là. On m'a dit que dès que j'en aurai un, ma vie changera complètement.

– On ne vous a pas menti. Il y aura un jour, très bientôt, où il sera indispensable d'avoir un ordinateur pour n'importe quelle tâche de la vie quotidienne.

– Certes, mais est-ce que je saurai m'en servir ?

– Nous vous offrons une assistance en ligne pour toute question [hésitation].

– Très bien, mais expliquez-moi : ça sert à quoi ?

– Eh bien... que sais-je, par exemple pour gérer vos données personnelles, télécharger des films, faire des recherches sur Internet...

– Je vois... Celui-ci, il vaut combien ?

– 599 euros. Écran de 15,6 pouces, 4 gigas de mémoire RAM et disque dur d'un téra.

– Hou là, c'est beaucoup !

– Pas tant que ça. Quand vous aurez stocké plusieurs centaines de films, vous direz que c'est peu.

– Non, je veux dire le prix. C'est beaucoup.

– Il faut ajouter la souris sans fil, le clavier et le chargeur.

– Le chargeur...

– Nous garantissons une autonomie de cinq heures environ, mais quand la batterie se déchargera, il faudra le brancher, oui. Ah, et il vous faudra un bon antivirus.

– Parce qu'il a des virus ?

– Des chevaux de Troie, des programmes espions... Il faut faire attention.

– Merci pour tout, mademoiselle, je vais en parler à mon médecin et je reviendrai un autre jour.

28 EN LA SECCIÓN DE INFORMÁTICA

– ¿Le puedo echar una mano?

– Sí, soy un poco mayor y confieso que no entiendo de esto.

– ¿Está interesado en adquirir un dispositivo electrónico?

– Eso, un aparato de estos. Me han dicho que en cuanto tenga uno mi vida cambiará por completo.

– No le han mentido. Habrá un día, muy pronto, en que sea imprescindible un ordenador para cualquier tarea de la vida cotidiana.

– Ya, pero ¿sabré utilizarlo?

– Le ofrecemos asistencia en línea para cualquier duda.

– Muy bien, pero explíqueme: ¿para qué sirve?

– Pues… yo qué sé, por ejemplo para gestionar sus datos personales, bajarse películas, hacer búsquedas en Internet…

– Ya… ¿Este cuánto vale?

– 599 euros. Pantalla de 15,6 pulgadas, 4 gigas de memoria RAM y disco duro de un tera.

– Uf, ¡es mucho!

– No tanto. Cuando haya almacenado varios centenares de películas, dirá que es poco.

– No, digo el precio. Es mucho.

– Hay que añadir el ratón inalámbrico, el teclado y el cargador.

– El cargador…

– Garantizamos una autonomía de unas cinco horas, pero cuando se descargue la batería habrá que enchufarlo, sí. Ah, y le hará falta un buen antivirus.

– ¿Porque tiene virus?

– Troyanos, programas espías… Hay que tener cuidado.

– Gracias por todo, señorita. Lo voy a consultar con mi médico y volveré otro día.

■ COMPRENDRE LE DIALOGUE
LE LEXIQUE INFORMATIQUE

→ Vous avez vu dans le Module n° 18 quelques termes du lexique informatique, concernant pour l'essentiel **el móvil**, *le téléphone portable*, à ne pas confondre avec **el portátil**, *l'ordinateur portable*. Voici dans ce dialogue de quoi compléter le "vocabulaire de survie" et quelques termes utiles supplémentaires : **el archivo**, *le fichier* ; **la carpeta**, *le dossier* ; et **el escritorio**, *le bureau*.

DÉCIMALES, POURCENTAGES ET GRANDS CHIFFRES

→ **La coma,** *la virgule* est présente comme en français pour écrire les décimales d'un nombre : 15,6 = **quince coma seis**. **Por ciento** exprime *le pourcentage* : 10%, *diez por ciento* ; 50,5%, *cincuenta coma cinco por ciento*.

→ Pour une proportion, on utilise la formule **de cada** : **uno de cada cuatro españoles**, *un Espagnol sur quatre* ; **dos de cada tres franceses**, *deux Français sur trois*.

→ *Un million* se dit **un millón** et *un milliard* **mil millones**. On dira ainsi : **En 2016, la Tierra tenía siete mil cuatrocientos treinta millones de habitantes**, *En 2016, la Terre avait 7,43 milliards d'habitants*.

NOTE CULTURELLE

Le vocabulaire de l'informatique est en partie "anglicisé". Des mots comme **chat**, **blog** ou **hacker** se sont imposés, même s'ils prennent souvent des désinences espagnoles : **bloguero**, *blogueur* ; **chatear**, *chatter* ; **hackear**, *hacker* (notez que les Espagnols prononcent le **h** anglais comme une **jota** = [jackear]).
La langue espagnole fait cependant de la résistance : **navegar**, par exemple, l'a emporté pour dire *surfer*. Dans d'autres cas, il peut y avoir concurrence entre plusieurs termes : *une clé USB*, par exemple, peut être **un pen** ou **un pendrive**, mais également **un pincho** ou **un lápiz**.
Enfin, pour ce qui est familier, l'espagnol garde souvent son propre jargon made in Spain : **He colgado un vídeo**, *J'ai posté une vidéo* ; **Mi ordenador se ha quedado colgado**, *Mon ordinateur a planté* ; **Pincha en este enlace**, *Clique sur ce lien*.

◆ GRAMMAIRE
LA SUBORDONNÉE DE TEMPS

QUELQUES CONJONCTIONS

Cuando, *quand*, est la conjonction de subordination temporelle la plus simple. Mais on peut exprimer le temps de façon plus nuancée. Par exemple avec **en cuanto**, *dès que* : **En cuanto me levanté, puse la radio**, *Dès que je me suis levé, j'ai mis la radio*. Attention à des conjonctions du type "le jour où" : l'espagnol rend ce "où" temporel par **en que** ou simplement **que** : **el día (en) que**. On n'utilise jamais **donde**, donc, qui est réservé à l'espace : **el día en que nací**, *le jour où je suis né* ; **la ciudad donde nací**, *la ville où je suis né*.

LE FUTUR DANS LA SUBORDONNÉE

Une faute typique pour un francophone consiste à utiliser le futur dans la subordonnée de temps : **cuando seré rico** pour *quand je serai riche*. Le futur se rend dans ce genre de phrases par le subjonctif : **cuando sea rico**. Dans la principale, en revanche, on conserve bien le futur. Ce qui donne, dans le dialogue : **Cuando se descargue la batería, habrá que enchufarlo**, *Quand la batterie se déchargera, il faudra le brancher* ; **En cuanto tenga uno, mi vida cambiará**, *Dès que j'en aurai un, ma vie changera* ; **Habrá un día en que sea imprescindible**, *Il y aura un jour où ce sera indispensable*. On peut bien sûr être amené à utiliser un subjonctif passé (pour exprimer un futur antérieur) : **Cuando haya almacenado centenares de películas…**, *Quand vous aurez stocké des centaines de films…* Attention, cette règle ne concerne pas l'interrogative indirecte, et on dira, comme en français : **No sé cuándo vendré**, *Je ne sais pas quand je viendrai*.

◆ À RETENIR

LE FUTUR PROCHE

Il se rend, comme en français, avec *aller*. Mais, pour l'espagnol, **ir** est un verbe de mouvement qui est donc indissociable de la préposition **a**, que l'on retrouve même devant un infinitif : **Voy a consultar a mi médico**, *Je vais consulter mon médecin*.

CUALQUIERA / CUALQUIER

Cualquiera est un pronom signifiant *n'importe lequel* : **¿Qué ordenador prefiere? / Cualquiera de los dos**, *Quel ordinateur préférez-vous ? / N'importe lequel des deux*. Lorsqu'il est adjectif et précède un nom singulier, il devient **cualquier** : **cualquier duda, cualquier tarea**, *n'importe quelle hésitation, n'importe quelle tâche*.

GARE AUX PRÉPOSITIONS

Le dialogue présente plusieurs exemples de verbes construits avec des prépositions différentes en français et en espagnol :
- **Entender de**, *s'y connaître en* : **No entiendo de informática**, *Je ne m'y connais pas en informatique* ;
- **servir para**, *servir à* : **¿Para qué sirve?** *Ça sert à quoi ?* ;
- **Interesarse**, *s'intéresser* qui se construit avec **por** : **Me intereso por la informática**, *Je m'intéresse à l'informatique* ;
- **Estar interesado en**, *être intéressé par*, mais il s'agit alors en espagnol d'une construction suivie de l'infinitif : **¿Está interesado en comprar un ordenador?** *Êtes-vous intéressé par l'achat d'un ordinateur ?*

▲ CONJUGAISON
LES FUTURS IRRÉGULIERS (SUITE)

Ce dialogue présente quatre futurs irréguliers : **decir**, **haber**, **venir** et **saber**. Vous pouvez remarquer que trois d'entre eux le sont également en français : *j'aurai, je viendrai, je saurai*. L'auxiliaire **haber** sert aussi à dire *il y a* : **habrá**, *il y aura*.

decir	haber	venir	saber
diré	habré	vendré	sabré
dirás	habrás	vendrás	sabrás
dirá	habrá	vendrá	sabrá
diremos	habremos	vendremos	sabremos
diréis	habréis	vendréis	sabréis
dirán	habrán	vendrán	sabrán

⬢ EXERCICES

🔴 1. ÉCOUTEZ ET ÉCRIVEZ LE MOT CORRESPONDANT À CHACUNE DES DÉFINITIONS.
28
a. ....
b. ....
c. ....
d. ....

●VOCABULAIRE

echar una mano *donner un coup de main*
mayor *âgé(e)*
confesar [ie] *avouer*
entender [ie] de *s'y connaître en*
dispositivo *dispositif*
electrónico/a *électronique*
por completo *complètement*
mentir [ie] *mentir*
pronto *bientôt*
imprescindible *indispensable*
ordenador *ordinateur*
tarea *tâche*
cotidiano/a *quotidien(ne)*
asistencia *assistance*
duda *hésitation*
yo qué sé *je ne sais pas, moi*
ejemplo *exemple*
gestionar *gérer*
dato (el) *donnée*
personal *personnel(le)*
bajarse *télécharger*
búsqueda *recherche*
pantalla (la) *écran*
pulgada (la) *pouce (unité de mesure)*
giga *giga*
memoria *mémoire*
disco *disque*
duro/a *dur(e)*
almacenar *stocker*
centenar (el) *centaine*
añadir *ajouter*
ratón (el) *souris*
inalámbrico/a *sans fil*
teclado *clavier*
cargador *chargeur*
garantizar *garantir*
autonomía *autonomie*
descargar *décharger*
batería *batterie*
enchufar *brancher*
antivirus *antivirus*
troyano *cheval de Troie*
programa *programme*
espía *espion*
consultar *consulter*

🔴 2. ÉCOUTEZ ET COMPLÉTEZ LES 3 PREMIÈRES PHRASES DU DIALOGUE DE L'EXERCICE.

28
a. Bienvenido a nuestra asistencia en línea. ¿ .... ?

b. Buenos días, joven, ... un ordenador últimamente y ....
....

c. Dígame qué dispositivo ....

3. ÉCOUTEZ À NOUVEAU ET COCHEZ LES AFFIRMATIONS CORRECTES.

a. ☐ El ordenador es negro.
b. ☐ Cuesta 233,10 euros.
c. ☐ El aparato no ha funcionado bien ni un minuto.
d. ☐ Cayó al suelo y la pantalla se quedó negra.
e. ☐ La batería está descargada.
f. ☐ Al cliente se le ha olvidado enchufar el cargador.
g. ☐ Se queja de que, a su edad, la informática no es fácil.

4. ASSOCIEZ LES DEUX PROPOSITIONS DANS UNE PHRASE AU FUTUR.
MODÈLE : A. Dès que tu m'enverras ton fichier, je le lirai.

a. Me mandas tu archivo / lo leo.
En cuanto ....

b. Llamamos a la asistencia en línea / se lo decimos.
Cuando ....

c. Usted se ha bajado mil películas / no sabe dónde almacenarlas.
El día en que ....

5. REFORMULEZ CES PHRASES, AVEC UN FUTUR PROCHE À LA PLACE DU FUTUR.

a. ¿Vendrás a mi fiesta de cumpleaños? →
b. ¿Habrá mucha gente? →
c. Dicen que no podrán venir. →

6. TRADUISEZ CES PHRASES.

a. Mon ordinateur portable me sert surtout à faire des recherches sur Internet.
→

b. Je ne m'intéresse pas à la politique : je ne m'y connais pas.
→

c. L'ordinateur a planté, la souris ne répond plus et l'écran est noir : donne-moi un coup de main !
→

27.
JE VOUDRAIS UN BILLET POUR…

QUISIERA UN BILLETE PARA…

OBJECTIFS	NOTIONS

- PRENDRE UN BILLET : CHOISIR SA PLACE, DISCUTER DES TARIFS ET DES CONDITIONS
- ENVISAGER DES ÉVÉNEMENTS HYPOTHÉTIQUES
- EXPOSER UNE SUITE ORGANISÉE D'ÉVÉNEMENTS
- LEXIQUE : TRANSPORTS ET VOYAGES
- L'ESPAGNOL FAMILIER : QUELQUES EXPRESSIONS

- LE CONDITIONNEL RÉGULIER
- QUELQUES CONDITIONNELS IRRÉGULIERS : *HACER*, *PODER*, *SALIR*
- EXPRIMER UN SOUHAIT : *OJALÁ*
- SUBORDONNÉE ET LOCUTIONS ADVERBIALES DE TEMPS : *MIENTRAS*, "TANT QUE" / "PENDANT QUE" ; *CUANTO ANTES*, "AU PLUS VITE" ; *PRIMERO, LUEGO, POR FIN*, "D'ABORD", "ENSUITE", "ENFIN"
- LE PRONOM RELATIF (SUJET, COMPLÉMENT ET AVEC UNE PRÉPOSITION)
- LES PRÉPOSITIONS *POR* ET *PARA*

BON VOYAGE !

– J'ai trouvé un de ces tarifs ! Un vol aller-retour Barcelone-Tenerife, avec départ le 31 juillet et retour le 15 août.

– Il coûte combien ?

– 53,20 euros ! J'ai même pu choisir la place : hublot, pour voir le décollage.

– Si tu enregistres des valises, ça te reviendra plus cher.

– Je n'emporterai qu'un bagage à main.

– Ces vols low-cost sont toujours pleins. Tant que tu n'as pas ta carte d'embarquement dans la poche, tu n'es pas tranquille.

– Tu es jalouse, avoue-le.

– Avec quinze jours de vacances, moi, je ne prendrais pas l'avion.

– Et tu ferais quoi ?

– D'abord j'irais jusqu'à Madrid.

– Pour aller aux Canaries, tu passerais par Madrid ?

– Oui, en covoiturage, mais sans hâte. Je resterais quelques jours à Saragosse, par exemple.

– Et depuis Madrid, à cheval comme don Quichotte ?

– J'espère bien pouvoir le faire un jour.

– Tu es cinglée [comme une chèvre].

– Je voyagerais en train jusqu'à Huelva, en faisant des étapes.

– Autrement dit, tu ne réserverais pas.

– Non, comme ça, si je rate un train, je prends le suivant. Je pourrais aussi y aller en bus, ou louer un vélo... Et ensuite, en bateau (jusqu') aux Canaries !

– Tu aurais à peine le temps de prendre une bière avant de revenir !

– Qu'importe. J'aime les gares, les docks, les ports. L'important, ce n'est pas d'arriver au plus vite, mais de profiter du voyage [chemin]. Tu sais le voyage dont je rêve ?

– Je crains le pire.

– Le jour où je prendrai ma retraite, je ferai le tour du monde en cargo.

¡BUEN VIAJE!

– ¡Menuda tarifa he encontrado! Un vuelo de ida y vuelta Barcelona-Tenerife, con salida el 31 de julio y vuelta el 15 de agosto.

– ¿Cuánto cuesta?

– ¡53 con 20! Hasta he podido elegir asiento: ventanilla, para ver el despegue.

– Si facturas maletas, te saldrá más caro.

– Solo llevaré equipaje de mano.

– Esos vuelos de bajo coste van siempre llenos. Mientras no tienes la tarjeta de embarque en el bolsillo, no estás tranquilo.

– Tienes envidia, confiésalo.

– Con quince días de vacaciones, yo no cogería el avión.

– ¿Y qué harías?

– Primero iría hasta Madrid.

– ¿Para ir a Canarias pasarías por Madrid?

– Sí, en coche compartido, pero sin prisa. Me quedaría unos días en Zaragoza, por ejemplo.

– Y desde Madrid, ¿a caballo como don Quijote?

– Ojalá pueda hacerlo un día.

– Estás como una cabra.

– Viajaría en tren hasta Huelva, haciendo etapas.

– O sea, que no reservarías.

– No, así si pierdo un tren cojo el siguiente. También podría ir en autobús, o alquilar una bici... Y luego, ¡en barco a Canarias!

– ¡Apenas te daría tiempo a tomarte una cerveza antes de volver!

– Qué más da. Me gustan las estaciones, las dársenas, los puertos. Lo importante no es llegar cuanto antes, sino disfrutar del camino. ¿Sabes el viaje con el que sueño?

– Me temo lo peor.

– El día que me jubile, daré la vuelta al mundo en un carguero.

COMPRENDRE LE DIALOGUE
VOYAGES, VOYAGES

→ **El avión**, *l'avion* ; **el tren**, *le train* ; **el autobús**, *le bus* et **el barco**, *le bateau*, sont les principaux moyens de transport collectifs. Pour les prendre, on se rend respectivement **al aeropuerto**, *à l'aéroport* ; **a la estación**, *à la gare* ; **a la estación de autobuses**, *à la gare routière* et **al puerto**, *au port*. Au moment de l'achat du billet, on peut être amené à choisir entre **pasillo**, *couloir* et **ventanilla**, *fenêtre* ; et aussi, pour le train, entre **preferente**, *première classe*, et **turista**, *seconde classe*.

→ Attention aux faux-amis ! **El equipaje**, au singulier, désigne *les bagages* (à ne pas confondre avec **la tripulación**, *l'équipage, pilote et personnel de bord*). **Facturar**, c'est *enregistrer un bagage* : **¿Va a facturar equipaje?** *Allez-vous enregistrer des bagages ?* Et enfin, *le quai* se dit **el andén** s'il s'agit du train, et **la dársena**, si on parle d'un autobus (ce terme sert aussi à désigner un dock).

NOTE CULTURELLE

Les noms d'animaux sont très présents dans la langue familière : **estar como una cabra**, *être cinglé*, littéralement *être comme une chèvre*. Voici d'autres bêtes, pour égayer les conversations. **La ostra**, *l'huître* : **aburrirse como una ostra**, *s'ennuyer à mourir* ; **la pulga**, *la puce* : **tener malas pulgas**, *avoir mauvais caractère* ; **el gato**, *le chat* : **hay gato encerrado**, *il y a anguille sous roche* ; **el pato**, *le canard* : **pagar el pato**, *payer les pots cassés* ; **la mona**, *la guenon* : **dormir la mona**, *cuver une cuite* ; **la mosca**, *la mouche* : **ser una mosquita muerta**, *être une sainte-nitouche*.

GRAMMAIRE
POR ET *PARA*

Ces deux prépositions sont source d'erreurs pour un francophone, surtout si, par réflexe, il utilise systématiquement **para** là où en français il emploierait *par*. Donnons déjà ce petit truc : **para** ne correspond jamais à *par*.

EMPLOIS DE *POR*

- valeur temporelle : **Por la mañana, por la tarde**, *Le matin, le soir*.
- valeur spatiale : **Paso por Madrid**, *Je passe par Madrid*.
- valeur causale ou explicative : **Por eso**, *Pour cette raison*.

EMPLOIS DE *PARA*
- valeur temporelle : **Quiero un billete para el sábado**, *Je veux un billet pour samedi.*
- le point de vue : **Para mí, lo mejor es el tren**, *Pour moi, ce qu'il y a de mieux, c'est le train.*
- le but : **¿Cómo haces para ir a Canarias?** *Comment fais-tu pour aller aux Canaries ?*
- l'attribution, le destinataire : **Tengo una sorpresa para ti**, *J'ai une surprise pour toi.*

LE PRONOM RELATIF

Que peut être pronom relatif sujet (*qui*) ou complément (*que*) : **El viaje que me gusta**, *Le voyage qui me plaît* ; **El vuelo que prefiero**, *Le vol que je préfère*. Lorsqu'il est précédé d'une préposition (duquel, auquel, dont, etc.), il y a en général un article intercalé : **La tarifa de la que te hablo**, *Le tarif dont je te parle* ; **Las maletas con las que viajo**, *Les valises avec lesquelles je voyage.*

Dans le dialogue, le verbe **soñar** se construit avec con (**soñar con**, *rêver de*), et on a donc : **El viaje con el que sueño**, *Le voyage dont je rêve.*

À RETENIR

EXPRIMER UN SOUHAIT

Ojalá, de l'arabe hispanisé "law šá lláh" *(si Dieu le veut)*, est une interjection qui exprime le souhait que quelque chose se réalise : **Dicen que va a hacer buen tiempo**, *On dit qu'il va faire beau* ; **Ojalá**, *Espérons.*

Quand elle précède un verbe, il est au subjonctif : **Ojalá pueda hacerlo un día**, *J'espère pouvoir le faire un jour.*

EXPRIMER LE TEMPS

Voici des adverbes et locutions pour exprimer une suite d'événements : **primero / al principio**, *d'abord / au début* ; **luego / después**, *ensuite / après* ; **por fin / finalmente**, *enfin.*

Retenez la conjonction **mientras**, *tant que* : **Mientras no tienes la tarjeta de embarque…**, *Tant que tu n'as pas la carte d'embarquement…* Vous la trouverez aussi avec le sens de *pendant que* : **Mientras tú viajas, yo sigo trabajando**, *Pendant que tu voyages, moi je continue à travailler.*

▲ CONJUGAISON
LE CONDITIONNEL RÉGULIER

Il y a beaucoup de conditionnels dans ce dialogue où l'on imagine ce que l'on ferait dans telle ou telle situation : c'est l'emploi de base du conditionnel, identique au français. Il se forme comme en français : infinitif comme radical + terminaisons de l'imparfait : **ía, ías, ía, íamos, íais, ían**.

viajar	ir	coger
viajaría	iría	cogería
viajarías	irías	cogerías
viajaría	iría	cogería
viajaríamos	iríamos	cogeríamos
viajaríais	iríais	cogeríais
viajarían	irían	cogerían

IRRÉGULARITÉS AU FUTUR ET AU CONDITIONNEL

Elles ne portent que sur le radical, qui subit au conditionnel les mêmes altérations qu'au futur. Cela n'a rien d'étonnant, c'est comme en français : **hacer**, *faire* ; **haré**, *je ferai* ; **haría**, *je ferais*. Dans le dialogue figure un nouveau futur irrégulier, celui de **salir** – **Te saldrá más caro**, *Ça te reviendra plus cher* – et aussi les conditionnels de **hacer** et **poder**.

LE FUTUR

salir
saldré
saldrás
saldrá
saldremos
saldréis
saldrán

LES CONDITIONNELS IRRÉGULIERS

salir	hacer	poder
saldría	haría	podría
saldrías	harías	podrías
saldría	haría	podría
saldríamos	haríamos	podríamos
saldríais	haríais	podríais
saldrían	harían	podrían

●EXERCICES

🔊 1. ÉCOUTEZ ET ÉCRIVEZ LE MOT CORRESPONDANT À CHACUNE DES DÉFINITIONS.
29
a. .... c. ....

b. .... d. ....

●VOCABULAIRE

tarifa (la) *tarif*
vuelo *vol*
ida (la) *aller*
vuelta (la) *retour*
salida (la) *départ*
asiento *siège*
ventanilla (la) *hublot*
despegue *décollage*
facturar *enregistrer*
maleta *valise*
salir caro *revenir cher*
equipaje (el) *bagages*
mientras *tant que*
embarque *embarquement*
viajar *voyager*
coche compartido *covoiturage*
etapa *étape*
caballo *cheval*
ojalá *j'espère que, pourvu que*
cabra *chèvre*
autobús *bus*
pararse *s'arrêter*
trayecto *trajet*
perder [ie] *rater (train, avion)*
qué más da *qu'importe*
estación *gare*
dársena (la) *quai (bus) / dock*
puerto *port*
disfrutar de *profiter de*
cuanto antes *au plus vite*
camino *chemin*
soñar [ue] con *rêver de*
viaje *voyage*
jubilarse *prendre sa retraite*
dar la vuelta a *faire le tour de*
carguero *cargo*

🔊 2. ÉCOUTEZ ET COMPLÉTEZ LES 3 PREMIÈRES PHRASES DU DIALOGUE DE L'EXERCICE.
29

a. Buenas tardes, ... de Madrid a Barcelona, con .... el 25 de julio.

b. ¿Lo quiere .... ?

c. Solo la ida. Todavía no sé en qué fecha .... , ni si ....

3. RÉÉCOUTEZ LE DIALOGUE ET RÉPONDEZ AUX QUESTIONS.

a. ¿Cuánto cuesta el billete simple en turista? →

b. ¿A qué hora llega el tren? →

c. ¿Por qué prefiere pasillo? →

d. ¿Cuánto cuesta el billete para el perro en turista? →

e. ¿Cuánto cuesta el billete para el perro en preferente? →

4. REFORMULEZ CES PHRASES AVEC UN CONDITIONNEL DE POLITESSE.
Exemple : A. Tu me rendrais un service ?

a. ¿Me haces un favor? →

b. ¿Me podéis echar una mano? →

c. ¿Sales a pasear conmigo? →

d. ¿Venís a visitarme a España? →

5. INTRODUISEZ *POR* OU *PARA* DANS CES PHRASES.

a. Siempre viajo en turista, ... el precio.

b. Gira a la izquierda: es más corto .... ahí.

c. ¿............ cuándo quiere la vuelta ?

d. .... viajar más cómodo, es mejor preferente.

6. TRADUISEZ CES PHRASES.

a. J'espère pouvoir visiter tous les pays dont je rêve.

→

b. Qu'importe : si nous ratons ce train, nous prendrons le suivant.

→

c. Je veux prendre ma retraite au plus vite pour profiter de la vie.

→

d. Tant que je pourrai, je voyagerai.

→

28. JE VOUDRAIS RÉSERVER UNE CHAMBRE

QUISIERA RESERVAR UNA HABITACIÓN

OBJECTIFS

- À L'HÔTEL : RÉSERVER UNE CHAMBRE (FORMULE ET PRIX), DISCUTER AVANTAGES ET INCONVÉNIENTS, SIGNALER DES PROBLÈMES
- DIVERS OUTILS POUR EXPRIMER UN AVIS
- LEXIQUE : REPÈRES TEMPORELS AU PASSÉ ET AU FUTUR

NOTIONS

- LE CONDITIONNEL : VALEUR D'AFFIRMATION ATTÉNUÉE ; QUELQUES IRRÉGULIERS : *VENIR*, *TENER*
- CONJUGAISON DE *OLER*
- LE FUTUR DUBITATIF ET D'HYPOTHÈSE
- LE PASSIF : CONSTRUCTION ; L'ÉVITEMENT DU PASSIF EN ESPAGNOL
- DEUX VALEURS DE *PUES*

RÉCEPTION, BONJOUR !

– Hôtel Costasol, j'écoute.

– Nous voudrions réserver une chambre pour après-demain. Nous serions trois, pour une nuit.

– En lits séparés ?

– Un lit double, ça nous arrangerait, et un pour un enfant.

– Un lit d'appoint, donc, de sorte que nous aurions un prix de 74 euros.

– Les chambres sont sur rue ou sur cour ?

– Il y en a qui donnent sur la mer, mais il n'en reste plus. L'avantage, c'est qu'elle sera moins bruyante. En réservant en ligne, vous avez une réduction de 10 %.

– Ah, d'ailleurs, nous avons été surpris par quelques évaluations négatives que nous avons lues.

– Elles ne doivent pas être nombreuses.

– Dans les commentaires dont je parle, on se plaignait qu'il y avait des odeurs de [ça sentait à] poubelle au premier étage.

– Je ne crois pas, monsieur. De toute façon, il y a des chambres en haut, même si le réseau internet est meilleur en bas.

– Certains racontent qu'ils ont eu trop chaud, et d'autres trop froid.

– Le chauffage est tombé en panne une fois, oui, et la climatisation aussi.

– D'après un client, les draps étaient usés, les ampoules du couloir grillées, le lavabo bouché, il y avait un miroir cassé et les robinets fuyaient.

– Ça m'étonne beaucoup.

– On avait dit à un hôte qu'il y avait une piscine et finalement elle n'était pas ouverte.

– Ah, oui, un client s'est noyé et elle est restée fermée un temps. Mais j'ai une bonne nouvelle : elle rouvre après-demain !

¡RECEPCIÓN, BUENOS DÍAS!

– Hotel Costasol, dígame.

– Quisiéramos reservar una habitación para pasado mañana. Seríamos tres, por una noche.

– ¿En camas individuales?

– Nos vendría bien una cama matrimonial y una para un niño.

– Una cama supletoria, pues, con lo cual tendríamos un precio de 74 euros.

– ¿Las habitaciones son exteriores o interiores?

– Las hay con vistas al mar, pero ya no quedan. La ventaja es que será menos ruidosa. Reservando en línea tiene un descuento del 10%.

– Ah, por cierto, nos han sorprendido algunas valoraciones negativas que hemos leído.

– No serán muchas.

– En los comentarios de los que hablo se quejaban de que en la primera planta olía a basura.

– No creo, señor. De todas formas, hay habitaciones arriba, aunque la cobertura de internet es mejor abajo.

– Unos cuentan que tuvieron demasiado calor, otros demasiado frío.

– Se averió una vez la calefacción, sí, y el aire acondicionado también.

– Según un cliente, las sábanas estaban gastadas, las bombillas del pasillo fundidas, el lavabo atascado, había un espejo roto y los grifos goteaban.

– Me extraña mucho.

– A un huésped le dijeron que había piscina y al final no estaba abierta…

– Ah sí, un cliente se ahogó y ha permanecido cerrada un tiempo. Pero tengo una buena noticia: ¡vuelve a abrir pasado mañana!

■ COMPRENDRE LE DIALOGUE
EXPRIMER UN AVIS

→ Vous disposez déjà de plusieurs verbes d'opinion : **creo que**, *je crois que* ; **pienso que**, *je pense que* ; **me parece que**, *il me semble que*. En employant des tournures idiomatiques, on peut aussi commencer une phrase par : **en mi opinión**, *à mon avis* ; **tengo la sensación de que**, *j'ai le sentiment que*.

→ Une préposition permet aussi d'introduire un point de vue : **para mí**, *pour moi* ; **para ti**, *pour toi*. À ce propos, le dialogue présente la préposition **según**, *selon*, qui possède une particularité. Lorsqu'elle précède un pronom personnel, celui-ci est le pronom sujet : on ne dit pas **según** "mí", ou **según** "ti", mais **según yo**, *selon moi*, et **según tú**, *selon toi*.

REPÈRES TEMPORELS

→ Puisque vous maîtrisez à présent l'éventail complet du système verbal, vous pouvez être amené à situer précisément des événements dans le passé et le futur. Retenez déjà que lorsque vous utilisez un nom de jour comme repère, il est précédé de l'article défini en espagnol : **el martes próximo** ou **el próximo martes**, *mardi prochain*.
Pour exprimer une périodicité, on utilise l'article défini pluriel : **Los martes voy a la piscina**, *Le mardi je vais à la piscine*.

→ Voici une petite liste d'adverbes et locutions :- Au passé : **hace tiempo**, *il y a longtemps* ; **el año pasado**, *l'année dernière* ; **la semana pasada**, *la semaine dernière* ; **anteayer**, *avant-hier* ; **anoche**, *la nuit dernière* ; **ayer**, *hier*.
- Au futur : **enseguida**, *tout de suite* ; **pronto**, *bientôt* ; **dentro de una hora**, *dans une heure* ; **mañana**, *demain* ; **pasado mañana**, *après-demain* ; **el próximo jueves**, *jeudi prochain* ; **la semana próxima**, *la semaine prochaine* ; **el sábado siguiente**, *le samedi d'après* ; **el año que viene**, *l'année prochaine*.

◆ GRAMMAIRE
UNE VALEUR DU FUTUR

Outre les valeurs qu'il partage avec le français, le futur espagnol peut exprimer la supposition ou l'affirmation dubitative : **No serán muchas**, *Elles ne doivent pas être nombreuses* ; **Habrá salido**, *Il est peut-être sorti* ; **¿Qué hora será?** *Quelle heure peut-il bien être ?* ; **¿Qué edad tendrá?** *Quel âge peut-il bien avoir ?*

UNE VALEUR DU CONDITIONNEL

Tout comme en français, le conditionnel espagnol a parfois une valeur d'atténuation, pour rendre une affirmation moins directe. Il y a plusieurs exemples dans le dialogue : **Seríamos tres**, *Nous serions trois* (au lieu de **Somos tres**, *Nous sommes trois*) ; **Tendríamos un precio de 74 euros**, *Nous aurions un prix de 74 euros* (et non **tenemos**, *nous avons*). On emploie de même **quisiera**, *je voudrais*, à la place **que quiero**, *je veux*. Mais il s'agit d'un cas particulier : **quisiera** est un imparfait du subjonctif à valeur de conditionnel. Au pluriel, on aura **quisiéramos**, *nous voudrions*.

LA FORME PASSIVE

Voici la règle :
• elle se construit avec l'auxiliaire **ser** ;
• le participe passé s'accorde avec le sujet ;
• le complément d'agent est introduit par la préposition **por**.
Vous trouverez donc parfois ce genre de construction : **El hotel es valorado por los clientes**, *L'hôtel est évalué par les clients* ; **La puerta es abierta por el viento**, *La porte est ouverte par le vent*. Mais sachez que l'espagnol évite le plus possible la voie passive, et que des phrases au passif en français se diront à la voie active en espagnol : **Nos han sorprendido algunas valoraciones**, *Nous avons été surpris par certaines évaluations*.

LA CONJONCTION *PUES*

Elle est très fréquente, mais peut prendre des sens différents selon sa place dans la phrase :
• En début de phrase, surtout dans un dialogue, elle se rend par *eh bien* : **Pues no sé qué decirte**, *Eh bien je ne sais pas que te dire*.
• Placée après le mot clé de la phrase (sujet ou verbe), **pues** a une valeur consécutive et se traduit par *donc* : **Una cama supletoria, pues, con lo cual tendríamos…**, *Un lit d'appoint, donc, moyennant quoi nous aurions…*

▲ CONJUGAISON
DEUX CONDITIONNELS IRRÉGULIERS

Le conditionnel présente les mêmes irrégularités que le futur dans le radical : c'est le cas de **tener** et **venir** dans ce dialogue.

tener	venir
tendría	vendría
tendría	vendrías
tendría	vendría
tendríamos	vendríamos
tendríais	vendríais
tendrían	vendrían

LE VERBE *OLER*

indicatif présent	subjonctif présent
huelo	huela
hueles	huelas
huele	huela
olemos	olamos
oléis	oláis
huelen	huelan

Ce verbe présente de nombreuses curiosités.
- D'abord sa conjugaison au présent : à la diphtongaison en **-ue** s'ajoute un **-h** à l'initiale. Cette particularité se retrouve logiquement au subjonctif présent. Les autres temps sont réguliers : **olía**, *je sentais* ; **olí**, *je sentis*, etc.
- Comme en français, il a un double sens, objectif et subjectif : **hueles mal**, *tu sens mauvais* / **no huelo nada**, *je ne sens rien*.
- Il se construit avec **a** pour préciser de quelle odeur il s'agit : **Huele a basura**, *Ça sent la poubelle* ; **Oléis a colonia**, *Vous sentez l'eau de cologne* ; **Huelo a sardina**, *Je sens la sardine*.

◆ EXERCICES

1. ÉCOUTEZ ET ÉCRIVEZ LE MOT CORRESPONDANT À CHACUNE DES DÉFINITIONS.
30
a. ....
b. ....
c. ....
d. ....

● VOCABULAIRE

habitación chambre
recepción réception
pasado mañana après-demain
individual individuel(le)
venir bien arranger
matrimonial double (lit)
supletorio/a d'appoint
exterior extérieur(e), sur rue
interior intérieur(e), sur cour
vista vue
ventaja (la) avantage
ruidoso/a bruyant(e)
descuento (el) réduction
por cierto d'ailleurs
sorprendido/a surpris(e)
valoración évaluation
negativo/a négatif, -ive
comentario commentaire
planta (la) étage
oler [ue] sentir (odeur)
basura poubelle
de todas formas de toute façon
arriba en haut
cobertura réseau (téléphonique)
abajo en bas

calor (el) chaleur
tener calor avoir chaud
averiarse tomber en panne
calefacción (la) chauffage
aire air
aire acondicionado (el) climatisation
sábana (la) drap
gastado/a usé(e)
bombilla ampoule
fundido/a grillé (appareil électrique)
lavabo lavabo
atascado/a bouché(e)
espejo miroir
grifo robinet
gotear fuir (robinet)
extrañar étonner
huésped hôte
piscina piscine
al final à la fin
abierto/a ouvert(e)
ahogarse se noyer
permanecer rester
cerrado/a fermé(e)
noticia nouvelle

🔊 2. ÉCOUTEZ ET COMPLÉTEZ LES 3 PREMIÈRES PHRASES DU DIALOGUE DE L'EXERCICE.

30
a. .... hablar con .... por favor.

b. Sí, ... ¿en qué puedo .... ?

c. Hace .... en la habitación. Creo que .... el aire acondicionado.

3. ÉCOUTEZ À NOUVEAU LE DIALOGUE ET COCHEZ LA BONNE RÉPONSE.

a. En Recepción ofrecen al cliente…
☐ cambiar de habitación
☐ mandar a un técnico

b. El problema del cuarto de baño es que…
☐ no hay bombillas
☐ el lavabo no funciona bien

c. El cliente se queja…
☐ del ruido
☐ de las vistas

d. Va a cambiar por…
☐ una habitación interior silenciosa
☐ una habitación exterior más cara
☐ una habitación exterior por el mismo precio

4. BARREZ LA FORME VERBALE QUI NE CONVIENT PAS AU SENS DE LA PHRASE.

a. Anoche olía / olerá a basura.

b. Pasado mañana había / habrá un descuento del 10%.

c. Anteayer se ahogó / se ahogará alguien en la piscina.

d. Los huéspedes llegaron / llegarán dentro de una hora.

5. TRANSFORMEZ LA FORME SOULIGNÉE POUR LUI DONNER UN SENS DUBITATIF.

a. Este hotel tiene [……………………] malas valoraciones pero está muy bien.

b. ¿Por qué vienen [……………………] tantos turistas a España?

c. No hay luz: se ha [……………………] fundido la bombilla.

6. TRADUISEZ CES PHRASES.

a. Eh bien à mon avis, le réseau est meilleur en bas qu'en haut, au dernier étage.

→

b. D'après moi, le chauffage est tombé en panne.

→

c. Les draps étaient usés, le miroir cassé, les robinets fuyaient, et ils ne nous ont même pas fait une réduction.

→

29.
ON PASSE QUOI, COMME FILMS ?

¿QUÉ PELÍCULAS DAN?

OBJECTIFS	NOTIONS
- AFFRONTER UN ÉCHANGE POLÉMIQUE : FAIRE DES CRITIQUES, DES REPROCHES ; CHERCHER UN ACCORD - EXPRIMER DES RESSENTIS (ÉMOTION, HONTE, INTÉRÊT) - LEXIQUE : AUTOUR DES SPECTACLES - LA MUSIQUE EN ESPAGNE	- LE SUBJONCTIF IMPARFAIT (FORMATION) - LE SUBJONCTIF IMPARFAIT (EMPLOIS) : LA CONCORDANCE DES TEMPS ; L'IRRÉEL DU PRÉSENT - LE STYLE INDIRECT - LA SUBORDONNÉE CONDITIONNELLE AU SUBJONCTIF : *SIEMPRE Y CUANDO* ; *A CONDICIÓN DE QUE* ; *COMO NO*

DES GOÛTS ET DES COULEURS...

– Tu sais ce que tu ferais si tu m'aimais ?

– J'arrêterais de fumer ? Je me raserais la barbe ?

– Non, plus facile... Tu viendrais à la première de la pièce de Raoul.

– Tu sais bien que je ne suis pas très amateur de théâtre d'avant-garde...

– Il nous a invités il y a longtemps, avant que ne s'achèvent les répétitions. Il nous a dit qu'il nous offrirait les places, et dans les fauteuils d'orchestre, au premier rang, face à la scène.

– Si je pouvais choisir, je préférerais même t'accompagner à l'opéra.

– La fois où nous y sommes allés, tu as dit que tu t'étais ennuyé comme un rat mort.

– C'est toujours le même scénario, non ? Le ténor assassine le baryton parce qu'il est amoureux de la soprano.

– Tu n'as pas honte de dire ces bêtises ?

– Mon truc, c'est plutôt les concerts.

– Pour autant que ce ne soit pas de la musique classique, bien sûr. Et si je t'écoutais, nous ne mettrions pas non plus les pieds dans une exposition.

– Ce que font tes amis les artistes, c'est un attrape-nigaud.

– Tais-toi, allez.

– D'accord, je vais au théâtre à condition que tu viennes avec moi au cinéma.

– Oh, il y a justement un festival consacré à mon metteur en scène japonais préféré !

– Pas question. Il est peut-être très célèbre, mais moi, ces navets me prennent la tête.

– Toi, aucun film ne te touche, sauf si c'est un film comique et avec du pop-corn.

– Regarde, on donne un western, un vieux où joue Clint Eastwood !

– Quel boulet, mon Dieu...

DE GUSTOS Y COLORES...

– ¿Sabes lo que harías si me quisieras?

– ¿Dejaría de fumar? ¿Me afeitaría la barba?

– No, más fácil… Vendrías al estreno de la obra de Raúl.

– Ya sabes que no soy muy aficionado al teatro de vanguardia…

– Nos invitó hace tiempo, antes de que terminaran los ensayos. Nos dijo que nos regalaría las entradas, y en el patio de butacas, en primera fila, frente al escenario.

– Si pudiera elegir, hasta preferiría acompañarte a la ópera.

– La vez que fuimos dijiste que te habías aburrido como una ostra.

– Siempre es el mismo guion, ¿no? El tenor asesina al barítono porque está enamorado de la soprano.

– ¿No te da vergüenza decir esas tonterías?

– Lo mío son más bien los conciertos.

– Siempre y cuando no sea música clásica, claro. Y si te escuchara, tampoco pondríamos los pies en una exposición.

– Lo que hacen tus amigos los artistas es un engañabobos.

– Cállate, anda.

– Vale, voy al teatro a condición de que vengas conmigo al cine.

– ¡Oh, precisamente hay un festival dedicado a mi director japonés preferido!

– Ni hablar. Será muy famoso, pero a mí esos rollos me comen el coco.

– A ti no hay peli que te emocione, como no sea de risa y con palomitas.

– Mira, echan una del oeste, ¡una antigua donde actúa Clint Eastwood!

– Qué cruz, por Dios…

■ COMPRENDRE LE DIALOGUE
EXPRIMER DES RESSENTIS

Au fil de cet ouvrage, vous avez plusieurs fois rencontré le verbe **dar**, employé dans une structure indirecte, pour rendre compte d'un ressenti : **Me da igual**, *Ça m'est égal ;* **Te da asco**, *Ça te dégoûte*. Voici un nouvel exemple dans ce dialogue : **¿No te da vergüenza?** *Tu n'as pas honte ?* Vous pourriez de la même manière exprimer la peur, la paresse, etc. : **Me dan miedo los perros**, *Les chiens me font peur ;* **Les da pereza salir**, *Ils ont la flemme de sortir.*

NOTE CULTURELLE

L'Espagne est, dès les beaux jours, la terre bénie des festivals de musique en plein air. Pour s'en tenir aux principaux : Barcelone consacre un long week-end de juin à **Sónar** (musique électronique et arts multimédias) ; **Benicassim**, en juillet, offre ses plages au **FIB** (rock indépendant) ; **Vitoria** et **San Sebastián** accueillent les fervents du jazz, et Grenade, dans le cadre de l'Alhambra, la musique classique et la danse. Côté tradition, le flamenco offre plusieurs visages : les **tablaos** à vocation touristique, mais aussi de grands événements, comme la **Bienal** de Séville, où se produit la fine fleur de ceux qui comptent. Mais on peut, pour cette musique, préférer le cadre plus intime et spontané des petits festivals locaux ou, mieux encore, des **peñas** privées.

◆ GRAMMAIRE
LES EMPLOIS DU SUBJONCTIF IMPARFAIT

L'imparfait du subjonctif a, comme on sait, pratiquement disparu de l'usage commun en français. Il faut être en effet un bien grand puriste et ne pas craindre les sarcasmes pour dire, par exemple : "Il faudrait que vous apprissiez vos conjugaisons et sussiez bien vos verbes". Rien de tel en espagnol ! Il s'agit d'un temps comme les autres, à utiliser obligatoirement dans plusieurs cas.

L'IRRÉEL DU PRÉSENT

Il correspond à des énoncés où une proposition est soumise à la réalisation d'une condition présentée comme impossible ou non acquise : "si j'étais riche, je ferais ceci ou cela". Là où le français utilise l'imparfait de l'indicatif (*si j'étais*), l'espagnol emploie l'imparfait du subjonctif (**si fuera**) ; dans la principale, c'est le conditionnel dans les deux langues (*je ferais*, **haría**). Le dialogue nous donne trois exemples :

¿Sabes lo que harías si me quisieras?, *Sais-tu ce que tu ferais si tu m'aimais ?* ; **Si pudiera elegir, preferiría ir a la ópera**, *Si je pouvais choisir, je préférerais aller à l'opéra* ; **Si te escuchara, no pondríamos los pies en una exposición**, *Si je t'écoutais, nous ne mettrions pas les pieds dans une exposition.*

LA CONCORDANCE DES TEMPS

Elle est obligatoire en espagnol ; si le verbe principal est au passé, le verbe de la subordonnée également : **Quiero que vengas conmigo.** → **Quería que vinieras conmigo.** La concordance s'applique par exemple également dans la subordonnée temporelle : **Nos invita antes de que terminen los ensayos.** (présent) → **Nos invitó antes de que terminaran los ensayos.** (passé)

LE STYLE INDIRECT

Il obéit globalement aux mêmes règles qu'en français. Par exemple, un futur devient un conditionnel lorsque le verbe principal est à un temps du passé : **Nos dice que nos regalará las entradas**, *Il nous dit qu'il nous offrira les places* → **Nos dijo que nos regalaría las entradas**, *Il nous a dit qu'il nous offrirait les places.*

LA SUBORDONNÉE CONDITIONNELLE AU SUBJONCTIF

Nous l'avons déjà abordée dans le Module n° 25, à travers la conjonction **con tal de que**, *pourvu que* : **con tal de que esté en buen estado**, *pourvu qu'il soit en bon état*. Ce dialogue vous fournit deux autres conjonctions du même type : **Siempre y cuando no sea música clásica**, *Pour autant que ce ne soit pas de la musique classique* ; **A condición de que vengas conmigo**, *À condition que tu viennes avec moi*. On peut aussi envisager une "condition restreinte", de celles qu'on rend en français par sauf si. Un équivalent espagnol est **como no** + subjonctif : **Como no sea una peli de risa**, *Sauf si c'est un film comique.*

▲ CONJUGAISON
L'IMPARFAIT DU SUBJONCTIF

LE SUBJONCTIF EN -*RA*

Pour le former, on prend la 3ᵉ personne du pluriel du passé simple, dont on modifie les terminaisons en **-ra, -ras, -ra, -ramos, -rais, -ran**. Nous avons 4 exemples dans le dialogue : deux verbes réguliers au passé simple (**terminar**, **escuchar**) et deux dont le passé simple est fort (**querer**, **poder**). La règle de formation du subjonctif imparfait est la même dans tous les cas.

terminar → terminaron → terminara
querer → quisieron → quisiera
poder → pudieron → pudiera

cantar	comer	poder	querer
cantara	comiera	pudiera	quisiera
cantaras	comieras	pudieras	quisieras
cantara	comiera	pudiera	quisiera
cantáramos	comiéramos	pudiéramos	quisiéramos
cantarais	comierais	pudierais	quisierais
cantaran	comieran	pudieran	quisieran

LE SUBJONCTIF EN -SE

Il existe une seconde forme du subjonctif imparfait, dont les terminaisons ne sont pas en **-ra**, mais en **-se**. Elle a la même valeur et son usage est plus ou moins répandu, selon les pays et les régions. C'est parfois même une question de goût personnel.

cantar	comer	poder	querer
cantase	comiese	pudiese	quisiese
cantases	comieses	pudieses	quisieses
cantase	comiese	pudiese	quisiese
cantásemos	comiésemos	pudiésemos	quisiésemos
cantaseis	comieseis	pudieseis	quisieseis
cantasen	comiesen	pudiesen	quisiesen

◆EXERCICES

1. ÉCOUTEZ ET ÉCRIVEZ LE MOT CORRESPONDANT À CHACUNE DES DÉFINITIONS.

31
a. ....
b. ....
c. ....
d. ....

2. ÉCOUTEZ ET COMPLÉTEZ LES 3 PREMIÈRES PHRASES DU DIALOGUE DE L'EXERCICE.

31 a. Buenas tardes, quisiera .... para la ópera Carmen, ...
....

b. Ah, es el día .... caballero, y ya ....

c. ¿No hay de .... en el .... ?

29. On passe quoi, comme films ?

●VOCABULAIRE

dejar de (+ inf.) *arrêter de*
afeitarse *se raser*
barba *barbe*
estreno (el) *première (spectacle)*
aficionado/a *amateur, -trice*
teatro *théâtre*
vanguardia *avant-garde*
terminar *terminer*
ensayo (el) *répétition (spectacle)*
entrada *place, entrée*
patio de butacas *fauteuil d'orchestre*
fila (la) *rang*
frente a *face à*
escenario *scène (lieu où jouent les acteurs)*
ópera (la) *opéra*
ostra *huître*
guion *scénario*
tenor *ténor*
barítono *baryton*
asesinar *assassiner*
enamorado/a *amoureux, -euse*
soprano *soprano*
vergüenza *honte*
tontería *bêtise*
concierto *concert*
siempre y cuando *pour autant que*
exposición *exposition*
artista *artiste*
engañabobos *attrape-nigaud*
teatro *théâtre*
a condición de que *à condition que*
cine *cinéma*
festival *festival*
director *metteur en scène*
japonés/esa *japonais(e)*
ni hablar *pas question*
rollo *navet (mauvais film)*
comer el coco *prendre la tête, gonfler*
emocionar *émouvoir*
como no sea *sauf si c'est*
risa (la) *rire*
palomitas (las) *pop-corn*
echar *donner (un film)*
oeste *ouest*
película del oeste *western*
actuar *jouer (acteur)*
qué cruz *quelle plaie, quel boulet*

3. ÉCOUTEZ À NOUVEAU L'ENREGISTREMENT ET COCHEZ *VERDAD* OU *MENTIRA*.

	VERDAD	MENTIRA
a. Quedan algunas entradas caras cerca del escenario.		
b. Quedan entradas que permiten oír bien la música.		
c. A la amiga del chico no le gusta mucho la ópera.		
d. Su cumpleaños es el mismo día que el estreno.		
e. A veces alguien revende una entrada el mismo día.		
f. Le aconseja invitar a su amiga al restaurante el sábado siguiente.		

4. CONJUGUEZ LES VERBES PROPOSÉS POUR FORMER DES PHRASES À L'IRRÉEL.

a. Si .... tiempo, ... al cine contigo. [yo-tener / yo-ir]

b. Si .... un buen amigo, ... conmigo a la ópera. [tú-ser / tú-venir]

c. Si .... alguna buena peli, ... salir. [haber / nosotros-poder]

d. Si .... de salir, ... mucho. [vosotros-dejar / vosotros-ahorrar]

5. REFORMULEZ CES PHRASES : COMPLÉTEZ L'AMORCE EN FAISANT LES CONCORDANCES.

a. Nos recomienda que vayamos a esa exposición.
→ Nos recomendó ....

b. Dice que no irá al estreno aunque le paguen.
→ Dijo ....

c. Sé lo que vas a decir antes de que hables.
→ Sabía ....

6. TRADUISEZ CES PHRASES.

a. Je n'ai pas honte de dire que l'art d'avant-garde me gonfle.

→

b. Je vais voir un film comique avec toi à condition que tu te rases la barbe.

→

c. Ce film est un navet, mais ça m'est égal, pour autant que tu m'offres la place.

→

30.
VIVE LES VACANCES !

¡VIVAN LAS VACACIONES

OBJECTIFS

- ÉVOQUER DES ÉVÉNEMENTS PASSÉS : EXPRIMER DES REGRETS ; FAIRE DES REPROCHES ; SE PLAINDRE
- PARLER DU TEMPS QU'IL FAIT
- LEXIQUE : LA NATURE ET LES VACANCES
- L'ESPAGNOL PARLÉ : INJONCTIONS FAMILIÈRES ET FORMULES IMAGÉES
- LE PÈLERINAGE DE SAINT-JACQUES

NOTIONS

- LE VERBE *CABER* (EMPLOI ET CONJUGAISON)
- L'IRRÉEL DU PASSÉ : LE SUBJONCTIF PLUS-QUE-PARFAIT ; LE CONDITIONNEL PASSÉ
- LA RELATIVE À L'INDICATIF ET AU SUBJONCTIF
- UNE STRUCTURE CONCESSIVE : *HAGAS LO QUE HAGAS*
- *COMO SI* + SUBJONCTIF PASSÉ

LE CHEMIN DE SAINT-JACQUES

– Il fallait prendre à gauche en sortant du village. Si tu m'avais écouté… Maintenant, allez, demi-tour !

– Comme si toi, tu ne te trompais jamais. Et quand tu as dit de continuer tout droit et que nous nous sommes perdus dans cette forêt ?

– Au moins il a fait beau temps, une nuit de pleine lune. Pas comme maintenant, où il pleut des cordes.

– C'est comme ça, la randonnée : tu ne sais jamais si le ciel sera nuageux ou dégagé, s'il y aura de la pluie ou du vent, surtout dans le nord.

– Je regrette le sud… Si nous avions passé l'été au bord de la mer, maintenant je serais en maillot de bain, étendu sur une serviette sous un parasol.

– Tu ne voulais pas qu'on aille dans un endroit où il y ait de la nature, des oiseaux dans les arbres et des vaches dans les champs ?

– La seule bête que j'ai vue jusqu'à présent, c'est la guêpe qui m'a piqué.

– Tu n'arrêtais pas de dire que tu devais maigrir, faire du sport et ne pas passer ta journée à regarder du football et du basket à la télé.

– Et si nous nous reposions un moment ?

– D'accord, mais il faut arriver au refuge avant qu'il fasse nuit. Dis-moi, qu'est-ce que tu fais avec ces allumettes ?

– Un feu. Je suis mort de froid.

– Tu ne te rends pas compte que tu peux provoquer un incendie ? Éteins ça !

– Quoi que je fasse, c'est toujours mal…

– Regarde, un aigle !!

– Oh ! Je n'en avais jamais vu en liberté…

– Allez, tu verras que quand tu arriveras à Saint-Jacques, tu ne te sentiras plus de joie…

– Había que tomar a la izquierda al salir del pueblo. Si me hubieras hecho caso… Ahora, ¡a dar media vuelta!

– Como si tú nunca te equivocaras. ¿Y cuando dijiste que siguiéramos todo recto y nos perdimos en aquel bosque?

– Por lo menos hizo buen tiempo, una noche de luna llena. No como ahora, que está lloviendo a mares.

– Así es el senderismo: nunca sabes si el cielo estará nublado o despejado, si habrá lluvia o viento, sobre todo en el norte.

– Echo de menos el sur… Si hubiéramos veraneado a la orilla del mar, ahora estaría en bañador, tumbado sobre una toalla debajo de la sombrilla.

– ¿No querías que fuéramos a un sitio donde hubiera naturaleza, pájaros en los árboles y vacas en los campos?

– El único bicho que he visto hasta ahora ha sido la avispa que me picó.

– No parabas de decir que tenías que adelgazar, hacer deporte y no pasarte el día viendo fútbol y baloncesto en la tele.

– ¿Y si descansáramos un rato?

– Vale, pero hay que llegar al albergue antes de que anochezca. Oye, ¿qué haces con esas cerillas?

– Un fuego. Estoy muerto de frío.

– ¿No te das cuenta de que puedes provocar un incendio? ¡Apaga eso!

– Haga lo que haga, siempre está mal…

– Mira, ¡¡un águila!!

– ¡Oh! Nunca había visto una en libertad…

– Anda, ya verás que cuando llegues a Santiago no cabrás en ti de contento…

■ COMPRENDRE LE DIALOGUE
LES INJONCTIONS FAMILIÈRES

→ Les injonctions familières. À côté des subtilités du mode impératif, sachez qu'il existe une formule orale bien utile au quotidien pour donner familièrement une consigne : elle consiste à utiliser **a** suivi de l'infinitif. Dans cette leçon : **¡A dar media vuelta!** *Allez, demi-tour !*

→ Sur le même principe, vous pourrez vous exclamer : **¡A comer!** *À table !* ; **¡A dormir!** *Au lit !* ; **¡A trabajar!** *Au boulot !*

LES FORMULES IMAGÉES

→ **El mar**, *la mer*, entre dans de nombreuses expressions familières qui expriment la quantité. On dira ainsi, comme dans le dialogue, **llover a mares**, *pleuvoir des cordes*. Et aussi **llorar a mares**, *pleurer toutes ses larmes*. **La mar de**, devant un nom ou un adjectif, devient une sorte d'adverbe de quantité : **Estoy la mar de contento**, *Je suis très content* ; **Hay la mar de gente**, *Il y a une foule de gens*.

NOTE CULTURELLE

Les restes de Jacques le Majeur, compagnon du Christ et patron de l'Espagne, reposent selon la légende à Compostelle, en Galice, où ils furent opportunément découverts en l'an 813, en pleine avancée musulmane. C'est en tout cas là l'origine de la plus grande route de pèlerinage européenne, qui va entraîner, à partir du xie siècle, des centaines de milliers de personnes sur les routes du nord de l'Espagne. Combinant les attraits de la quête spirituelle et de la randonnée, le **Camino de Santiago** connaît depuis quelques années un succès fulgurant. Depuis Roncevaux, deux grands itinéraires y conduisent, en une trentaine de jours de marche, par l'intérieur ou par la côte. En faisant dûment tamponner votre passeport de pèlerin et pour peu que vous ayez parcouru 100 km (200 si c'est en vélo), vous recevrez la célèbre **compostelana**, qui ornera votre salon et certifiera votre exploit.

◆ GRAMMAIRE
L'IRRÉEL DU PASSÉ

• Pour parler d'événements qui auraient pu se produire dans le passé ("si j'avais fait ceci..."), on utilise le plus-que-parfait du subjonctif dans la subordonnée (**haber** à

l'imparfait du subjonctif + participe passé) : **Si hubiéramos tomado a la izquierda...**, *Si nous avions pris à gauche...*
• Dans la principale, on peut avoir le conditionnel ou le conditionnel passé (**haber** au conditionnel + participe passé) : **... ya estaríamos en el albergue**, *... nous serions déjà au refuge ;* **... ya habríamos llegado**, *... nous serions déjà arrivés.*

COMO SI + SUBJONCTIF PASSÉ

"Comme si" introduit également un événement présenté comme fictif, que l'espagnol exprime par un subjonctif passé : **Como si nunca te equivocaras**, *Comme si tu ne te trompais jamais ;* **Como si nunca te hubieras equivocado**, *Comme si tu ne t'étais jamais trompé.*

UNE STRUCTURE CONCESSIVE

Vous avez rencontré dans le dialogue une formule concessive : **Haga lo que haga**, *Quoi que je fasse.* L'espagnol utilise très souvent ces structures symétriques, qui s'appliquent à toutes les circonstances :
- identité : **seas quien seas**, *qui que tu sois* ;
- lieu : **estés donde estés**, *où que tu sois* ;
- manière : **se vista como se vista**, *de quelque façon qu'il s'habille* ;
- temps : **vengas cuando vengas**, *à quelque moment que tu viennes.*

LA RELATIVE À L'INDICATIF ET AU SUBJONCTIF

Comme en français, la proposition relative peut exprimer un fait réel ou hypothétique. On exprimera, de même, l'un à l'indicatif et l'autre au subjonctif ; attention à la concordance des temps, obligatoire en espagnol.
Voy a un sitio donde hay animales, *Je vais à un endroit où il y a des animaux.*
Quiero ir a un sitio donde haya animales, *Je veux aller à un endroit où il y ait des animaux.*
Quería ir a un sitio donde hubiera animales, *Je voulais aller à un endroit où il y ait [eût] des animaux.*

▲ CONJUGAISON
LE SUBJONCTIF PLUS-QUE-PARFAIT

Comme tous les temps composés, il se construit avec l'auxiliaire **haber**, *avoir* : on conjugue celui-ci à l'imparfait du subjonctif + participe passé invariable.

Attention, **hubiera** peut aussi prendre une valeur de conditionnel, et le subjonctif plus-que-parfait équivaloir, donc, à un conditionnel passé : **hubiera hecho**, *j'aurais fait*.

> hubiera cantado
> hubieras cantado
> hubiera cantado
> hubiéramos cantado
> hubierais cantado
> hubieran cantado

LE VERBE *CABER*

Il s'agit d'un verbe singulier, à la fois dans son sens et dans sa conjugaison. Il signifie essentiellement *tenir, rentrer,* au sens de capacité spatiale : **En este coche caben cuatro personas**, *Dans cette voiture tiennent quatre personnes.*

Dans le dialogue, il apparaît dans l'expression **no caber en sí de contento**, *déborder de joie*. On le trouve aussi dans des locutions comme : **no cabe duda**, *il ne fait pas de doute* ; **dentro de lo que cabe**, *dans la mesure du possible*. Ses irrégularités sont nombreuses.

présent indicatif	présent subjonctif	futur	passé simple
quepo	quepa	cabré	cupe
cabes	quepas	cabrás	cupiste
cabe	quepa	cabrá	cupo
cabemos	quepamos	cabremos	cupimos
cabéis	quepáis	cabréis	cupisteis
caben	quepan	cabrán	cupieron

● EXERCICES

1. ÉCOUTEZ ET NUMÉROTEZ LES PHRASES DANS L'ORDRE OÙ VOUS LES ENTENDEZ.

a. Fais demi-tour !

b. Tourne à droite !

c. Prends à gauche !

d. Continue tout droit !

●VOCABULAIRE

hacer caso écouter (prêter attention)
dar media vuelta faire demi-tour
bosque (el) forêt
luna lune
lleno/a plein(e)
llover [ue] pleuvoir
senderismo (el) randonnée
cielo ciel
nublado/a nuageux, -euse
despejado/a dégagé(e)
lluvia pluie
viento vent
norte nord
echar de menos regretter (nostalgie)
sur sud
veranear passer l'été
orilla (la) bord (mer)
bañador maillot de bain
tumbado/a étendu(e)
toalla serviette de bain
sombrilla (la) parasol
debajo sous
naturaleza nature
pájaro oiseau
árbol arbre
vaca vache
campo (el) campagne
bicho (el) bête (animal)
único/a seul(e), unique
avispa guêpe
picar piquer
parar arrêter
deporte sport
fútbol football
baloncesto basket-ball
descansar se reposer
albergue (el) auberge
anochecer tomber (la nuit)
cerilla allumette
fuego feu
provocar provoquer
incendio incendie
apagar éteindre
águila (fém.) aigle
libertad liberté

⬤ 2. ÉCOUTEZ ET COMPLÉTEZ LES 3 PREMIÈRES PHRASES DU DIALOGUE DE L'EXERCICE.

32

a. Menudo .... está haciendo.

b. Sí, si me .... que en la Costa del Sol iba a hacer este tiempo, no me lo ....

c. ¡Llevamos aquí una semana y no . ... !

3. ÉCOUTEZ À NOUVEAU L'ENREGISTREMENT ET COCHEZ *VERDAD* OU *MENTIRA*.

	VERDAD	MENTIRA
a. En el norte está lloviendo.		
b. La amiga de la mujer va a Santiago en bici.		
c. El hombre le tiene envidia a esa amiga.		
d. Se queja de los bichos que le pican.		
e. La pareja decide ir a Santiago a pie el año que viene.		
f. De momento van a cortar la calefacción.		

4. TRANSFORMEZ CES PHRASES À L'IRRÉEL DU PASSÉ.

a. Si viéramos un camino más corto, lo tomaríamos.

→

b. Si siguierais recto, llegaríais antes.

→

c. Si hiciera buen tiempo, saldría contigo.

→

d. Si veranearas en el norte, disfrutarías más de la naturaleza.

→

5. COMPLÉTEZ L'AMORCE : A. IL N'EST PAS MORT. → IL FAIT COMME S'IL ÉTAIT MORT.

a. No está muerto. Hace como si ....

b. No me haces caso. Haces como si ....

c. No os gusta el mar. Hacéis como si ....

6. TRADUISEZ CES PHRASES.

a. Quoi que vous fassiez, vous ne tiendrez pas dans la voiture.

→

b. J'aimerais vivre dans un endroit où je puisse voir des vaches et des oiseaux.

→

c. Il pleut des cordes dans le nord : je regrette nos vacances dans le sud, en maillot de bain au bord de la mer !

→

LES CORRIGÉS DES EXERCICES

NOTE

Vous trouverez dans les pages qui suivent tous les corrigés des exercices proposés dans les modules qui précèdent. Les exercices enregistrés sont signalés par le pictogramme 🔊 accompagné du n° de piste de votre enregistrement audio. Ils se trouvent sur la même piste que le dialogue de la leçon, à la suite de celui-ci ; ils portent donc le même numéro de piste.

🔊 02 PRONONCIATION
L'accent tonique
a. Cana**dá** – b. Ecua**dor** – c. **fú**tbol – d. **ca**fé – e. **Cá**diz – f. Barce**lo**na – g. ja**món** – h. **Mé**xico – i. I**bi**za

Le tréma sur le -u
a. Vergüenza – b. Antiguo – c. Cigüeña – d. Agüero – e. Pingüino – f. Guerra – g. Antigüedad – h. Guitarra – i. Miguel

1. BONJOUR
🔊 **03 1. a.** ¿Es española? Est-elle espagnole ? – **b.** Eres alemana. Tu es allemande. – **c.** Soy francesa. Je suis française. – **d.** No hablas inglés. Tu ne parles pas anglais. – **e.** Habla italiano. Il parle italien.

🔊 **03** Dialogue :
– Buenas tardes, guapa. ¿Cómo te llamas?
– Hola, yo soy Lola. ¿Y tú?
– Me llamo Peter.
– ¿Peter? ¿Eres inglés?
– Estadounidense, nací en Nueva York.
– ¡Pero hablas muy bien español!
– Sí, mi madre es profesora de español.
– Ah, qué bonita profesión, ¿verdad?
– Sí, y yo también estudio idiomas: hablo francés, italiano, alemán y chino.
– ¿Ah sí?... Dime "buenas noches" en chino.
– Buenas noches en chino.
– Ja ja ja. ¡No hablas chino, es mentira!
– Bueno, de acuerdo. Me llamo Pedro y soy de Ibiza.

🔊 **03 2. a.** V – **b.** M – **c.** V – **d.** V – **e.** M – **f.** M – **g.** V – **h.** M – **i.** M
3. a. La profesora es guapa. – **b.** Es alemana. – **c.** No soy estadounidense. – **d.** ¿Eres china o belga?
4. a. ¿De dónde eres? – **b.** ¿Cómo te llamas? – **c.** ¿Hablas español? – **d.** ¿Trabajas en España?
5. a. Buenos días, me llamo Pedro y soy profesor de español. – **b.** Buenas noches, guapa. – **c.** Nací en París, pero soy española. – **d.** Hablo muy bien francés y también alemán. – **e.** Yo soy Lola, ¿y tú?

2. QUI SUIS-JE ?
🔊 **04 1. a.** 33 – **b.** 10 – **c.** 61 – **d.** 12 – **e.** 80

🔊 **04** Dialogue :
– ¿Carmen?... ¡¡Carmen!!
– Sí... Bu... buenos días...
– ¡Carmen! ¿Pero cuántos años hace que no te veo? ¿Veinte? ¿Treinta?
– A ver, es que no... Eres... ¿Eres Paco Ruiz, verdad?
– ¡No, no soy Paco! Soy Antonio, ¡Antonio Fernández Ortiz!
– Ah sí, claro, Antonio...
– Ay Carmen, Carmen... ¡Cuántos años! Pero dime, ¿a qué te dedicas? ¿Estás casada?
– Estoy casada, sí, tengo tres hijos y trabajo en la enseñanza.
– ¿Eres profesora?
– Soy profesora de inglés, como mi marido. Bueno... ¿y tú, Antonio, en qué trabajas?
– No tengo trabajo, estoy desempleado...
– Ah, qué lástima... Y... ¿tienes hijos?
– Sí, tengo una hija. Se llama Carmen, como tú, y tiene 24 años. Ella tiene un buen empleo, es periodista y vive en París.
– ¡Enhorabuena!

2. a. Antonio. – **b.** Fernández Ortiz. – **c.** tres hijos. – **d.** es profesor de inglés.
3. a. Se llama Carmen. – **b.** Tiene veinticuatro años. – **c.** Es periodista. – **d.** Vive en París.
4. a. Bra**sil** – **b.** Ecua**dor** – **c.** **Cu**ba – **d.** **Bue**nos **Ai**res – **e.** voleibol – **f.** Be**a**triz
5. a. café – **b.** fútbol – **c.** menú – **d.** dólar – **e.** balón – **f.** Perú
6. a. Madrid es una ciudad muy bonita. – **b.** Felipe VI está casado con Letizia Ortiz. – **c.** No tengo trabajo: estoy desempleado. – **d.** No soy funcionario: trabajo en el comercio. – **e.** Dime, Laura, ¿eres de Sevilla?
7. a. ¿A qué se dedica tu mujer? – **b.** ¿Qué edad tiene la reina de España? – **c.** Vive en Madrid pero tiene varias casas. – **d.** A ver... ¿A cuántas preguntas tengo derecho? – **e.** Adivina quién es mi marido.

3. COMMENT ÇA VA ?

🔊 **05** **1. a.** *Buenas, soy tu profesora de matemáticas.* de tú. – **b.** *Trátame de usted, ¿vale?* de tú. – **c.** *¿Tienes un móvil?* de tú. – **d.** *¿Cómo está, don Manuel?* de usted.

🔊 **05** Dialogue :
– *Hola, eres nueva en el instituto?*
– *Si, soy nueva, me llamo Ángela.*
– *Encantado, Ángela. Yo soy Pedro, bienvenida.*
– *Mucho gusto, Pedro.*
– *¿Todo bien?*
– *Sí, estoy estupendamente, gracias.*
– *Me alegro. ¿De qué eres profesora, Ángela?*
– *De alemán, ¿y usted?*
– *Yo de matemáticas, pero ¡trátame de tú!*
– *Vale, es que soy alemana y los alemanes se tratan mucho de usted…*
– *Todos se tratan de tú en el instituto.*
– *¿Los alumnos también tratan de tú a los profesores?*
– *Sí, los alumnos españoles te tratan de tú, pero no son maleducados.*
– *No, claro… Pero dime, ¿no están prohibidos los móviles entonces?*
– *Los chicles sí, pero los móviles no. Ah una cosa, en el instituto tenemos una enfermera a la antigua: a los demás tratalos de tú, pero a ella trátala de usted, ¿de acuerdo?*

2. a. dos profesores – **b.** la enfermera – **c.** solo los chicles.
3. a. V – **b.** V – **c.** M – **d.** M – **e.** M – **f.** M
4. a. Estamos muy bien, gracias. – **b.** Sí, estoy de muy mal humor. – **c.** No, soy la enfermera. – **d.** Somos los alumnos de la señora del Pino.
5. a. El delegado no está de buen humor. – **b.** Las ciudades son bonitas. – **c.** Las mujeres no son solo amas de casa. – **d.** Es la casa del nuevo profesor.
6. a. ¿Cómo se llama usted? – **b.** ¿Dónde vive usted? – **c.** ¿A qué se dedica usted? – **d.** ¿De dónde es usted?
7. a. ¿Es usted la nueva enfermera del instituto? – **b.** Trátame de usted, y los demás también, ¿entendido? – **c.** ¿Quièn es vuestro delegado? – **d.** Lo siento, está prohibido.

4. S'IL VOUS PLAÎT

🔊 **06** **1. a.** *Perdona, ¿me puedes ayudar?* de tú. **b.** *Disculpe, ¿tiene azúcar?* de usted. – **c.** *Aquí tiene su café.* de usted. – **d.** *¿Puedo invitarte a un café?* de tú.

🔊 **06** Dialogue :
– *Te presento a Antonio, es nuestro nuevo vecino. Él es Pepe, mi marido.*
– *¿Qué tal, Antonio?*
– *Muy bien, gracias.*
– *¿Le invitamos a un café, cariño?*
– *Por supuesto.*
– *No quiero molestar…*
– *Por favor, pasa, Antonio.*
– *Muchas gracias. Son ustedes muy amables.*
– *No hay de qué, y vamos a tutearnos, ¿no? ¡Somos vecinos!*
– *¡Sí, claro!*
– *Aquí tenéis el café.*
– *¿Tienes un poco de leche, por favor?*
– *Oh, lo siento, no tenemos…*
– *¿Y azúcar?*
– *Sí, azúcar sí. ¿Cuánto quieres?*
– *Solo un poco, gracias.*
– *¿Y a qué te dedicas, Antonio?*
– *Soy enfermero, es un trabajo pesado, pero muy bonito.*
– *Exactamente como el nuestro… ¡Somos profesores!*

2. a. Antonio – **b.** primero de usted y después de tú – **c.** leche – **d.** quiere un poco de azúcar
3. Voir le dialogue.
4. a. ¿Va usted a casa del vecino? – **b.** ¿Antonio es su marido? – **c.** Te presento a mi mujer. – **d.** Perdona, ¿me prestas tu móvil? – **e.** Disculpe, ¿puede presentarse? – **f.** Lo siento, no puedo invitarte.

5. a. No te quiero prestar café. – **b.** No puedo servirle. – **c.** ¿Lo puedo tutear? – **d.** No le voy a perdonar.
6. a. No quiero leche, quiero otra cosa. – **b.** Perdone, señora, es la tercera vez que la molesto. – **c.** Vas a pensar que soy una vecina pesada. – **d.** Sois muy amables, tú y tu marido.

5. ALLÔ ?
🔊 **07 1. a.** 091 – **b.** 080 – **c.** 901 22 12 32 – **d.** 6 54 35 13 67

🔊 **07** Dialogue :
– ¿Sí, diga?
– Buenas tardes, ¿es usted la esposa de don Rafael?
– Sí, soy yo, ¿con quién estoy hablando?
– Mi nombre es Laura, de Latacel.
– Mucho gusto, Laura, me llamo Carmen. ¿En qué puedo ayudarle?
– Le llamo para…
– Perdón, pero ¿qué edad tiene usted?
– Tengo 30 años, doña Carmen, y…
– ¡Yo también! Vamos a tutearnos entonces, ¿no?
– Bueno, si quieres…
– Sí, claro, dime. Te escucho.
– Estamos realizando una oferta para nuevos clientes: son cien minutos de llamadas gratis.
– Perdón, ¿puedes repetir? ¿Cuántos minutos son?
– ¡Nuestra oferta son cien minutos de llamadas gratis!
– Ah, no es mucho…
– También tienes derecho a un móvil gratis.
– ¿Solo uno?
– Bueno, tenemos otra oferta, que son cincuenta minutos gratis y dos móviles.
– Bueno… Voy a pensarlo.
– Para servirte.
– Gracias, adiós, Laura.
– Hasta pronto, Carmen.
2. a. primero de usted y después de tú. – **b.** 100 minutos de llamadas gratis y un móvil – **c.** es poco – **d.** Carmen dice "adiós" / Laura dice "Hasta pronto".
3. a. diga – **b.** es usted la esposa – **c.** soy yo … estoy hablando – **d.** mi nombre es – **e.** Mucho gusto … puedo ayudarla
4. a. Estoy hablando por teléfono. – **b.** Llámalo para saber cómo está. – **c.** Gracias por la oferta. – **d.** De nada, por favor, para servirle.
5. a. ¿Me estás escuchando? – **b.** Estoy viviendo en París. – **c.** No estamos haciendo nada. – **d.** Está estudiando español.
6. a. Dime, cariño, ¿dónde estás? – **b.** No cuelgues. Rafael no está pero te pongo con su esposa. – **c.** Quisiera comprobar su dirección: ¿puede repetirla? – **d.** Le digo mi nombre, pero no puedo decirle mi apellido.

6. QUELLE HEURE EST-IL ?
🔊 **08 1. a.** *Son las dos menos cuarto :* 13 : 45 – **b.** *Es la una y diez :* 01 : 10 – **c.** *Son las tres y veinte :* 15 : 20 – **d.** *Son las doce y veinte de la noche :* 00 : 20.

🔊 **08** Dialogue :
– Buenos días.
– Buenos días, doctora.
– Lo escucho: dígame qué le pasa.
– No me pasa nada, doctora.
– ¿Cómo?
– Nada, estoy estupendamente.
– Ah… Entonces, ¿qué puedo hacer por usted?
– Estoy bien, tengo un buen trabajo y una casa bonita, doctora, pero estoy cansado de la vida que llevo…
– ¿Ah? ¿Y qué vida lleva?
– No es una vida muy loca, la verdad… De lunes a viernes voy a trabajar, vuelvo a casa, veo una serie y después me acuesto.
– ¿Y los sábados no sale con los amigos?
– No, me quedo en casa y no hago nada. No tengo muchos amigos…
– Ya veo… ¿Duerme bien?
– Duermo muy bien. Me acuesto temprano, a las nueve y media, y me levanto a las siete de la mañana.
– ¡Duerme usted como mi hijo de dos años! A su edad, no es bueno dormir tanto, hombre.

– Sí, lo sé…
– A ver… Aquí tiene estas pastillas: le van a ayudar a estar de buen humor.
– Gracias, doctora.
– Las va a tomar durante quince días, ¿de acuerdo?
– Sí, doctora.
– Y este fin de semana va a salir de copas, ¿entendido?
– Va a pensar que soy muy pesado, pero es que no sé dónde hay buenos bares…
– Vale, aquí tiene también la dirección de dos bares estupendos.
– Es usted muy amable, gracias, doctora.

2. a. El hombre se acuesta a las nueve y media. – **b.** Duerme nueve horas y media al día. – **c.** Durante quince días. – **d.** Son para estar de buen humor.

3. a. V – **b.** M – **c.** M – **d.** V – **e.** M – **f.** V – **g.** V

4. a. ¿Dónde estás: en casa? – **b.** ¿Cuándo sales del trabajo? – **c.** ¿Vas a casa? – **d.** ¿Vamos a salir de copas, cariño? – **e.** Me levanto temprano para ir al trabajo.

5. a. No solemos salir durante la semana. – **b.** ¿Cuándo volvéis a casa? – **c.** Se acuestan muy temprano. – **d.** Salimos de copas todas las noches. – **e.** ¿Por qué os acostáis tan tarde?

6. a. Los domingos no suelo levantarme antes de las doce y media. – **b.** ¿Qué te pasa? ¿Estás cansado? – **c.** Son las cuatro de la mañana. ¿No tienes sueño? – **d.** ¿Por qué no nos quedamos en casa este sábado? – **e.** No tomo café después de las dos de la tarde, porque después no puedo dormir.

7. ON MANGE ?

🔊 09 **1. a.** Es la madre de mi padre. Es mi abuela – **b.** Son los hijos de mi tío. Son mis primos. – **c.** Es la hija de mi hijo. Es mi nieta. – **d.** Es el hermano de mi madre. Es mi tío. – **e.** Es la hija de mi hermano. Es mi sobrina.

🔊 09 Dialogue :
– Vale, déjame poner la mesa…
– ¿Y ahora por qué? ¿No dices que no tienes hambre?

– Sabes perfectamente que estoy loco por tu tortilla de patatas, mamá…
– ¿Y no dices que es muy pesado para ti estar sentado con los padres durante toda una cena?
– No, no… Así estamos todos juntos y podemos hablar.
– ¡Ja! Tú nunca hablas de nada con nosotros.
– Sois vosotros los que no me escucháis. Siempre estáis hablando de vuestras cosas.
– Oh, qué lástima…
– ¿Pongo cucharas o solo cuchillos y tenedores?
– ¿El salmorejo cómo se come?
– De acuerdo, pongo cucharas también.
– Y después de cenar lavas tú los platos.
– Vale…
– Y los vas a lavar durante dos semanas.
– ¡Por favor, mamá!
– Si no estás de acuerdo, puedes salir a cenar una hamburguesa con los amigos. Y otra cosa.
– ¿¿Otra cosa??
– Sí, te voy a decir cómo hago la tortilla de patatas…
– ¿De verdad?
– Sí, así vas a poder hacerla tu solito. Pero silencio. Es la receta de la abuela y esto se queda en la familia, ¿de acuerdo?

2. a. El hijo va a poner la mesa para poder comer tortilla. – **b.** La madre dice que el hijo nunca habla con sus padres. – **c.** El hijo va a poner cucharas, cuchillos y tenedores. – **d.** El hijo va a lavar los platos durante dos semanas.

3. así vas a poder – la abuela – esto se queda

4. a. Nunca ceno solo. / No ceno nunca solo. – **b.** Yo tampoco tengo hambre. / Yo no tengo hambre tampoco.

5. a. Lo sentimos., no podemos ayudaros. **b.** Pasad, pasad. ¿queréis tomar un café? – **c.** Mis padres siempre se sientan para comer. – **d.** ¿Cómo? Perdona, pero no entiendo lo que dices. – **e.** Si tienes hambre, te puedo invitar a comer.

6. a. Pon los cubiertos y los platos. – **b.** ¿Quieres salir conmigo, sí o no? – **c.** No hay nada para ti. – **d.** ¿Cómo cenamos esta noche: ¿de pie o sentados? – **e.** ¡Ahora o nunca!

8. VOUS AIMEZ L'APPARTEMENT ?

🔊 10 **1. a.** 589 – **b.** 2 376 – **c.** 13 451 – **d.** 181 233

🔊 10 Dialogue :
– ¿Entonces, le gusta el piso?
– Por decirle la verdad, no mucho…
– ¿Ah? ¿Por qué razón?
– Tiene cosas buenas: el salón es grande y los sillones son bonitos, pero no me gusta la cocina: ¡es pequeñísima!
– Es solo para hacer la comida, y luego pueden pasar al comedor.
– Sí, pero volvemos tarde del trabajo y no tenemos hijos. Entonces preferimos comer rápido en la cocina y luego ver la tele.
– Entiendo.
– Otra cosa: los electrodomésticos son antiguos.
– Voy a poner un horno nuevo, pero la lavadora y el frigorífico están bien, ¿no?
– La lavadora sí, pero el frigorífico no está muy limpio, ¿sabe?, y el piso tampoco.
– Es que hace un año y medio que no vive nadie aquí. Si lo alquilan lo dejo limpio, por supuesto.
– Y además el dormitorio no tiene ventanas. A mi compañero le horrorizan los dormitorios sin ventanas. Dice que parecen un ataúd.
– Bueno, tiene razón, pero por eso el alquiler es muy barato, apenas cuatrocientos euros.
– A ver, si me lo deja en trescientos, lo alquilo.
– ¿Trescientos? ¿Está usted loca?
– 350 (trescientos cincuenta).
– 375 (trescientos setenta y cinco).
– Bueno, de acuerdo, pero lo deja limpio, ¿vale?
– ¡Limpísimo!

2. a. La habitación que prefiere es el salón. – **b.** Piensa que los sillones son bonitos. – **c.** Piensa que los electrodomésticos son antiguos. – **d.** Le horroriza el dormitorio porque no tiene ventanas. – **e.** No le gusta la cocina porque es pequeñísima. – **f.** Entre la lavadora y el frigorífico, le gusta más la lavadora.
3. a. M – **b.** V – **c.** M – **d.** V – **e.** M – **f.** M.
4. a. ¡Aceptad animales! – **b.** ¡Limpie el horno! – **c.** ¡Visiten el piso! – **d.** ¡Aplasta la cucaracha!
5. a. Los sillones son feísimos. – **b.** La cocina está sucísima. – **c.** La cama es grandísima. – **d.** No estoy segurísimo.
6. a. A vosotros no os gustan los problemas. – **b.** A ellos les horrorizan las cucarachas. – **c.** A usted le encanta este lugar. – **d.** A ti te gusta esta habitación.
7. a. ¡Qué sucio está este piso! – **b.** ¡Qué cucaracha más enorme! – **c.** Estoy seguro de que prefieres los gatos. – **d.** El alquiler es barato, pero no me gustan las sillas del comedor.

9. JOYEUX ANNIVERSAIRE !

🔊 11 **1. a.** *Me caen regular.* Je les aime moyennement. – **b.** *Nos cae bien.* Nous l'aimons bien. – **c.** *¿Cómo te cae?* Que penses-tu de lui ? – **d.** *Les caéis fatal.* Ils vous détestent. – **e.** *No le caigo bien.* Il ne m'aime pas.

🔊 11 Dialogue :
– Feliz cumpleaños, Teresa.
– Hola, Carmen, ¿qué haces aquí?
– Bueno, si molesto dímelo.
– No, no, disculpa, quiero decir que a ti te gustan más los libros que las fiestas, ¿no?
– Sí, pero en la vida no hay nada más importante que el cumpleaños de una buena amiga, ¿verdad?
– Claro, claro…
– Aquí tengo una cosita para ti.
– Oh, ¡qué amable! ¿Qué es?
– Pienso que te va a gustar.
– Ah, un libro de recetas…
– Sí, de postres. Como estás tan delgada…

– Ya sabes que me horroriza el azúcar pero le voy a prestar tu libro a mi abuela. Estoy segura de que le va a encantar. Gracias por ella.
– No hay de qué…
– Y hablando de cumpleaños, ¿cuándo es el tuyo?
– La semana que viene, el día 14.
– Ah, qué bien. Entonces ya sé lo que te voy a regalar.
– Ah, ¿y se puede saber qué es?
– Un libro de recetas también: se llama "mil recetas para adelgazar". Te veo demasiado gorda, ¿sabes?
– Gracias, pero yo prefiero comer lo que me apetece que pasar hambre.
– Y ese chico tan bajito y tan feo que está contigo, ¿quién es?
– Es un amigo.
– ¡Qué nariz más grande tiene, Dios mío!
– Es listo y simpático, por eso me cae bien. Los que me caen fatal son los chicos pijos, altos, guapos y tontos. Ah, ¿y cómo está tu novio?
– Estupendamente, está trabajando en Nueva York.
– Me alegro… Bueno, feliz cumpleaños otra vez.
– Gracias, siempre es un gusto verte.
2. a. Carmen piensa que Teresa está demasiado delgada. – **b.** Teresa le va a prestar el libro de recetas a su abuela. – **c.** Teresa va a regalar a Carmen un libro que se llama "Mil recetas para adelgazar". **d.** Teresa piensa que el amigo de Carmen es bajito y feo. – **e.** A Carmen le caen fatal los chicos pijos, altos, guapos y tontos.
3. a. A Teresa le horroriza el azúcar. – **b.** A Carmen le caen bien los chicos listos. – **c.** Teresa prefiere pasar hambre que estar gorda. – **d.** El amigo de Carmen tiene la nariz grande. – **e.** El novio de Teresa estudia en Nueva York.
4. a. Es mi perro. Es el mío. – **b.** ¿Son tus libros? ¿Son los tuyos? – **c.** Son sus gafas. Son las suyas. – **d.** Es tu problema. Es el tuyo. – **e.** Son mis labios. Son los míos.

5. a. Conozco muchas recetas. – **b.** Son muy listos. – **c.** Tiene muchos libros. – **d.** Tiene mucho carácter. – **e.** Tengo mucha hambre.
6. a. No me parezco a mi madre. – **b.** No me apetece salir. – **c.** Tienes demasiadas amigas. – **d.** No conozco bastantes idiomas.

10. QUELLES ÉTUDES VAS-TU CHOISIR ?

🔊 12 **1. a.** El curso que viene, me voy a matricular en historia. – **b.** Si suspendo una asignatura, mi padre me mata. – **c.** Para aprobar, hay que ir a clase.

🔊 12 Dialogue :
– ¿Qué nota piden este año para medicina?
– Un nueve y medio.
– Mi padre me va a matar…
– ¿Por qué? ¿Qué nota tienes?
– Apenas un siete.
– Bueno, no está tan mal. Con eso puedes matricularte en historia del arte o en filosofía.
– Ya quisiera yo… Pero a mi padre le horrorizan las letras. Dice que para conseguir un buen trabajo hay que tener una carrera de ciencias.
– Pues dile que no es verdad: yo conozco a médicos que trabajan mucho y no se ganan tan bien la vida.
– ¡Él mismo! Es médico y siempre dice que su hermano, que es profesor de lengua, vive mejor que nosotros.
– ¿Qué vas a hacer entonces?
– Pues no sé… Tal vez matricularme en fisioterapia. No es medicina pero se parece un poco. Eso puede aceptarlo mi padre.
– Ya, pero tu nota es demasiado baja para fisioterapia también: tienes que tener por lo menos ocho y medio.
– ¡Pues entonces me voy de casa!
– Tengo una idea mejor.
– ¿Cuál?
– Pues te presentas de nuevo a Selectividad el año que viene, para conseguir una nota más alta.
– No es mala idea… ¡Y así durante un año me dedico a la música, que es lo que me gusta!

– *Amigo mío, me parece que el problema es que no tienes muchas ganas de estudiar...*
2. a. *La nota de Selectividad del chico es siete.* – **b.** *Con esa nota, puede matricularse en filosofía.* – **c.** *La mejor idea es presentar de nuevo Selectividad.*
3. a. V – **b.** M – **c.** V – **d.** V – **e.** M.
4. a. Tenemos que trabajar. / Hay que trabajar. – **b.** Tienes que elegir. / Hay que elegir. – **c.** Tengo que abrobar la asignatura. / Hay que aprobar la asignatura. –**d.** Tenéis que entender. Hay que entender.
5. a. Nunca suspendo ninguna asignatura. **b.** Nadie te quiere. – **c.** No odio a ninguno de ellos. – **d.** Quiero algo de ti.
6. a. Mi nota sigue siendo baja. – **b.** ¿Sigues teniendo ganas de ser médico? – **c.** Te sigo queriendo. – **d.** Seguimos teniendo hambre.
7. a. Hay que tener por lo menos un nueve para matricularse en Medicina. – **b.** Si me dices que no, ¡me mato! – **c.** Me cuesta mucho trabajo aprobar esta asignatura.

11. JE CHERCHE UN PETIT BOULOT

🔊 13   **1. a.** *13 euros veinte* : 13,20 euros – **b.** *29 con diez* : 29,10 – **c.** *147 ochenta* : 147,80 **d.** *15 con cincuenta* : 15,50.

🔊 13   Dialogue :
– *Acaban de llegar los recibos del agua y de la luz.*
– *¿Cuánto hay que pagar?*
– *El agua son 130 euros por dos meses.*
– *¡En este piso se gasta demasiada agua! Sois vosotras, las chicas: ¡os quedáis horas en el cuarto de baño!*
– *¡Claro, porque somos más limpias que los chicos! Pero tú te quedas hasta las tres de la madrugada viendo películas y… ¡adivina cuánto es el recibo de la luz!*
– *No sé, ¿60 euros?*
– *Exactamente 95 con 40, ¡y solo por un mes!*
– *Hace falta ahorrar, es verdad, no podemos seguir así. Y también hay que conseguir trabajillos.*

– *¿Se te ocurre alguno?*
– *Tú puedes ser canguro, ¿no? Creo que la vecina necesita a alguien para sus hijos.*
– *¡Ni loca! Los conozco: son muy maleducados y no me llevo bien con ellos.*
– *Pues yo le voy a preguntar: a mí no me importa ser canguro y además parece que paga muy bien, 12 euros por hora.*
– *Yo prefiero dar clases a alumnos de bachillerato.*
– *Claro, ¡tú siempre tan pija!*
2. a. Acaban de llegar los recibos del agua y de la luz. – **b.** ¿Cuánto hay que pagar? – **c.** El agua son 130 euros por dos meses.
3. a. En el piso, el chico gasta demasiada luz. – **b.** El recibo de la luz es 95,40 euros.– **c.** Los hijos de la vecina son maleducados. – **d.** La chica prefiere dar clases.
4. a. Se me ocurre un trabajillo. – **b.** A la chica no se le ocurre nada. – **c.** ¿A usted se le ocurre algo? – **d.** A nosotros se nos ocurren muchas ideas.
5. a. Hace falta un trabajillo. / Il faut un petit boulot. – **b.** Es necesario comer bien. / Il est nécessaire de bien manger. – **c.** Necesito ahorrar. / J'ai besoin de faire des économies. – **d.** Me hace falta un piso más barato. / J'ai besoin d'un appartement meilleur marché.
6. a. Acabo de enterarme de lo que te pasa. – **b.** Si no puedes pagar el recibo este mes, no pasa nada. – **c.** Cuando llega fin de mes estoy sin un duro, y eso que tengo una beca. – **d.** No consigo ahorrar, y eso que comparto los gastos con una compañera.

12. JE SUIS STAGIAIRE

🔊 14   **1. a.** *¡Por fin he conseguido un empleo fijo! ¡Qué chulo!* – **b.** *Soy becario, trabajo mucho y no me pagan. ¡Vaya rollo!* – **c.** *Sigo sin encontrar trabajo. ¡Vaya rollo!* – **d.** *Después de FP he encontrado trabajo rápidamente. ¡Qué chulo!*

🔊 14   Dialogue :
– *Hola, Alejandro, ¿qué tal te va?*
– *Regular.*

– ¿Te has enfadado otra vez con tu novia, es eso?
– No, qué va, nos llevamos muy bien desde hace unos meses.
– ¿De qué te quejas entonces?
– Estoy en el paro desde hace un año y medio y no consigo encontrar trabajo.
– Ah… ¿Y no has trabajado en todo ese tiempo?
– He hecho algunas prácticas de vez en cuando, pero pagan muy poco, ya sabes.
– ¿Cuánto?
– Pues he estado tres semanas en un periódico y me han pagado doscientos euros.
– No es mucho, desde luego…
– Luego he sido becario mes y medio en una página web y he cobrado quinientos.
– Tampoco es bastante para vivir, no.
– Y por fin he trabajado en una panadería.
– Qué chulo. ¿Y por qué no te has quedado? Es un oficio muy bonito, ¿no te gusta?
– Me gusta demasiado… pero ahí me han despedido antes de acabar el tiempo de prácticas.
– ¿Qué has hecho?
– Me he comido todos los pasteles de chocolate…
– ¡Pero qué tonto eres!

2. a. Qué tal te va. – **b.** Regular. – **c.** Te has enfadado – **d.** que va, nos llevamos.
3. a. Alejandro está en el paro desde hace un año y medio. – **b.** Ha sido becario en un periódico por doscientos euros. – **c.** Las últimas prácticas han acabado antes de tiempo.
4. a. Isabel me ha contado su vida. – **b.** ¿Qué has hecho? – **c.** He venido a ver ver qué ha pasado. – **d.** No hemos visto nada.
5. a. No he salido desde hace tres días. – **b.** No he salido desde la semana pasada. – **c.** No lo he visto desde su cumpleaños. – **d.** No lo he visto desde hace un año.
6. a. ¿Cuánto has cobrado durante tus prácticas? – **b.** No estamos contentos con nuestras condiciones laborales. – **c.** O sea que después de FP has encontrado un trabajo rápidamente.

13. JE VIENS POUR L'ANNONCE

🔊 **15** **1. 1)** *No se da cuenta* – **2)** *No se han dado cuenta* – **3)** *No me he dado cuenta* – **4)** *No te das cuenta*
a. 4 – **b.** 3 – **c.** 1 – **d.** 2

🔊 **15** Dialogue :
– ¿Qué tal te ha ido?
– Fenomenal, estoy convencido de que el trabajo es para mí.
– ¡Me alegro mucho! ¿Cómo lo has conseguido?
– Pues no sé, creo que les he caído bien.
– ¿Qué te has puesto de ropa?
– Como siempre: vaqueros y deportivas. Lo importante es ser agradable, ¿sabes?
– Ya… Para una entrevista de trabajo, ¿no es mejor llevar zapatos de vestir?
– ¡Qué va, mujer! Eres muy antigua.
– Bueno, ¿y qué te han preguntado?
– Que si ya he trabajado cara al público.
– ¿Y qué les has contestado?
– Pues que he trabajado de camarero, pero que lo mío es la moda.
– ¿Habéis hablado del sueldo?
– Sí, les he dicho que quiero cobrar por lo menos 2000 euros al mes.
– ¿No les ha parecido mucho para alguien sin experiencia?
– No, qué va. Han dicho: "Es usted muy simpático, ¿quiere fumar?"
– ¿No has aceptado, verdad?
– ¡Pues claro que sí! ¿Por qué?
– ¿Habéis fumado durante la entrevista?
– Yo sí, ellos no. Te lo repito: ¡todo me ha ido muy bien!

2. a. te ha ido – **b.** estoy convencido de que – **c.** alegro … lo has conseguido – **d.** les he caído bien
3. a. Para la entrevista de trabajo, el chico se ha puesto deportivas. – **b.** El chico quiere cobrar 2000 euros o más. – **c.** Durante la entrevista, ha fumado el chico.
4. a. No he dicho nada. – **b.** Nos hemos puesto unos vaqueros. – **c.** Les ha dado igual. – **d.** Te lo he repetido.
5. a. Lo hago fácilmente. – **b.** Puedes

hablar tranquilamente. – **c.** Se comporta amablemente. – **d.** Lo escribe perfectamente.
6. a. Mi contrato no es fijo sino eventual. **b.** Se lo he dicho: lo mío es ser dependienta y el sueldo me da igual. – **c.** ¿A qué hora tiene cita para la entrevista de trabajo? – **d.** Lo del tatuaje no me importa: ¿se siente usted capacitada para atender a los clientes?

14. ON MONTE UNE AFFAIRE ?

🔊 16 **1. a.** *Es el lugar donde trabaja mucha gente.* la oficina. – **b.** *Es el hecho de no soportar algo.* estar harto. – **c.** *Es el hecho de estar contento con algo.* estar a gusto. – **d.** *Es el dinero que tienes que poner en un negocio al principio.* la inversión.

🔊 16 Dialogue :
– No tienes buena cara, ¿te pasa algo?
– Estoy quemado.
– Sí, ya sé que no aguantas a tu jefe…
– ¡Qué va, no es eso! ¿No te lo he dicho? He dejado la oficina hace seis meses ya.
– ¿Y ahora a qué te dedicas?
– Soy empresario.
– ¿Tú, empresario?
– Sí, he montado un negocio de venta en línea.
– ¿Pero cómo has hecho? ¡No tienes un duro!
– No se necesita mucha inversión, y somos varios en el negocio.
– ¿Cuántos?
– Cuatro, cada uno ha puesto 2500 euros, y con esos 10.000 hemos pagado un estudio de mercado, el diseño de la página web, ¡y ya está!
– ¡Qué chulo! Pero, ¿qué vendéis?
– Salmorejo ecológico.
– ¿Y a quién se le ocurre comprar salmorejo en línea, si lo puede hacer él mismo en casa?
– A los extranjeros. Tenemos muchos clientes en Estados Unidos: les encanta y allí no lo encuentran.
– ¡Pues enhorabuena!

– Ya, pero no puedo más: lo de ser empresario es una locura. ¡Y no te puedes dar de baja!
2. a. No tienes buena cara, ¿te pasa algo? – **b.** Estoy quemado. – **c.** Sí, ya se que no aguantas a tu jefe.
3. a. F – **b.** F – **c.** V – **d.** V – **e.** F – **f.** V
4. a. ¡Quiero que me digas le verdad! **b.** ¡Quiero que seas bueno! – **c.** ¡Quiero que vendas más barato! – **d.** ¡Quiero que compres aceite ecológico! – **e.** ¡Quiero que le robéis la idea!
5. a. Es un buen momento para hacer negocios. – **b.** Ha sido una muy mala inversión. – **c.** Es el primer negocio que monto. **d.** Es la tercera vez que te lo digo. – **e.** No tengo ningún cliente en España. – **f.** El precio de algunos aceites es una locura.
6. a. No hace falta que me ayudes: solo te pido que me entiendas. – **b.** Aquí hay un buen aceite de oliva y allí están los clientes: ¿montamos un negocio? – **c.** La Red abre oportunidades, pero con la crisis lo veo difícil.

15. S'IL VOUS PLAÎT, OÙ SE TROUVE… ?

🔊 17 **1. a.** *Gire a la derecha.* de usted – **b.** *Ve hasta la segunda bocacalle.* de tú – **c.** *Tome la primera a la izquierda.* de usted – **d.** *Dame una ayudita.* de tú.

🔊 17 Dialogue :
– Disculpe, señor, ¿me puede decir cómo se va al Museo del Prado? Es que no soy de aquí…
– Sí, claro. ¿Ve usted aquella fuente allí a lo lejos?
– Sí, más o menos…
– Pues tiene que ir hasta allí; luego gire a la derecha y siga todo recto durante un cuarto de hora.
– Uf, no está al lado… ¿No conoce otro museo un poco más cerca?
– Bueno, está el Reina Sofía… ¿Pero le da igual uno u otro?
– Un poco, la verdad. Yo soy pintora, ¿sabe? Me pongo enfrente de un museo y hago retratos a la gente que sale.

285

– Ah, qué bonito. ¿Y vende muchos?
– Bueno, con lo que gano me da para comer, no está mal.
– ¿Me puede hacer el mío?
– ¡Por supuesto!
– ¿Cuánto me va a cobrar?
– A ver…, ¿cuarenta euros?
– Uf, es demasiado, lo siento.
– Espere. Se lo hago gratis, pero con una condición.
– ¿Cuál?
– Pues ya que son las dos de la tarde, que me invite a comer.
– ¡De acuerdo! Hay un restaurante bueno y barato en la segunda bocacalle a la izquierda, ¿vamos?
– ¡Trato hecho!
2. ir hasta allí – gire a la derecha – siga todo recto
3. a. La chica quiere ir a un museo, le da igual el que sea. – **b.** El Reina Sofía le queda más cerca que el Prado. – **c.** Para comer, la chica hace retratos y los vende. – **d.** Al final, el hombre la invita a comer.
4. a. ¿Quién es ese chico de quién tanto me hablas? – **b.** Estos cuadros están bien aquí. – **c.** ¿Ve usted aquella calle, allí? – **d.** Quiero esos zapatos negros, los que están ahí. – **e.** ¿Qué es aquello, allí a lo lejos?
5. a. Tal vez sea un gran artista. – **b.** A lo mejor le compráis un retrato. – **c.** Puede ser que vaya a visitarte. – **d.** Quizás comamos allí. – **e.** A lo mejor te dan algo.
6. a. No me suena: ¿por dónde queda? – **b.** Es un pintor muy famoso, pero no me acuerdo de su nombre. – **c.** Hay un restaurante barato cerca de aquí: tome la primera bocacalle a la izquierda, es ahí.

16. J'AI RATÉ LE PERMIS

🔊 18 **1. a.** Es la parte en carretera para el examen del carné de conducir. El práctico. – **b.** Si te saltas un semáforo, tienes que pagar una. Una multa – **c.** Es cuando hay demasiados coches en la carretera y no se circula bien. Un atasco.

🔊 18 Dialogue :
– ¡Estoy harta! Me han vuelto a poner una multa…
– ¿Y qué has hecho esta vez?
– ¡Nada! Dice que me he saltado un semáforo, ¡pero no es verdad!
– Ya, a mí también me ha pasado alguna vez…
– ¿Sabes qué? Creo que voy a dejar el coche…
– ¿Para siempre?
– Bueno, por lo menos en ciudad.
– No trae cuenta, desde luego: es más práctico y más barato tomar un taxi.
– Ya, pero con los atascos no siempre es más rápido…
– Tienes razón, lo mejor es el metro.
– Yo al metro le tengo miedo: no lo tomo aunque me paguen.
– Bueno, no creo que sea tan peligroso como dicen: yo nunca he tenido ningún problema.
– Eso lo dices porque eres un hombre.
– Tal vez, no sé…
– ¡A partir del lunes, voy a ir a todas partes en bicicleta!
– Hombre, no es mala idea… ¡Venga, yo también! Además necesito adelgazar.
2. a. Estoy harta … han vuelto … poner – **b.** has hecho – **c.** Nada … me he … semáforo … no es verdad.
3. a. La chica… va a vender su coche. / no cree que el taxi sea mucho más rápido. / piensa que el metro es peligroso para las mujeres. / va a ir en bicicleta a todas partes – **b.** El chico… piensa que no trae cuenta tomar taxis. / cree que el mejor medio de transporte es el metro. / nunca ha tenido problemas en el metro.
4. a. ¡No conduzcas rápido! – **b.** ¡No vendas tu coche! – **c.** ¡No te sientes! – **d.** ¡No vayáis al trabajo en coche!
5. a. ¿Te parece bien que tomemos un taxi? – **b.** No creo que estés tan harto del coche como yo. – **c.** No me gusta que te pongas nervioso. – **d.** Aunque me des dinero, no pienso tomar el metro.

6. a. He vuelto a saltarme un semáforo. – **b.** No me gusta la bicicleta tanto como a ti. **c.** Aunque conduzcas despacio, la carretera es peligrosa.

17. JE VEUX FAIRE UN RETRAIT

🔊 19 **1. a.** *¡Ayúdeme!* de usted – **b.** *¡Devuélveme la tarjeta!* de tú – **c.** *¡Invítame a un helado!* de tú – **d.** *Espere un momento.* de usted.

🔊 19 Dialogue :
– ¿Me trae la cuenta, por favor?
– Enseguida, señora.
– Gracias, ¿puedo pagar con tarjeta?
– Por supuesto, ¿le dejo que introduzca su pin?
– Oh, no lo acepta…
– Tal vez haya un problema con su cuenta…
– Espere, lo vuelvo a introducir… No, tampoco esta vez.
– Ejem…
– Es 6421, estoy casi segura… o 2164, no me acuerdo… ¿Le puedo pagar con un talón?
– Lo siento, señora, pero no aceptamos cheques.
– Es que no tengo efectivo… A ver, ¿hay algún banco por aquí?
– A cinco minutos, sí, cruzando la calle.
– Perfecto, espéreme mientras voy a retirar dinero, ¿de acuerdo?
– Bien, pero nos deja su DNI, si no le molesta.
– Ah, qué más quisiera, pero me van a pedir el documento para hacer un reintegro… ¿Vuelvo mañana y le pago?
– Lo siento, señora, pero no se puede ir sin pagar…
– Ah… Bueno, déjeme que vuelva a introduzca el código… Oh, ¡esta vez sí! Es que con la edad se vuelve una muy torpe.
– No pasa nada, señora, cualquiera se puede equivocar, ¿no?

2. a. ¿Me trae la cuenta por favor? – **b.** Enseguida señora. – **c.** Gracias, ¿puedo pagar con tarjeta? – **d.** Por supuesto, ¿le dejo que introduzca su pin?

3. a. Cuando le traen la cuenta, la mujer dice que no se acuerda de su pin. – **b.** Quiere pagar con un talón. – **c.** No puede dejar su DNI porque lo necesita para ir al banco. – **d.** Finalmente, se acuerda del pin.
4. a. ¡Qué chica más amable! – **b.** ¡Qué enfermo me he puesto! – **c.** ¡Qué despistados son los abuelos! – **d.** ¡Qué buen helado me he comido!
5. a. Con la edad se vuelven despistados.– **b.** Comes demasiado: vas a ponerte gordo. – **c.** No creo que se haya vuelto simpático. – **d.** Cuando veo una tortilla, me vuelvo loco.
6. a. Me he olvidado la tarjeta en casa: ¿puedo pagar en efectivo? – **b.** ¿Nos vemos esta tarde para tomar un helado con mi nieto? – **c.** Si nome equivoco, esta sucursal tiene un cajero. – **d.** Devuélvame la tarjeta enseguida.

18. MON PORTABLE EST TOMBÉ EN PANNE

🔊 20 **1. a.** j.cordoba@gmail.com. 3 – **b.** jc.cordoba@gmail.com. 1 – **c.** jc-cordoba@gmail.com. 4. – **d.** jc_cordoba@gmail.com. 2

🔊 20 Dialogue :
– Buenas, quiero mandar este paquete.
– ¿Certificado?
– Sí, por favor.
– Son seis con cuarenta. ¿Algo más?
– Sí, también quisiera mandar estas dos postales, una para España y otra para Francia. ¿Cuánto cuesta?
– ¿Por correo normal o urgente?
– ¿Cuánto tarda el correo normal?
– Dos días para España y entre cuatro y cinco para Francia.
– Está bien, tampoco tengo mucha prisa.
– El sello para España son 45 céntimos, y uno con quince para Francia.
– Perfecto. ¿Cuánto debo?
– En total, con los sellos de las postales, son 8 euros.
– Muy bien.
– ¿Te puedo hacer una pregunta?

– Sí, claro.
– ¿Se te ha estropeado el móvil?
– No, ¿por qué?...
– Es que las chicas de tu edad no escriben postales ni cartas. Mandan mensajes y fotos con el móvil.
– Ya, pero una de las postales es para mi abuela, que no tiene móvil. Y la otra para un amigo que detesta las tecnologías.
– Tiene razón: en el móvil una foto se te puede borrar, pero una postal es para siempre.
2. a. 6,40 euros. – **b.** 1,15 euros. – **c.** 45 céntimos.
3. a. M – **b.** M – **c.** M – **d.** V – **e.** M – **f.** V.
4. a. ¡Llévala al hospital! – **b.** ¡Quitadle el móvil! – **c.** ¡Hazlo por mí! – **d.** ¡Dinos tu correo!
5. a. Se me ha caído el pelo. – **b.** Se te ha perdido el móvil. – **c.** Se nos ha estropeado la tele. – **d.** Se les han borrado las fotos.

19. JE VEUX PORTER PLAINTE

🔊 21 **1. 1)** Si quiero ponerla voy a comisaría. – **2)** Dentro de ella llevo la compra. – **3)** Ahí llevo el dinero y el DNI. – **4)** Ahí suelo llevar las llaves.
a. 2 – **b.** 4 – **c.** 1 – **d.** 3

🔊 21 Dialogue :
– Buenas, vengo a traer una cartera.
– ¿Una cartera?
– Sí, me la encontré en la calle, y como no es mía la dejo en comisaría.
– Muy bien, ¡gracias por su ayuda!
– Es normal, a mí me la robaron una vez y sé que es un problema cuando se pierde.
– Así es, pero hay tanto sinvergüenza… No toda la gente es como usted.
– Gracias.
– A ver qué hay dentro. Dinero, bastante dinero, ¡trescientos euros!
– Sí, pero desgraciadamente no hay ningún documento de identidad, ni una tarjeta de crédito, nada.
– No, solo la foto de una mujer. Me suena su cara…
– Sí, es la dueña de la cartera. Era joven, alta, rubia, tenía ojos azules e iba vestida de amarillo.
– ¿Y usted cómo lo sabe?
– Yo la vi. Salió de aquí, de comisaría. Se subió a un taxi con mucha prisa y la cartera se le cayó al suelo.
– ¡Ah, claro! ¡Es una mujer que ha estado aquí haciéndose el DNI!
– Entonces va a ser fácil devolverle la cartera, ¿verdad?
– Facilísimo.
– Me alegro. Ejem, ¿puedo pedirle una cosa?
– Dígame.
– Le dejo mi teléfono y le dice que yo encontré la cartera, ¿vale?
– Entendido, y de nuevo gracias por ayudar a la policía, ¿eh?
2. ir hasta allí – gire a la derecha – siga todo recto
3. a. M. – **b.** V. – **c.** M. – **d.** M. – **e.** V. – **f.** V.
4. a. Yo iba por la calle, cuando de pronto unos chicos chocaron conmigo. – **b.** Un hombre la encontró y la llevó a comisaría. **c.** Cuando nosotros éramos jóvenes, salíamos todas las noches.
5. a. Póngase gafas de sol. – **b.** Discúlpese. **c.** Pregúntele cómo está.
6. a. Había unos trescientos euros en la cartera. – **b.** Al rato encontré las llaves: estaban en el bolsillo del chándal. – **c.** Me caí al suelo al salir del mercado.

20. DOCTEUR, J'AI MAL PARTOUT

🔊 22 **1. a.** Es el padre de mi mujer. Es mi suegro. **b.** Es la mujer de mi hijo. Es mi nuera. **c.** Es el marido de mi hija. Es mi yerno. **d.** Es la madre de mi marido. Es mi suegra. **e.** Es la mujer de mi hermano. Es mi cuñada.

🔊 22 Dialogue :
– Entonces, ¿qué tal esas vacaciones?
– Horribles. El año próximo me quedo en Madrid solito.
– ¿Pero qué te pasó? ¿No tuviste buen tiempo?
– Sí, sí. Tuvimos un tiempo estupendo, hasta demasiado sol.
– ¿De qué te quejas? Eso es lo que buscas

cuando vas al mar a pasar el verano, ¿no?
– Ya, pero ahí empezaron los problemas. Mi cuñado no quiso ponerse crema para el sol y tuvo quemaduras en todo el cuerpo.
– Uf, eso puede ser bastante delicado.
– Sí, tuvimos que llevarlo a urgencias. Y a mi hijo también: bebió demasiada agua y se puso enfermo, con mucha fiebre.
– Menudas vacaciones, sí…
– No es todo. Mi mujer se rompió una pierna y yo tuve un fuerte catarro.
– ¿Y tu suegra?
– Para ella, en cambio, fueron unas vacaciones fenomenales. Se pasó el día entero en la playa, haciendo amigas y diciendo que somos todos unos inútiles.
2. a. Qué tal – **b.** me quedo – **c.** qué te pasó – **d.** tuviste
3. a. V – **b.** M – **c.** V – **d.** V – **e.** M – **f.** M.
4. a. Ayer fui al médico y me recetó unas pastillas. – **b.** Ayer bebí demasiada agua y me puse enfermo. – **c.** Este verano mi suegra fue a la playa se puso muy morena.
5. a. Me duelen los ojos. – **b.** Les duele la espalda. – **c.** Os duelen los oídos.
6. a. Siéntese, señora, la atiendo enseguida. – **b.** No es menester ir a urgencias por un resfriado. – **c.** Mi suegra tiene la culpa: ¡nunca tiene cuidado!

21. QUI EST LE DERNIER ?

🔊 **23 1. A.** Hago algo sin perder tiempo.
– **B.** Digo quién es el último. – **C.** Pregunto quién es el último. – **D.** Me pongo detrás de alguien para esperar.
a. D – **b.** C – **c.** B – **d.** A

🔊 **23** Dialogue :
– Antonio, guapo, ponme medio kilo de gambas.
– Lo siento, señora, pero me toca a mí.
– ¡Lo dudo mucho! Estaba yo antes.
– No, yo le he dado la vez a esta señora, o sea que usted va detrás de ella.
– Ay, por favor, es que tengo muchísima prisa…
– Pues yo también.
– Oooh, me encuentro mal… Es el corazón, cuando me pongo nerviosa me suelen dar ataques…
– Bueno, pase…
– Muy amable, se lo agradezco… Solo quiero unas gambas. ¿A cuánto están?
– A 21, caras pero fresquísimas.
– ¡Uf! ¿Y los calamares qué precio tienen?
– A 18. Lo más barato que tengo son las doradas. Están a 10.
– Ya, pero me apetecía un arroz con marisco…
– La dorada a la sal está riquísima, y no es menester limpiarla: la metes en el horno cubierta de sal gorda y ya está.
– No, mira, ponme un cuarto de gambas y un cuarto de calamares.
– Vale, pero te aconsejo que los hagas a la plancha: es mejor para el corazón…
2. a. ponme medio kilo – **b.** me toca a mí.
– **c.** Estaba yo antes.
3. a. V – **b.** M – **c.** M – **d.** M – **e.** V – **f.** V.
4. a. Cuando llegó a casa, le dio un ataque. – **b.** Cuando entraron, pidieron la vez. – **c.** Cuando viste el precio de las gambas…
5. a. ¿Cuánto tiempo llevas limpiando pescado? – **b.** Lleva dos horas comiendo. **c.** Cuando llegaste, llevaba una hora esperándote.
6. a. Te agradezco tu carta. / Te doy las gracias por tu carta. – **b.** Le da las gracias a la señora.

22. JE VAIS AU SUPERMARCHÉ

🔊 **24 1. a.** mermelada – **b.** cerveza – **c.** leche – **d.** patata – **e.** zumo – **f.** vino – **g.** pasta – **h.** carne
Bebida : b – c – e – f
Comida : a – d – g – h

🔊 **24** Dialogue :
– ¿Pero qué has hecho? Vaya desastre de compra.
– ¿Falta algo?
– ¡Falta todo! No has traído casi nada de lo que te pedí.
– ¿En serio? A ver, aquí están las latas de cerveza, el vino…

– Claro, las bebidas que te gustan a ti. Pero ¿dónde están la leche y el agua? Te dije que se habían acabado.
– Ah, es verdad, se me han olvidado, lo siento. Pero te he traído zumo de naranja.
– El que me gusta viene en botella de cristal, y este es de cartón…
– Es igual, mujer.
– Pues no, no es igual: el de cartón está asqueroso.
– Bueno, pues me lo tomo yo, vale.
– Tampoco has comprado yogures.
– Ya… pero ¡mira qué helados tan ricos he encontrado!
– ¡Helados! Quieres que me ponga gorda, ¿verdad? Y esto, ¿qué es?
– Ah sí, se me ha ocurrido traer estos precocinados, que estaban baratísimos. Es muy práctico, ¿no?
– Están asquerosos y son malísimos para la salud. Es la última vez que vas a hacer la compra tú solito, ¿entendido?
2. a. has hecho … Vaya – **b.** Falta algo – **c.** has traído casi … pedí
3. a. De bebidas, el hombre ha traído cerveza, vino y zumo de naranja. – **b.** La mujer le había pedido leche y agua. – **c.** La mujer piensa que el zumo de cartón está asqueroso. – **d.** Al hombre también se le ha olvidado comprar yogures. – **e.** En cambio ha encontrado helados. – **f.** Y también se le ha ocurrido traer unos precocinados. – **g.** La mujer considera que están asquerosos y que son malísimos para la salud.
4. a. Ayer fuimos al súper y volvimos con un montón de bebidas. – **b.** La última vez hicieron una compra horrible: compraron solo precocinados. – **c.** Anoche comí demasiado y me puse enfermo. – **d.** ¡Qué malo fuiste! Te pedí yogures y solo trajiste lo que te gusta a ti.
5. a. Estoy cansado: tráeme una cerveza. **b.** ¿Qué quiere que te traiga de París? – **c.** Se le había olvidado el móvil: se lo llevé a la oficina.
6. a. Ya no queda nada en la nevera: ¡hacen falta latas de cerveza! – **b.** Ve a la frutería y trae naranjas. – **c.** Me vuelve loco (loca) el pescado, pero me horroriza la carne.

23. BONNE ANNÉE !

🔊 25 **1. a.** *El 12 de octubre de 1492.* 12/10/1492 – **b.** *El 3 de mayo de 1808.* 03/05/1808 – **c.** *El 18 de julio de 1936.* 18/07/1936 – **d.** *El 19 de junio de 2014.* 19/06/2014.

🔊 25 Dialogue :
– *Dime, Luis, ¿tenéis algún compromiso para Nochevieja?*
– *No, pensábamos quedarnos en casa. Estamos muertos de cansancio.*
– *¿Por qué no venís y lo celebramos juntos?*
– *Gracias, de verdad, pero Carmen dice que quiere acostarse temprano.*
– *¿Ni siquiera vais a tomar las uvas?*
– *Bueno, eso tal vez. Pero después de las doce, a la cama.*
– *Cenamos algo rápido, no muy tarde, y después de medianoche volvéis a casa, ¿de acuerdo?*
– *No sé…, es que nos hemos puesto muy gordos con las fiestas.*
– *Venga, un corderito al horno no le sienta mal a nadie.*
– *A Carmen le da asco el cordero.*
– *Bueno, ¿pues qué te parece un pavo relleno?*
– *A Carmen no le va a gustar tampoco.*
– *¿Qué pasa? ¿Se ha hecho vegana?*
– *No es eso. Es alérgica a las aves.*
– *No es un problema, a ella le damos un poquito de ternera picada y un tomate aliñado con aceite de oliva, ¿te parece?*
– *Bueno, se lo digo y te vuelvo a llamar, ¿vale?*
– *Ah, se me olvidó decirte que para el postre vienen los compañeros de la oficina…*
– *Entonces no, lo siento. Siempre hay discusiones con ellos.*
– *Son muy de derechas, es verdad…*
– *Sí, ¡y ya sabes que Carmen es muy de izquierdas!*
2. a. algún compromiso … Nochevieja – **b.** pensábamos … muertos de cansancio. – **c.** no venís … celebramos

3. a. M – **b.** V – **c.** M – **d.** M – **e.** V – **f.** V.
4. a. Dice que está demasiado gordo. – **b.** ¡Luis nos ha invitado, dice que vayamos a cenar con él! – **c.** Luis dice que su mujer es vegana. – **d.** Le dice a su amigo que no compre carne para ella.
5. a. Mi cuñado se ha vuelto de izquierdas. **b.** ¿No comes pavo? ¿Te has vuelto alérgica a las aves? – **c.** Pon el champán en el frigorífico para que se ponga frío. – **d.** Mi vecina se hizo librera porque le gustaban los libros.
6. a. ¿No te acuerdas de la última vez que cenamos juntos? / ¿No recuerdas la última...? – **b.** Me apetece un caldito con zanahorias y puerros. – **c.** No me gusta el filete de ternera y me sienta mal el cordero. **d.** ¡Menos mal que hubo turrón y uvas para el postre!

24. BON APPÉTIT !

🔊 26 **1. a.** *ternera* – **b.** *merluza* – **c.** *cordero* **d.** *salmonete* – **e.** *lubina* – **f.** *lenguado* – **g.** *pollo* – **h.** *buey*
Carne : a – c – g – h
Pescado : b – d – e – f

🔊 26 Dialogue :
– *Hola, buenos días, ¿tienes mesa para cuatro?*
– *Si no habéis reservado, hay un poquito de espera.*
– *¿Cuánto tiempo, más o menos?*
– *Unos quince minutos, si queréis estar en terraza, claro. Si os da igual estar dentro, tengo esta mesa.*
– *Dentro está bien, no pasa nada, además tenemos bastante prisa.*
– *Muy bien, pues decidme qué bebidas queréis y las traigo ya, mientras vais leyendo la carta.*
– *Cerveza para todos, agua con gas para el niño, y ya pedimos las tapas de una vez.*
– *Además de lo que hay en la carta, hoy os puedo ofrecer salmonetes fritos.*
– *Oh, qué ricos. ¿Los tienes en ración?*
– *Sí, en ración, en media ración y en tapa.*
– *¿Son grandes las raciones?*
– *Digamos que media ración está bien para dos y una ración es para tres.*
– *Perfecto, el niño no come pescado. A él tráele una pechuga de pollo a la plancha.*
– *Entonces, para vosotros una ración de salmonetes, y ¿qué tapas queréis?*
– *Una de calamares, una de gambas y una de sardinas.*
– *¿Os pongo una ensaladita para todos en el centro?*
– *Sí, muy bien.*
– *Os traigo todo esto enseguida, ¡que aproveche!*

2. a. Tienes mesa para cuatro – **b.** habéis reservado – **c.** Cuánto tiempo
3. a. M – **b.** V – **c.** M – **d.** M – **e.** V – **f.** V – **g.** M.
4. a. ¿Reservarás una mesa para estar seguros o iremos así? – **b.** ¿Tomaréis vino o preferiréis cerveza? – **c.** Vale, no seré delicado: me sentaré dentro si no hay sitio fuera. – **d.** ¿Me hará usted una pechuga a la plancha?
5. a. Se va haciendo viejo. – **b.** ¿Vamos poniendo la mesa? – **c.** Voy asando las sardinas, ¿vale? – **d.** El tiempo va cambiando.
6. a. Tomaré chuletas de cordero bien hechas y una tarta de fresas. – **b.** Pedí agua sin gas del tiempo y usted me trajo agua con gas fría. – **c.** ¿Puede cambiar la guarnición del chuletón de buey?

25. ÇA NE ME VA PAS DU TOUT

🔊 27 **1. a.** *Es una falda muy corta. Es una minifalda.* – **b.** *Es lo contrario de estrecho. Ancho* – **c.** *Es la estación que empieza el 21 de marzo.* La primavera. – **d.** *Es un buen artículo rebajado y barato.* Una ganga.

🔊 27 Dialogue :
– *Buenos días, caballero, ¿le atienden?*
– *Hola, buenas. Mire, quisiera devolver esta americana que me acaba de regalar mi mujer.*
– *¿No le gusta o no le queda bien?*
– *Ni una cosa ni otra. Es amarilla y no suelo llevar colores claros.*

– Esta temporada lo que está de moda son los colores primaverales, ¿sabe?
– Puede ser, pero a mí no me convencen. Encima me queda fatal.
– ¿Qué talla gasta usted?
– Uso una 44. De hombros está bien, pero tengo los brazos muy cortos y las mangas me quedan larguísimas.
– Eso no es problema. Hacemos arreglos gratis.
– Ya, pero como me he puesto muy gordo últimamente, me queda también estrecha de cintura.
– Ya veo…
– ¿Me puede devolver el dinero?
– Lo siento, nunca devolvemos el dinero de una compra. Es nuestra política.
– Por lo menos me cambiarán esta prenda por otra, ¿sí?
– Por supuesto, con tal de que traiga el tique de la compra.
– Es que se me ha perdido…
– Bueno, haremos un esfuerzo… ¿Quiere probarse otra americana?
– No, ¿me enseña algo para mi mujer?
– ¿Qué tipo de ropa suele llevar?
– Da igual, deme lo que sea. Sé que no le gustará y pasará a cambiarlo…
2. a. caballero … atienden – **b.** devolver esta americana – **c.** le queda bien
3. a. M – **b.** V – **c.** V – **d.** M – **e.** V – **f.** V – **g.** M.
4. a. Me pondré el vestido con tal de que te pongas la americana. – **b.** Le quedará perfecta con tal de que le hagamos unos arreglos. – **c.** Te podrás poner este pantalón con tal de que pierdas unos kilos.
5. a. Aunque se lo regale, no lo querrá. – **b.** Aunque gasten mucho en lotería, nunca tendrán suerte. – **c.** Aunque este artículo esté rebajado, valdrá demasiado.
6. a. Este color te sienta fatal y ni siquiera es tu talla. – **b.** Esta temporada, las faldas largas no estarán de moda. – **c.** Las prendas de otoño-invierno no me favorecen.

26. ÇA SERT À QUOI ?

🔊 **28 1. a.** Es el nombre de un animal y también el de un dispositivo electrónico. El ratón. – **b.** Hay que utilizarlo cuando se descarga la batería. El cargador. – **c.** Sirve para escribir, en un ordenador o en un móvil. El teclado. – **d.** Es el hecho de buscar algo en Internet. Una búsqueda.

🔊 **28** Dialogue :
– Bienvenido a nuestra asistencia en línea. ¿En qué puedo ayudarle?
– Buenos días, joven, he comprado un ordenador últimamente y no estoy satisfecho.
– Dígame qué dispositivo ha adquirido.
– Es azul y me costó 233 euros con 10.
– ¿No me puede decir nada más?
– Espere, aquí tengo un papel. Se lo leo: pantalla de 10,1 pulgadas, 2 gigas de RAM y disco de 32 gigas.
– Bien, veo el modelo. ¿Cuál es su problema?
– La pantalla se queda totalmente negra.
– ¿Siempre ha estado así?
– No, durante unas horas pude hacer búsquedas en Internet, pero de pronto se quedó así, negra.
– ¿Tiene usted un antivirus?
– Sí, me lo pusieron en la tienda.
– ¿Se le ha caído al suelo el aparato?
– No, no lo he movido de la mesa ni un minuto.
– Antes de utilizarlo, ¿puso usted la batería al 100%?
– No. En fin, no sé, ¿la batería?
– Disculpe, ¿está enchufado su aparato?
– Pues… no. ¿Para eso sirve el cargador?
– Sí, caballero, cuando la batería está descargada, ¡hay que enchufarlo!
– Entonces es un poco como una tele…
– Más o menos. Déjelo un buen rato enchufado y verá cómo ya no hay problemas.
– Me encanta la informática, ¡qué fácil es!
2. a. que puedo ayudarle – **b.** he comprado … no estoy satisfecho – **c.** ha adquirido
3. a. M – **b.** V – **c.** M – **d.** M – **e.** V – **f.** V. – **g.** M.

4. a. En cuanto me mandes tu archivo, lo leeré. – **b.** Cuando llamemos a la asistencia en línea, se lo diremos. – **c.** El día en que se haya bajado mil películas, no sabrá dónde almacenarlas.
5. a. ¿Vas a venir a mi fiesta de cumpleaños? – **b.** ¿Va a haber mucha gente? – **c.** Dicen que no van a poder venir.
6. a. Mi portátil me sirve sobre todo para hacer búsquedas en Internet. – **b.** No me intereso por la política: no entiendo de eso. – **c.** El ordenador se ha quedado colgado, el ratón ya no responde y la pantalla se ha quedado negra: ¡échame una mano!

27. JE VOUDRAIS UN BILLET POUR…

🔊 29 **1. a.** *Es el lugar donde te sientas en un tren.* El asiento. – **b.** *Es imprescindible para subir al avión.* La tarjeta de embarque. – **c.** *No es necesario facturarlo.* El equipaje de mano. – **d.** *Es el lugar de donde sale el autobús.* La dársena.

🔊 29 Dialogue :
– *Buenas tardes, quisiera un billete de Madrid a Barcelona, con salida el 25 de julio.*
– *¿Lo quiere de ida y vuelta?*
– *Solo la ida. Todavía no sé en qué fecha volveré, ni si lo haré en tren.*
– *¿Desea turista o preferente?*
– *¿Cuánto cuestan cada uno?*
– *El billete de ida cuesta 101,10 en turista y 125,80 en preferente.*
– *Uf, es bastante más barato en turista, y tampoco es muy largo el viaje, ¿no?*
– *Un poco más de 3 horas, sale a las 17'30 y llega a las 20'40 a Barcelona.*
– *Turista, entonces. Y pasillo, por favor. Me mareo cuando miro por la ventanilla.*
– *Para elegir asiento es un poco más caro: la tarifa es de 107,50.*
– *Bueno, no es tanto. Ah, se me olvidaba: ¿se aceptan animales?*
– *Un caballo no, pero animales pequeños de menos de 10 kilos, sí.*
– *Mi perro, es pequeñito y muy bueno.*
– *Lo que pasa es que si viaja en turista tiene que pagar un billete para el perro, que le cuesta… espere: 26,70. Entonces serían 134,20.*
– *¿Y en preferente?*
– *Eso le iba a decir: si tiene un billete preferente, el animal le sale gratis. Serían pues, eligiendo asiento… 134,80.*
– *Trae cuenta, sí: ¡preferente entonces!*

2. a. quisiera un billete … salida – **b.** de ida y vuelta – **c.** volveré … lo haré en tren
3. a. Cuesta 101,10 euros. – **b.** Llega a las 20h40. – **c.** Porque se marea cuando mira por la ventanilla. – **d.** Cuesta 26,70 euros. – **e.** Sale gratis.
4. a. ¿Me harías un favor? – **b.** ¿Me podrías echar una mano? – **c.** ¿Saldrías a pasear conmigo? – **d.** ¿Vendrías a visitarme a España?
5. a. Siempre viajo en turista, por el precio. **b.** Gira a la izquierda: es más corto por ahí. **c.** ¿Para cuándo quiere la vuelta ? – **d.** Para viajar más cómodo, es mejor preferente.
6. a. Espero poder visitar todos los países con los que sueño. – **b.** Qué más da: si perdemos este tren, cogeremos el siguiente. – **c.** Quiero jubilarme cuanto antes para disfrutar de la vida. – **d.** Mientras pueda, viajaré.

28. JE VOUDRAIS RÉSERVER UNE CHAMBRE

🔊 30 **1. a.** *Es lo contrario de abierto.* Cerrado – **b.** *Es lo contrario de calor.* Frío – **c.** *Es lo contrario de arriba.* Abajo – **d.** *Es lo contrario de interior.* Exterior.

🔊 30 Dialogue :
– *Quisiera hablar con recepción, por favor.*
– *Sí, dígame, ¿en qué puedo ayudarle?*
– *Hace muchísimo calor en la habitación. Creo que se ha averiado el aire acondicionado.*
– *Les mando a una persona enseguida.*
– *La verdad es que preferiríamos cambiar de habitación.*
– *¿Han tenido algún otro problema?*

– *Alguna cosita, sí. Por ejemplo, se ha fundido la bombilla del cuarto de baño, y el lavabo está un poco atascado.*
– *Tomo nota. ¿Algo más?*
– *No nos quejamos de la habitación, no. Tiene bonitas vistas y se ve el mar desde la ventana, pero es muy ruidosa por la noche. Cuesta trabajo dormir.*
– *¿Les doy una habitación interior entonces?*
– *Lo que nos vendría bien sería otra habitación exterior, pero en la última planta. Así tendríamos a la vez las vistas y el silencio.*
– *En la última no me queda nada. En la octava sí, tengo una habitación exterior con dos camas individuales. Es una tarifa un poco más alta, pero se la dejo al precio de la habitación actual.*
– *Muy amable. Pondremos unas muy buenas valoraciones de su hotel en internet.*
– *Muchas gracias. Estamos aquí para servirles.*
2. a. Quisiera … recepción – **b.** digame … ayudarle – **c.** muchísima calor … se ha averiado
3. a. En Recepción ofrecen al cliente mandar a un técnico. – **b.** El problema del cuarto de baño es que el lavabo no funciona bien. – **c.** El cliente se queja del ruido. – **d.** Va a cambiar por una habitación exterior por el mismo precio.
4. a. Anoche olía a basura. – **b.** Pasado mañana habrá un descuento del 10%. – **c.** Anteayer se ahogó alguien en la piscina. – **d.** Los huéspedes llegarán dentro de una hora.
5. a. Este hotel tendrá malas valoraciones pero está muy bien. – **b.** ¿Por qué vendrán tantos turistas a España? – **c.** No hay luz: se habrá fundido la bombilla.
6. a. Pues en mi opinión la cobertura es mejor abajo que arriba, en la última planta. **b.** Según yo, se ha averiado la calefacción. **c.** Las sábanas estaban gastadas, el espejo roto, los grifos goteaban, y ni siquiera nos hicieron un descuento.

29. ON PASSE QUOI, COMME FILMS ?

🔊 31 **1. a.** *Es la persona que firma una película. El director.* – **b.** *Es la primera representación de una obra. El estreno.* – **c.** *Es una película muy mala. Un rollo.* – **d.** *Es lo que se come, a veces, durante una película. Palomitas.*

🔊 31 Dialogue :
– *Buenas tardes, quisiera dos entradas para la ópera Carmen, el sábado próximo.*
– *Ah, es el día del estreno, caballero, y ya casi no quedan.*
– *¿No hay de primera fila en el patio de butacas?*
– *Esas desaparecieron el primer día…*
– *Bueno, aunque no sea de las mejores, ¿queda alguna?*
– *Solo tengo unas pocas, pero lejos del escenario.*
– *Ah… era para darle una sorpresa a una amiga el día de su cumpleaños.*
– *Desde las que me quedan no se ve muy bien el escenario, pero se oye perfectamente la música.*
– *Es que es muy aficionada a la ópera. Tengo miedo de que no le guste esa entrada. ¿Usted la compraría?*
– *Si me gustara mucho la ópera, yo dejaría pasar el día del estreno.*
– *Ya, entiendo, pero ya no será su cumpleaños.*
– *Podría hacer otra cosa. Mucha gente lo hace.*
– *Dígame…*
– *Yo, si fuera usted, me presentaría una hora antes para ver si alguien tiene alguna entrada de más y la vende. A veces ocurre.*
– *¿Y si no hay?*
– *Pues invita a su amiga al restaurante y le regala una entrada para el sábado siguiente. Seguro que la acepta…*
– *No es mala idea… ¡Muchas gracias por aconsejarme!*
2. a. dos entradas … el sábado próximo – **b.** del extreno … casi no quedan – **c.** primera fila … patio de butacas
3. a. M – **b.** V – **c.** M – **d.** V – **e.** V – **f.** M.

4. a. Si tuviera tiempo, iría al cine contigo. **b.** Si fueras un buen amigo, vendrías conmigo a la ópera. – **c.** Si hubier alguna buena peli, podríamos salir. – **d.** Si dejarais de salir, ahorraríais mucho.
5. a. Nos recomendó que fuéramos a esa exposición. – **b.** Dijo que no iría al estreno aunque le pagaran. – **c.** Sabía lo que ibas a decir antes de que hablaras.
6. a. No me da vergüenza decir que el arte de van guardia me come el coco. – **b.** Voy a ver una peli de risa contigo a condición de que te afeites la barba. – **c.** Esta película es un rollo, pero me da igual siempre y cuando me regales la entrada.

30. VIVE LES VACANCES !

🔊 **32 1. 1)** *Sigue recto.* – **2)** *Gira a la derecha.* – **3)** *Da media vuelta.* – **4)** *Toma a la izquierda.*
a. 3 – **b.** 2 – **c.** 4 – **d.** 1

🔊 **32** Dialogue :
– *Menudo veranito está haciendo…*
– *Sí, si me hubieran dicho que en la Costa del Sol iba a hacer este tiempo, no me lo habría creído.*
– *¡Llevamos aquí una semana y no ha parado de llover!*
– *Encima parece que en el norte hace un tiempo espléndido.*
– *¿Y tú cómo lo sabes?*
– *Me acaba de mandar un mensaje una amiga que está haciendo el Camino de Santiago.*
– *¿Cómo lo hace, a pie, en bici?*
– *No te lo vas a creer: ¡a caballo!*
– *Anda, qué chulo…*
– *Lo peor es que me ofreció ir con ella, y le dije que no, que prefería veranear a la orilla del mar debajo de una sombrilla.*
– *Qué envidia me da tu amiga. Cómo me gustaría ahora estar haciendo senderismo, en la naturaleza, entre árboles y animales.*
– *Aquí los únicos animales son los bichos que nos pican por la noche si no apagamos la luz.*
– *¿Y si el año próximo hiciéramos como ella?*
– *A caballo yo no sabría, y la bici tampoco es lo mío.*
– *Pues a pie: es el mejor de los deportes. ¡Trato hecho!*
– *Oye, ¿y si de momento pusiéramos un poco la calefacción?*

2. a. veranito – **b.** hubieran dicho … habría creído – **c.** ha parado de llover
3. a. M – **b.** M – **c.** V – **d.** V – **e.** V – **f.** M.
4. a. Si hubiéramos visto un camino más corto, lo habríamos tomado. – **b.** Si hubierais seguido recto, habríais llegado antes.
c. Si hubiera hecho buen tiempo, habría salido contigo. – **d.** Si hubieras veraneado en el norte, habrías disfrutado más de la naturaleza.
5. a. Hace como si estuviera muerto.
b. Haces como si me hicieras caso.
c. Hacéis como si os gustara el mar.
6. a. Hagáis lo que hagáis, no cabréis en el coche. – **b.** Me gustaría vivir en un sitio donde pudiera ver vacas y pájaros. – **c.** Llueve a mares en el norte: ¡echo de menos nuestras vacaciones en el sur, en bañador a la orilla del mar!

Réalisation éditoriale et mise en pages : Céladon éditions
www.celadoneditions.com
Conception graphique, couverture et intérieur : Sarah Boris
Ingénieur du son : Léonard Mule @ Studio du Poisson Barbu
Relecture espagnole : Miguel Naveros

© 2017, Assimil.
Dépôt légal : août 2017
N° d'édition : 4213 - Décembre 2022
ISBN : 978-2-7005-0932-8
www.assimil.com

Imprimé en Roumanie par Tipografia Real